杨嘉墀院士传记

Academician Yang Jiaqi's Biography

上图 / 杨嘉墀

下图 / 1999年，杨嘉墀与夫人徐斐重返江苏吴江震泽中学

上图 ／2002年，杨嘉墀在“两弹一星”功勋奖章获得者油画前留影
下图 ／2003年10月22日，杨嘉墀与航天员合影

上图 ／1991年，杨嘉墀（前右一）与陆元九（后左一）会见苏联专家
中图 ／1991年9月，杨嘉墀（前右一）、陈芳允（后）与日本友人丰田隆二（前左一）合影
下图 ／1992年9月，杨嘉墀（右一）到原IFAC主席Steve Kaeme（左一）家做客

上图 / 1990年，杨嘉墀（右三）与王大珩（右二）、师昌绪（左四）、罗沛霖（左五）等在香山参加第二届国家自然科学奖励委员会第五次会议
下图 / 1998年，杨嘉墀与谢光选（左一）、王希季（右一）在酒泉卫星发射中心合影

上图 /2001年，杨嘉墀（右四）与王希季（右三）、屠善澄（右五）、吴宏鑫（左三）等在空间控制实验室

下图 /2001年，杨嘉墀（右二）与孙家栋（左一）、屠善澄（左二）、戚发轫（右一）在巴西参加中巴资源一号卫星评审工作

上图 ／1998年6月，杨嘉墀在江苏吴江老宅与堂兄杨嘉箴等家人相会
中图 ／杨嘉墀在悉尼参加IFAC国际会议
下图 ／2004年11月，杨嘉墀与夫人徐斐在海南合影

上图 / 杨嘉墀在办公室留影
下图 / 2004年11月，杨嘉墀与夫人徐斐在海南省文昌市参观宋氏祖居

2001年11月，杨嘉墀与夫人徐斐金婚纪念日（左：郭慕荪夫妇，右：黄敞夫妇）

杨嘉墀院士传记

Acadmician Yang Jiachi's Biography

《中国航天院士传记丛书》总编委会 组织编写

杨照德 熊延岭 著

中国宇航出版社

·北京·

图书在版编目(CIP)数据

杨嘉墀院士传记 / 杨照德，熊延岭著 ；《中国航天院士传记丛书》总编委会组织编写. --北京 ：中国宇航出版社，2014.8

（中国航天院士传记丛书）

ISBN 978-7-5159-0764-2

Ⅰ. ①杨… Ⅱ. ①杨… ②熊… ③中… Ⅲ. ①杨嘉墀(1919～2006)—传记 Ⅳ. ①K826.16

中国版本图书馆 CIP 数据核字(2014)第 170127 号

责任编辑　王　妍

责任校对　王立莉　　**装帧设计**　文道思

出　版
发　行　中国宇航出版社

社　址　北京市阜成路 8 号　**邮　编**　100830

(010)68768548

网　址　www.caphbook.com

经　销　新华书店

发行部　(010)68371900　(010)88530478(传真)

(010)68768541　(010)68767294(传真)

零售店　读者服务部　北京宇航文苑

(010)68371105　(010)62529336

承　印　三河市君旺印务有限公司

版　次　2014 年 8 月第 1 版

2014 年 8 月第 1 次印刷

规　格　787×960

开　本　1/16

印　张　24.75　**彩　插**　8 面

字　数　323 千字

书　号　ISBN 978-7-5159-0764-2

定　价　78.00 元

本书如有印装质量问题，可与发行部联系调换

《中国航天院士传记丛书》总编委会名单

编审委员会

主　　任　许达哲　高红卫

副 主 任　雷凡培　曹建国

委　　员　李金生　方向明　袁　洁　李　跃　包为民

编撰委员会

总 主 编　许达哲　高红卫

副总主编　李　跃　包为民

委　　员　（按姓氏笔画排列）

马礼谦　王亚文　邓宁丰　朱芝松　朱忠元

孙玉斌　李　明　李　锋　陈学钏　张连成

周晓飞　侯　晓　贾　可　郭　勇　梁小虹

董　群　谭永华

总编委会办公室

主　　任　周晓飞　朱忠元　邓宁丰

成　　员　（按姓氏笔画排列）

丁雅清　于　宁　于　希　王来成　李卫东

杨利伟　辛大广　张铁钧　范占英　唐　燕

徐　睿　戴品华

序　一
Preface I

中国航天事业自1956年创建以来，已经走过50多年的发展历程。在党中央、国务院、中央军委的亲切关怀和英明领导下，中国航天人团结一心、顽强拼搏、勇于创新、无私奉献，不仅取得了以“两弹一星”、载人航天工程和月球探测工程为代表的辉煌成就，孕育形成了航天传统精神、“两弹一星”精神和载人航天精神，也造就了一支技术精湛、作风优良的航天人才队伍。

航天系统的中国科学院院士和中国工程院院士就是这支队伍的杰出代表。中国航天科技集团公司和中国航天科工集团公司先后有50多位科学家和航天工程专家当选为两院院士。其中，有7位院士获得过“两弹一星”功勋奖章，2位院士获得过国家最高科学技术奖。他们不仅是航天成就的主要创造者，也是航天精神的重要孕育者和忠实践行者。

中国航天事业是在新中国成立不久，工业实力、科技实力、综合国力都很薄弱，帝国主义严密封锁，苏联撕毁协定、撤走专家的情况下发展起来的。以航天院士为代表的中国航天人，自力更生，艰苦奋斗，奋发图强，顽强拼搏，在一穷二白的基础上，独立自主地创建起了中国的航天事业。

航天型号研制是复杂的系统工程，涉及很多领域，需要众人参与，必须大力协同、集智攻关才能完成。以航天院士为代表的中国航天人，在航天工程研制实践中，齐心协力，密切配合，实现了一次又一次技术突破，铸造了一项又一项辉煌成就。他们为祖国的航天事业作出了巨大贡献，却淡泊名利，不计得失，将个人利益置之度外。

航天事业属于尖端技术领域，难度大、风险高、技术复杂，在发展历程中碰到过很多难题，经历过各种坎坷，甚至遭受过重大失利。以航天院士为代表的中国航天人，在困难和失败面前不动摇、不退缩，树立百折不挠、锲而不舍、脚踏实地、严谨务实的工作作风，不断攻坚克难、勇攀高峰，取得了一个又一个胜利，树立了一座又一座丰碑。

今天，在由航天大国向航天强国迈进的征程中，航天院士的科学思想、创新意识、坚定信念和爱国情怀是全体航天人宝贵的精神财富。中国航天科技集团公司和中国航天科工集团公司决定出版《中国航天院士传记丛书》，不仅是为了宣传航天院士的科研成就，总结航天院士的成长规律，更是为了传承航天院士的宝贵精神，使之生生不息、薪火相传，为“续航天梦、筑强军梦、圆中国梦”的伟大实践提供精神动力和思想源泉。

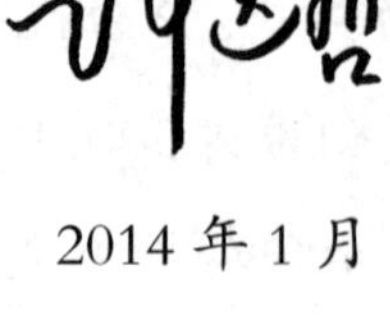

2014 年 1 月

序 二
Preface Ⅱ

中国航天事业创建半个多世纪以来，培养和塑造了一大批功勋卓著、德高望重的中国科学院院士和中国工程院院士。他们具有坚定的理想信念和强烈的爱国情怀，理论功底深厚，技术水平高超，善于引领科学发展和技术创新，在中国航天事业发展的关键时期发挥了重要作用，为中国航天事业取得辉煌成就、孕育航天精神作出了突出贡献。

为了全面、系统地总结航天院士的成长规律，把航天院士的科学思想和创新方法记录下来、传承下去，为中国航天事业积累精神财富，为航天强国建设提供有益借鉴，中国航天科技集团公司和中国航天科工集团公司研究决定，组织编写一套《中国航天院士传记丛书》（以下简称《丛书》）。

党的十八大描绘了坚持中国特色社会主义道路、全面建成小康社会、实现中华民族伟大复兴的宏伟蓝图，同时也为加强国防和军队现代化建设、推进我国由航天大国向航天强国迈进指明了方向。在中国航天事业“续航天梦、筑强军梦、圆中国梦”的新形势下，出版这套《丛书》，具有重大的现实意义和深远的历史意义。

记载航天历史。航天院士是中国航天事业的宝贵财富，他们的成长历程反映了航天事业的发展轨迹。这套《丛书》不仅是航天院士个人的传记，也从不同侧面记载了中国航天从技术到管理、从思想到精神的真实历史。

弘扬航天文化。宣传航天院士，就是站在科学的高度，向社会各界全面宣传航天事业，弘扬航天文化，使其成为中华民族文化宝库的重要组成部分，增强中华民族的自信心、自豪感和凝聚力，提升国家的软实力。

传承航天精神。航天精神是包括航天院士在内的几代航天人，在中国航天事业发展历程中，不断积累、提炼、传承而逐渐形成的，是民族精神、时代精神与航天实践相结合的产物，是中国航天事业之魂。《丛书》全面反映了航天院士的学术成就、科学作风和思想品格，有助于航天精神薪火相传。

培育航天人才。中国航天事业已经完成了新老交替，一代航天新人正在茁壮成长。《丛书》是泽被后世的人才工程，对于培育航天人才、发展航天事业、铸造新的辉煌将产生积极的促进作用。

总之，《丛书》是一套具有航天特色的爱国主义教材，是不可多得的精神食粮。相信这套《丛书》的出版发行，必将吸引更多的年轻人热爱航天、投身航天、奉献航天，以饱满的热情和昂扬的斗志再攀高峰，使中国航天事业后继有人，蓬勃发展，续写辉煌。

2014 年 1 月

目　录
Contents

引 言

中国航天事业在短短的近60年时间里，从无到有，从小到大，一步一个脚印，一步一个台阶，跨越了近地轨道、太阳同步轨道、地球同步轨道这三个重要的空间技术发展阶段。中国载人航天从无人试验到载人飞行，从一人一天到多人多天，从舱内实验到出舱活动，从单船飞行到交会对接，取得了圆满成功，为第二步第一阶段任务画上了圆满的句号。2013年6月24日，习近平总书记在北京航天飞行控制中心，同正在“天宫一号”内执行任务的“神舟十号”航天员聂海胜、张晓光、王亚平通话。习近平深情地表示，飞天梦是强国梦的重要组成部分，随着中国航天事业的快速发展，中国人探索太空的脚步会迈得更大、更远。

习近平总书记发出“发展航天事业、建设航天强国”的伟大号召，给航天事业指明了方向，在航天人面前，永远都是新的起点。追逐航天强国梦，就要切实增强航天报国的政治责任感和历史使命感；就要大力弘扬“两弹一星”精神、载人航天精神，凝聚全体航天人的智慧和力量，坚定不移地走中国特色航天事业的发展道路。

回顾历史，中国在“两弹一星”研制过程中，逐步形成了有中国特色的科技发展举国体制，并为这项事业的成功提供了制度平台。这一体制的优势和特点值得认真总结，以便为新世纪中国科技的发展提供某种历史视角和更多的制度建构资源。举国体制的平台，曾汇聚了一批举足轻重的各级决策领军及管理人才、各学科领域的著名科学家，他们统领着广大科技工作者、工人以及解放军战士，构成了这一举国体制平台的骨架和支撑点。钱学森、钱三强、赵九章、王大珩、杨嘉墀、陈芳允、钱骥等老一代科学家，由于他们的抉择与奋斗，成就了中国的“两弹一星”事业，因此，他们的生活和事业，永远值得我们以虔敬之心去了解和品味。

“两弹一星”功勋科学家——杨嘉墀院士，是我国航天科技专家、仪器及仪表自动化专家；是我国自动检测学的奠基者，中国自动化学科、自动化学会、仪器仪表学会的创建人之一；亦是国家“863”高技术计划倡导人之一。早年在美国工作期间，杨嘉墀就对仪器、仪表研制有所建树，还试制成功了生物医学用快速模拟计算机、快速自动记录吸收光谱仪（被命名为杨氏仪器）等生物电子仪器，并获得美国专利，在美投入生产与使用，产生了一定的影响。1956 年 8 月，杨嘉墀在新中国百废待兴之际，怀着炽热的拳拳报国之心，毅然返回祖国，投身于社会主义建设的大潮中。回国后，杨嘉墀长期致力于我国自动化技术和航天技术的研究与发展，参加中国科学院自动化研究所的组建，参加了由周恩来总理主持的《1956—1967 年科学技术发展远景规划纲要》的制定工作，提出了以控制计算机为中心的工业试点项目；参与制订了兰州炼油厂、兰州化工厂和上海发电厂等单位的自动化方案，从而推动了我国电子计算机在过程控制中的应用。1960 年前后，指导并研制为原子弹爆炸试验所需的检测技术及设备，为我国核试验作出了重要贡献。杨嘉墀是中国科学院早期开展航天技术研究的专家之一，1965 年领导并参与我国第一颗人造地球卫星姿态控制和测量分系统研制，还参与制定了我国人造地球卫星十年发展规划，在我国第一代返回式卫星姿态控制方案论证和技术设计中，提出了一系列既先进又切实可行的设计思想。他领导研制的返回式卫星姿态控制系统达到了当时的国际先进水平。1985 年，他参与的返回式卫星和东方红一号卫星获国家科技进步特等奖。20 世纪80年代，杨嘉墀作为我国科学探测与技术试验“实践”系列卫星的总设计师，领导完成了“一箭三星”的发射任务。1986年，杨嘉墀与王大珩、王淦昌、陈芳允一起，联名向中央提出的国家发展高技术计划的倡议，得到了中央领导的批准，从而产生了《高技术研究发展计划纲要》（“863计划”），对我国高技术的发展作出了重大贡献。2005年1月，杨嘉墀与五位院士一起向国务院总理温家宝提出了《关于促进北斗导航系统应用的建议》，温家宝总理做了重要批示，随后国家发展改革委员会根据建议安排实施。

2004年4月，为纪念中国科学院学部成立50周年，杨嘉墀在《中国科学院院士自述：星弹控制献宏犹》一文中回忆：

“我作为一名科学技术工作者，有幸为发展我国的空间科学技术事业而努力，亲眼目睹其从无到有，从小到大的发展。回忆往事，我既为我们事业所取得的巨大成就而高兴，也深感这些成就来之不易。

“能在科学事业中作出成就，勤奋、机遇缺一不可。我能进入空间科学技术的大门，甚靠机遇。对我国的空间科学技术来说，国家决策要发展这一事业，为广大的从业人员提供了一个新的发展机会，这对空间事业发展起了根本作用和关键作用。

“半身坎坷经历，机遇难得，我不仅参加了‘两弹一星’工程实践，而且多次参加了国家高科技规划制定，这是关系到中国前途以及中国人一辈子的事。应站得高，看得远，把握高科技发展方向，积极参与世界性的高科技领域竞争。中华强国富民之梦的路，就是坚持科技兴国、坚持人才培养、坚持知识创新和技术创新。事实证明，没有创新就没有超越，没有创新就没有自主知识产权，没有创新我们还会落伍。瞻望空间科学技术的远大前程，愿为年轻的专家和一些‘初生牛犊’的优秀青年学子呐喊助威。”

水有源，树有根。今天中国航天的基础是靠老一代科学家用心血、青春奠定成的。杨嘉墀在中国卫星史上竖起了一座丰碑。中国航天事业靠着一代又一代航天人的勇气和智慧，铸就了今日的辉煌。历史留给我们的不仅仅是杨嘉墀在中国科学技术上的成就，更是他在研制“两弹一星”过程中展现出来的爱国情怀、科学精神和创新方法，我们应该永远记取之。

第一章

人生之路　古镇启蒙

他出身于丝业世家，“勤俭、诚朴、尊爱”，不进私塾进学堂。爱动脑，更爱动手。受到反帝爱国教育，志存高远，视野开阔。

1. 故土寻根尚文重教

1919 年 9 月 9 日（农历己未年闰七月十六日），杨嘉墀出生于江苏省吴江县（现为吴江市）震泽镇。迎接他的社会环境，正处于中国由旧民主主义革命转为新民主主义革命的转折点，处于新文化运动的科学启蒙时期。他的家乡是一块饱受传统文化浸染的土地。

吴江，鱼米丝绸之乡，物华天宝。

吴江，英彦俊才之地，钟灵毓秀。

吴江位于江苏省最南端，北接苏州，南近杭州，东邻上海，西濒太湖，是人间天堂的腹地。俗语说“上有天堂，下有苏杭”，苏杭中间就是吴江。自古以来，它就被誉为太湖之滨的“鱼米之乡”“丝绸之府”。吴江的历史悠久，早在新石器中晚期，先民们就在这块土地上从事渔猎耕织，桃源的马家浜文化遗址距今已有 6000 多年。五代后梁开平三年（公元 909 年）吴江建县，距今已有 1000 多年的历史。吴江的发展，离不开尚文重教的优良传统。自古以来，读书成风，学以致用，人才辈出。

震泽镇是吴江县西南部的一个大镇，历史悠久。“震泽”原是太湖的古称，古镇因临近太湖，遂以“震泽”名之，别号頔塘。远古时期，震泽地区为泻湖浅湾，“始为洪流，继为泽薮，卒为阡陌”，沧海桑田，泥沙淤漫，堆积成陆。先民开垦，稀疏散居，聚成村落。据考证，蠡泽湖出土的石斧和牛鼻形印纹陶罐碎片，以及全新世圣水牛头骨均属马家浜文化和良渚文化。早在5000年前的原始社会晚期，震泽已有原始人群聚居，从事狩猎、渔业、农业，在此生息繁衍。春秋时期（公元前770—公元前476年），震泽地处吴、越两国交界处，古称吴头越尾。镇北有一村名“吴越战”，相传吴越两国在此交战而得名（今属庙港镇民字浜村）。震泽初属吴，后属越，战国时期（公元前475—公元前221年）并入楚。南宋绍兴年间（1131—1162年）初设镇，是历代震泽巡检司署驻地。元代“村市萧条数十家”，规模甚小。明嘉靖年间（1522—1566年）“地方三里，居民千家”，已是中型市镇。清康熙二十九年（1690年）“居民三千家，俱业丝织”，堪称繁荣兴盛。从后梁开平三年建立吴江县，至清雍正三年（1725年）的800多年间，震泽一直隶属吴江县。雍正四年（1726年）置震泽县，震泽镇隶属震泽县。民国元年（1912年）吴江、震泽两县合并，震泽镇附属吴江县。

震泽地处江南水乡，河流纵横，水波荡漾，兼有温和的气候、充沛的雨量，加上水陆两路方便，农业发达，蚕桑和养殖业兴旺。在明代活跃的商品经济大潮中，以震泽为中心的缫丝业已颇具规模。清光绪六年（1880 年），震泽出口生丝 5400 余担，占全国生丝出口量的 1/16。震泽出产的辑里丝、辑里干经是湖丝中的精品，历来蜚声海内外。来自欧洲水域威尼斯的马可·波罗认为，吴江在他的眼里，是和苏州一样，“生产大量的生丝，并有许多商人和手工艺人。这地方生产的绸缎质量优良，行销全省各地”。多少年来，震泽沐浴着江南的春风，映照着太湖的波光，放射出令人瞩目的灵光，散发出丰盈充沛的灵气。

杨嘉墀出生在一个经商的丝业世家。这个家族来到吴江震泽镇的历史，几乎与吴江丝经出口史一样长。那时中国的家庭，封建礼教甚严，而杨家受丝经出口贸易环境的影响，与传统的封建家庭颇有差别。其家风严正勤俭而又不乏反抗压迫与诚朴闯荡世界的精神，这种精神，在半殖民地半封建的社会是极其可贵的。杨嘉墀家庭“嘉”字辈兄弟姊妹数十人，性格各异，但无不受到这种家风的影响。

杨嘉墀以“字”排行，属“嘉”字辈。据杨嘉墀的爷爷杨晓帆一支的家谱记载，从杨上林起，近七代人七个字辈是“上松昆月文澄嘉”。根据有关资料，杨嘉墀的祖籍本在河南弘农郡（今河南灵宝市北），其地辖今河南黄河以南，宜阳以西的洛、伊、淅川等流域和陕西洛水、社川河上游、丹江流域。后因黄河水泛滥，杨氏家族有一支自弘农向东南迁徙。1800 年前后，杨友恭一支杨上林曾在浙江富阳和乌镇短期居住。始迁祖上林公因谋求生计，于清嘉庆年间，由乌镇迁至江苏震泽镇南部姚家浜定居。杨家经过杨上林和其子松鼎辈及其孙昆田辈三代人的努力，建造了书厅、前厅和后厅等平屋。墙上匾额刻有“宜耕与读”四字，以励后世。

在传统时代，中国读书人的事业和出路，并不以医者为尚。所谓子弟不至愚庸而不堪造就，父母不会令其学医道；士流不至贫极而无可聊生，绝不寄生于医界。然而在杨家“昆”字辈的高祖杨昆田看来：人生至贵，惟兹寿命；而医者之功，即在于扶伤救死延人寿数。所以“岐黄操生杀大权，同于官吏”，悬壶活命“未始非活人之大德业”。他除努力攻读儒学，自设学馆，招收蒙童授课外，还学习中医学，做一名能以自己的操术医治世人疾病，解除民间疾苦的良医。

尽管杨氏家族在震泽的始祖属于典型的外来户，但经 100 多年间几代人的生活变迁，杨家子孙完全被吴江社会的地区特色所浸染、所同化，这种特色就是该区域社会在职业结构和生计安排上向来亦商亦学，非儒即贾。到杨嘉墀的曾祖杨月如的时代，震泽蚕桑业大发展，其时一亩桑田抵得上十亩稻田的收益。于是无家不养蚕，形成在当地举足轻重的农副业。杨嘉墀的太爷爷在生丝出口的浪潮中，选择了弃儒就贾，果断地不走秀才、举人之路，而踏进了丝行。初时，他向蚕农收购湖丝转售给当地的大丝商。精通丝业数年之后，便自己开设杨同昌丝行，委托上海丝栈卖丝给外商，这是杨家从事对外贸易的开始。当时同行尚处于以湖丝出口逐渐改为辑里干经为主的阶段，杨月如则以“纺织娘”等牌号的优质大经直接出售给外商，销量逐年增加。多次跟洋人来往，因此接受了外来的先进思想，开阔了眼界，杨同昌丝行蒸蒸日上，成为震泽宝塔街上财大气粗的丝经行之一。

杨嘉墀太爷爷的丝行有了固定收入之后，便在震泽慈云寺塔西侧，先后建屋三栋及沿街房屋。他成家立业，娶妻生子，共有孩子四个，这就是杨嘉墀的爷爷一辈的人。其中，长子文濬字莘乐，开设同昌濬丝行，经营不善几年后即停业。他生有二子一女，长子澄中字剑秋，是前清秀才，后在上海龙门师范毕业，出任震泽丝业小学校校长；次女嫁到南浔镇屠家，生有二子二女，长子屠守锷是杨嘉墀的表兄，后来也是中国科学院院士、“两弹一星”功勋奖章获得者。

杨月如次子文震字晓帆，即杨嘉墀的爷爷。他继承丝业，几年后对丝经业所必需的生产技能和经销业务已相当熟悉。1892 年他自设隆昌震丝经行，自任经理，专营出口业务。家庭人丁兴旺，1912 年在震泽镇底定街买进住宅一幢，自立门户，走实业、教育救国之路。

2. 丝业世家实业救国

震泽镇底定街，旧名底定坊，因毗邻底定桥而得名。这里自古以来是一个连接城乡的繁华之地。老年人记得，底定桥单孔拱形，南北走向，连接市河上下塘岸，气势雄伟，其宽度及高度为震泽各桥之最。登临桥面远眺，四望皆景，两岸市廛尽入眼底。在杨嘉墀的记忆里，底定桥俗称为大桥，是他年少上小学时，早中晚必经之地。大桥桥面宽阔，人们在桥面上搭棚，棚檐下开了白铁作坊、水果店、皮鞋店、百货店、鲜肉店、土丝行、帽子店和灯笼店等好几家铺子。桥即是街，街即是桥，桥街不分，熙来攘往，人气极旺。清晨农民上街，得先在桥坡上抢占一席之地，摆出自产的蔬菜瓜果鸡鸭鱼虾。点心摊档亦上了桥面吆喝招徕。甘蔗摊、地货摊、香烟摊、爆米花摊、丝网摊、竹器摊、农具摊、秋苗摊、皮匠担、铜匠担、箍桶担等充斥其中，五花八门。桥下则渔舟划子船等聚集，虾蟹鱼鳖蚌蚬等活水河鲜满筐，吊下竹篮，满篮活蹦乱跳的水产品立等可拎。

大桥北堍临底定街，这街也就是杨嘉墀儿时心目中的大街。当年杨嘉墀的爷爷杨文震看到这里是商业风水宝地，抢先在大街上买了一幢旧宅，进行翻新扩建，开设隆昌震丝经行。此宅门面宽广，极有气魄；前店后宅，数栋进深；出则烦嚣，入则隐逸。最里面为内宅花厅，是朝南的楼房；内眷住宅，面阔四间，其中三间为花厅，一间为厢房。亦有前后翻轩及枋梁雕饰。在前翻轩檐下还装有木雕挂落，图案简洁，左右对称。楼上设有统阳台，冬可孵阳，夏可纳凉，还可俯视其下花园景色。随后，诸多老字号丝经行也在底定街上抢占一席之地。此处一时丝行、经行林立，全镇丝行、经行皆集于此，并延伸至斜桥东，称之为丝行街。其他各种老铺店亦跻身其间，茶馆、酒肆、面饭店、旅馆、书场等行业亦是见缝插针，设法挤得一间半壁之隙。

震泽地区是吴江县内丝经的主要产地，农家将自育的鲜茧用手工缫成丝售于市，称乡丝。直至机器缫丝问世后，称乡丝为土丝，以区别于厂丝。土丝经过分档整理，重摇而成经丝，俗称经。原产丝经"以二丝纺为一"，摇成小条，再以若干条为一经，名为苏经。苏经原为由左至右摇成经，后仿照日本逆摇成经，称为"东洋经"。而杨文震虽然幼时读过几年私塾，经营丝业曾几度春秋，只惨淡经营。可是自设隆昌震丝经行后，他高瞻远瞩，专营丝经加工、出口业务，竟经营成了震泽镇上最具有代表性的丝经行。先后创立的“纺织娘”“金字塔”“金孔雀”“银孔雀”等辑里干经牌号，曾风行于法国、瑞士。在20世纪20年代与日丝进行殊死较量时，他深悟复兴丝业必须抓质量、必须抓科技、必须抓人才；要时刻关注国际行情，了解外国丝商的需要。他在收购湖丝后，对湖丝分级、重摇加工、收回成品和复验品质等环节，始终以质量为前提，环环紧扣，在数十年的经营中，从未发生因质量问题而引起索赔等纠纷。他所创的“金字塔”牌特优干经，送展于1923年在美国纽约举办的第二次万国丝绸博览会，深得好评；送展于1929年西湖博览会上两种“金孔雀”商标的干经获优等奖。底定街杨家隆昌震丝经行，全盛时期拥有资金20万两银子，职工20余人，丝经年销量四五百担，最高近千担。

杨嘉墀的爷爷为人宽厚，办事公正，乐为同行调停纠纷，排忧解难，在同行中颇有威望。1912年杨文震被同行推为震泽丝经业同业公会会长，连任此职长达23年。面对国家危亡，他忧国忧民，受维新运动思想影响，接受西洋文化熏染。他主张实业救国，通过丝业实践，进一步认识到实业与教育有至亲至密的关系。他办学堂，兴教育，培养丝业新人才；他建商会，设钱庄，办电厂，发展震泽的实业。1912年杨文震与杨澄中、庄严等合作，创办震泽丝业小学（震泽私立丝业第一初高等小学），以解决丝业子弟的就学问题。学校委托杨澄中为首任校长，由丝业公会出资建校舍，购图书仪器，聘任教师。杨文震历时四年负责筹建丝业公会会馆，并主持与蚕丝业有关的重大活动。1923 年 12 月，他邀请美国丝业代表团到震泽考察，放映反映国外蚕丝业发展概况的纪录片，进行学术交流，促进改良缫丝旧法，增强与外商的联系，扩大国外销售市场。1923 年冬，江苏省立女子蚕业学校师生到震泽地区宣传科学养蚕及改良制丝，杨文震前往参观、听讲，深悟振兴丝业之路。为了复兴丝业，他大力支持江苏女子蚕校在震泽地区推广科学缫丝技术，筹措经费开办土丝改良传习所，培养新法缫丝技术骨干 90 人。1918 年杨文震集资开设了震大钱庄，办理存款、贷款及汇兑业务，有益于当地丝经业和其他行业的资金周转。他参与震泽电灯事务所筹建，促进南浔、震泽两镇商界合办浔震电灯公司，事成后他兼任震泽电灯事务所副主任、主任。1919 年浔震电灯公司的第一台发电机组投产，并向震泽送电。杨文震这一系列举措，促进了人们观念的更新，开阔了视野，促进了当地经济文化的发展。

20 世纪初，中国家庭的信条是多福多寿多子多孙。杨文震不能脱离那个时代，也致力于家庭富裕，人丁兴旺。杨文震原配汤氏生育五子：澄芬、澄蔚、澄华、澄荃和澄茀。汤氏于 1913 年病逝。继配徐氏生一女澄敏。徐氏于 1915 年病逝。继配龚氏生有三女一男：女澄言、澄新和澄祥，子澄堃。龚氏于 1978 年病逝于旅大市。

杨嘉墀的爷爷读书不多，却聪慧异常。在治家方面，经常以“勤俭”“诚朴”“尊爱”六字教育子女；在待人接物和经营企业方面，信守一个“诚”字。他竭力反对置田置地，告诫子辈不得购田收租，而要以实业养教育，以教育促实业，认为工业教育是实业教育的关键一环。他送子赴苏州、上海等地读书，求学于商务、商船、电讯等现代专业领域。在他的倡导下，底定街 30 号杨家重视下一代的培养和教育，代代相传，蔚然成风，至今已繁衍五代。子孙均受过较高的教育，高中及大专院校毕业和出国留学者，逐年增多。杨嘉墀自小目睹了爷爷创业的艰难、丝业的兴衰、国际竞争的激烈，从而立下了科学救国、实业救国的志向。底定街的“家春秋”，在杨嘉墀成长过程中，有着深刻的影响。

3.“求富”“自强”文化拓展

在底定街，在杨嘉墀的父亲杨澄蔚年轻时，人们总是用一种羡慕的眼光看他，叫他“洋学生”。杨澄蔚身材不高，体型适中，身穿深色的长袍，手提褐色的小藤箱，方正白皙的脸盘上架着一副浅色的眼镜，英气勃勃，一副典型的书生模样。杨澄蔚字扶岑，生于 1892 年。在当时传统文化深厚的吴江地区，人们还以一种历史惯性倾慕着科举功名带来的荣耀和福祉，都鼓励自己的子弟设法走上这条传统知识分子的终南捷径。底定街上与杨澄蔚同时代的富家子弟，大部分都在震泽镇私塾读“四书”“五经”，准备中举考官。而杨嘉墀的爷爷受到仿效西方“求富”“自强”的洋务运动思想的影响，果断地将杨澄蔚送到苏州、上海的洋学堂读书，强化英语教育，学习格致、数学、商务。杨澄蔚肄业于上海中国公学，曾一度回到震泽，在丝业小学教英语。后来，他长年在上海原江苏银行任职员，精通会计、储蓄业务。

18 岁的杨澄蔚，已经长大成人了。他的知识、他的思想，都已日渐丰富而趋向成熟。关于他的未来，父母已不再为之操心。他在经济上已经初步自立。他究竟是继续读书深造，还是尽早求职立业，父母都不再过问了。但是，中国封建家庭的传统礼教之一，即婚姻大事，当母亲的十分重视和关心。儿子立业，她操不了心；儿子成家的事，她非操办不可。1912 年的冬天，在母亲的力促与操持下，杨澄蔚娶了震泽一家丝行的姑娘沈慧珍做妻子。

杨嘉墀的母亲沈慧珍，是在杨家比较兴旺的时候嫁到杨家的。杨嘉墀的外祖父，早期也经营丝业，在震泽慈云寺塔之西侧，建屋三幢。后因经营不善，在丝经业的商海竞争中未能得到发展。他生有二女一子，长女沈慧珍生于1895年，幼年还受过裹脚之苦。她未出嫁时人们叫她沈氏，自从嫁到杨家，便成了杨沈氏。她是一位典型的善于相夫教子的贤妻良母。

杨嘉墀的父亲在银行里工作，办事条理分明，为人又非常诚实谨慎，勤敏而厚道。他的人际关系处理得恰如其分，因而人人称好。就是性子急一点，脾气犟一点，也都是别人能谅解的，所以深得经理信赖。而信赖的结果则是多给了一些银钱馈赠，却少给了他许多回乡探亲的机会。他通常只有在每年春节回家多住几天。

这样一来，杨嘉墀的母亲可就苦了，长年独守空房且不消说，她还要独自承担起全部家务，以及教育子女的重任。

当大哥杨嘉屏几年前背起书包去上学时，杨嘉墀从心里非常羡慕，恨不能快些长大。傍晚，他和堂兄妹在大街上玩耍，见大哥放学回来，总要赶快跑过去，摸着杨嘉屏的书包，跟他一道回家，并要拿他的书来看，要他讲学校里的故事。这时母亲沈慧珍就对杨嘉墀说："白相（玩耍）去，让哥哥做完算术题。"杨嘉屏去做作业时，母亲就坐下来给杨嘉墀讲故事。杨嘉墀特别爱听母亲给他讲的孙悟空大闹天宫、嫦娥奔月、牛郎织女鹊桥相会的故事，梦想长大后去探索星空的奥秘。

等大哥杨嘉屏做完作业后，两兄弟就围着桌子坐到一起，拿出书来玩游戏，看图画，找“对对字”。各人翻到一页书，数同一个字排印成对的有多少，对数多的就算赢了。这些玩法给孩子们带来了无尽的乐趣。对过的字杨嘉墀都要学会认识，不认识的就请妈妈、哥哥来教。在学龄前，他已认识好多字了。

杨嘉墀四岁生日那天，父亲从上海回到家，没有给他带回新衣服，更没有给他金银首饰，而是送给他一个小望远镜。杨嘉墀喜出望外，拿在手中翻来覆去地看；晚间又爬到窗台上，对着天空寻找牛郎织女星。在父母亲的眼里，杨嘉墀是个“小淘气”，喜欢动手。一次他把父亲带回的一只时钟拆开，想看看里面的构造是怎样的。他还把门上的铜锁拆开，却没能装上。所以后来有好长一段时间，他的母亲把家里的钟表等都收起来，生怕被他弄坏。小时候的这种爱好，使杨嘉墀养成了爱动手、喜探索的习惯。有一次，杨嘉墀随父母乘火车去上海，快到站时，父母发现他不在座位上，四处寻找均未找到，这可急坏了母亲，最后在火车头附近看到他在司机旁边。后来杨嘉墀乘火车来往上海，总是习惯性地走到火车头旁边，似乎在研究，想发现什么奥秘。这也许就是他后来报考交通大学的原因之一。

稍稍不幸的是，在杨嘉墀快到上学年龄的那一年春天，他得了麻疹（人称出痧子）——一种由病毒引起的急性传染病。当时还没有疫苗，除极少数天然免疫者外，得麻疹几乎是所有人一生中不可避免的一场劫难。那时还没有抗生素，对于身体发育尚未健全的小孩来说，麻疹更像是一道鬼门关。杨嘉墀起初有点发烧、咳嗽、流涕、打喷嚏、眼睛红、怕光等类似感冒的症状，后来就格外凶险，连续几日高烧不退，昏迷不醒，汤饮不入。母亲惊恐不已，她一连七日七夜亲调汤药，守护床前。幸好请来震泽有名的尤其是对治疗小儿麻疹颇有经验的中医。医生用竹筷撬开病人紧咬的牙关，将汤药灌下。一剂药下肚，病人停止痉挛；二剂药下肚，病人慢慢地睁开了眼睛；三剂药下肚，高烧开始消退；以后改用缓药收局，并以清淡饮食调养了一个月。杨嘉墀母亲经过这一场惊吓和磨难，却已是身心两疲。在这场灾难后她给予杨嘉墀更多的慈爱和宽厚。

在杨嘉墀的记忆里，母亲较重视年节风俗和地方传统习惯，会非常郑重地按照习俗烧香、烧纸钱祭祀祖先。她还常用民间流传的通俗有趣的言语教育子女，比如“家和万事兴”“邻居好，赛金宝”“明人不做暗事，真人不说假话”“穷健抵富贵”“少吃多滋味，多吃坏肚皮”“寒从脚下起，热从头上散”“勤是摇钱树，俭是聚宝盆”等。这些简洁、形象、生动、活泼的谚语，对杨嘉墀的身心修养产生了一定的影响。

4.“丝小”求学“自我”觉醒

杨嘉墀出生的1919年，是一个值得论述的年份。当时的中国，军阀混战，民族资本主义发展，民主与专制激烈交锋，国家处于政治动荡时期。社会上各种思潮十分活跃，新文化学派和旧文化学派的斗争非常激烈，特别是“五四运动”把新文化运动推进到了一个新阶段，进一步解放了中国人民的思想。杨嘉墀就是在这种复杂的社会环境中，在只有“德先生和赛先生”（民主与科学）才能救中国的时代迈向人生之路的。

杨嘉墀悄悄地在厢房的西屋中出生。恰逢杨嘉墀爷爷投资的浔震电灯公司的第一台发电机组投产，并向震泽送电，杨家灯光明亮，喜上加喜。为把希望寄托于“哇哇”啼号的小孙子身上，期望他能一步一个台阶地成为有用之才，更期望他能成为国家繁荣的一个铺路石子，为民族工业发展出一份力，爷爷就给他取了一个名字叫嘉墀。嘉者，善于美也，如嘉谋、嘉言。陆机《吴趋行》:“山泽多藏育，土风清且嘉。”墀者，台阶也。班固赞西都的赋中有这样的词句：“玄墀扣砌，玉阶彤庭。”张衡《西京赋》:“青琐丹墀。”吕向注：“丹墀，阶也，以丹漆涂之。”

对于童年的杨嘉墀来说，名字只是一个符号而已，长辈赋予他的期望似乎离他还十分遥远。然而非常明显的是，潜移默化影响他的不仅是丝业世家的烙印、吴江水的滋养、传统文化的熏陶，而且还有现代思潮的感染、时代风云的激励。1924 年秋天，杨嘉墀刚满五岁，还不到上学的年龄，父母就把他送进了当时震泽镇最好的小学——丝业小学。

喝水不忘挖井人，杨嘉墀终身不忘打开他心灵的丝业小学先生们的哺育。丝业小学，原名为“震泽私立丝业第一初高等小学”（现名为震泽镇藕河街小学）。据《江苏历史文化名镇——震泽》记载：丝业公会为便于业内子弟就学，于 1912 年设新会址的同时筹建丝业小学，开吴江县行业办学之先河。初时设于旱桥庄宅内，翌年因教学成绩突出被省定为模范小学。1920 年，再在北栅藕河豆腐桥之北择地建新校舍，由上海汤文记木作承建，耗资 1.24 万元，于 1923 年落成。新校区以两幢双层西式砖砌教学楼为主体，每幢面阔四间，前有拱形走廊及栏杆，左右侧连接厢楼。后有大礼堂、辅助房屋及操场等。就校舍及其他设施而言，堪称当时一流的洋学堂。1926 年，该校增设初中班，报省备案后，改称丝业公学。丝业公学历经沧桑，于20世纪70年代，被拆去一幢教学楼，仅存前楼。现为吴江市文物保护单位，校门旁侧有石质界牌一方，上书“丝业公学”四字。

丝业小学也是杨嘉墀家族实业救国、教育救国的产物。他的堂伯父杨澄中年幼时不愿继承丝业，爱读“四书”“五经”，是清末秀才。后就读于上海龙门师范学校，在校期间加入中国同盟会。辛亥光复后，任教于上海青年会中学。1912年受杨文震之聘，他回到家乡震泽，创办丝业小学。

丝业小学是教育培养人才的摇篮，也是革命的摇篮。从1924年起，杨澄中校长曾接纳中共党员陈味之，挂名丝业小学教员，开展革命活动，宣传孙中山“联俄、联共、扶助农工”三大政策。杨嘉墀在丝业小学人生启蒙的第一课，不是语文、算术，而是参加廖仲恺追悼大会，这在他幼小的心灵里留下了不可磨灭的印象。

1925年3月孙中山逝世后，国民党右派的反共活动更加猖狂。8月20日，国民党左派领袖廖仲恺被反革命分子暗杀。刺杀廖仲恺，这是国民党右派打击左派，反对国共合作的一个重要举动。中国共产党指出：“他们刺死廖仲恺先生的目的，决不单是要刺死他一个人而已，而是要推翻国民政府，颠覆为民族民众利益而奋斗的政府。”

这些革命道理，当时杨嘉墀不可能知道，更不会理解。杨嘉墀印象最深的是追悼会会场的情景。1925 年 9 月 1 日，丝业小学举行廖仲恺追悼大会，会场设在学校的大礼堂，杨嘉墀等一般小学生坐在会场最前排，手持一束束白花。会场后边是震泽镇各界知名人士。杨澄中、柳亚子等登台讲演，他们宣传孙中山的“三民主义”，以唤醒民众，掀起反帝反封建的斗争。这一切，在杨嘉墀心中播下了反帝反封建的火种。

杨嘉墀在丝业小学六年中，最大的感触是，每年 5 月很少上课，经常放假，参加各种集会游行活动。“五三惨案”“五四运动”“五九国耻”“五卅运动”等纪念日，丝业小学都要组织报告会，进行爱国反帝演讲比赛。杨嘉墀与不少志趣相投的同学，在镇上街头集会游行，散发传单，张贴标语，高呼口号，慷慨激昂地要求大家抵制日货，反对帝国主义的侵略行径。一连数天，“打倒日本帝国主义！”“抵制日货！不卖仇货！不用仇货！”的口号声，在震泽镇里此起彼伏。图书馆阅报室里的上海《申报》《时报》、南京的《救国日报》、商务印书馆的《东方杂志》是杨嘉墀和同学们经常接触的良师益友。

上初小时，杨嘉墀年纪还小，对科学思想还没有产生多大的热情。进入高小后，学习了西方先进的科学技术知识，接触了欧美的政治思想和文化思想，初步受到了民主、自由的熏陶和科学精神的冶炼，他的思想逐渐激进起来。他的自我意识被唤醒了，反对封建束缚、张扬个性解放的民主思想，反帝爱国的民族感情，被大大地激发出来了。

5.“震中”少年志存高远

杨嘉墀要上中学了。他的父亲自然颇费了一番踌躇。那时候有点资产的人家，往往把子女送出去读书。送到南京，送到苏州，甚至送到上海。但杨嘉墀的父亲苦于经济实力不强，没有把他接到上海去读书。他一方面考虑到长子嘉屏已在上海读书，毕业后还有一个就业的问题。当时上海的高中毕业生，要找工作大都是瞄准海关，那里的薪水比政府官员、教授都高。由于是英国人管理，要求英语能力相当强。将嘉屏送进名牌私立学校攻读英语，就要花费一笔学费，仅靠现有的薪水收入，尚无能力同时支持两个儿子都进上海私立学校念书。另一方面又考虑到嘉墀年纪小，上海住房又无着落，眼前还不允许把全家都迁到上海居住，仅靠他一人照顾两个儿子的生活，也是较难的。

杨嘉墀理解父亲当时的境况与难处，在丝业小学学习期间他自强不息，急切地多学习，汲取现代科技文化知识，争取被学校保送到震泽镇上有实力的震属中学，这是吴江县最好的、在江苏省也颇有名气的重点中学。1930 年，杨嘉墀以优异的成绩从丝业小学毕业，如愿以偿地被保送到震属中学。

震属中学历史悠久，最早可追溯到 1923 年。由施肇曾创办的私立震属初级中学，首任校长钟济川。1958 年改名为吴江县震泽中学。施肇曾，字鹿珊，笠泽施氏 81 世。早年就读于上海圣约翰书院及上海电报学校，专学英语及时政。自 1920 年至 1942 年先后出任驻澳大利亚、印度尼西亚巴东、英国伦敦、新加坡、惠灵顿、葡属帝汶岛等地副领事、领事等职。他继承施氏家风“敦行积学，勤于施济”，与胞弟肇基合资捐两万银洋，创办震属初级中学，由肇曾任董事长，肇基任名誉董事长。学校兴建了教学楼、藏经阁、办公室、科学馆和健身房等。建校初期，还广泛邀请知名学者来校授课。

杨嘉墀走进震属中学校门，对学校的一切都感觉新鲜、有趣。他是一个很守规矩、对人彬彬有礼的学生，而不是一个活跃好动、善交朋友的学生。在大多数情况下，他总是默默地在那里温习功课，或者做作业。但他的悟性很高，对事物的分析和理解能力很强，加上读书又很用功，因而学习成绩总是班级的前几名。

遗憾的是，国语课本虽是全新的、综合性的，取代了“四书”“五经”，可教国语先生的脑子却还是陈旧的。最典型的教授方法仍然是“死读书”：一路生吞活剥，而不求透彻理解；只求多记多背，而不讲活学活用。尤其令人不满的是，诸如物理、化学、生物之类原本是非常有趣的新鲜课程，不仅教师全不会做实验，甚至整个学校连一件像样的实验仪器都没有。课文里讲到了细胞，可是谁也见不到细胞是什么样子。一位植物学先生一个学期就讲完了一本厚厚的植物学。可是他从没给学生出示过任何一种植物标本，更别说带领学生去野外进行采集活动了。如果说理化实验的仪器不易制作的话，那么，收集一些动植物标本应该说还是很容易的。然而，就连这个，先生也不屑为之。“君子动口不动手”，被认为是优良的文化传统。

某日，代数先生讲到二次方程有两个根时，杨嘉墀举手向先生提问根的含义、方程的解为什么会有增根，先生含糊不清的解释，使他一头雾水，未能理解。

震属中学的教学管理比较严格，训导主任这个职务一般由施氏家庭成员担任。当年一位施训导，思想比较陈旧，学生们背后都叫他“老古董”。他对违反校规的学生严加训斥，学生稍有越轨行为，更要采取从严的手段进行惩罚，教大家只能规规矩矩地读书。这一带历来尊师尚学，所谓“积金积玉不如积书教子”，推崇读圣贤书，行仁义事，存忠孝心，因此读书的风气很浓。学校每逢重大纪念节日，都要举行纪念活动，全校师生都要集会。按惯例由训导主任首先带领大家唱校歌，然后校长讲话，他的开场白总是“先哲有言，志存高远”，然后讲解歌词大意。据《震泽》一书记载，私立震属初级中学校歌歌词，是建校时由张渊甫先生所作，歌词是：

先哲有言，志存高远。跻圣轶贤，夫熟能限！奈何吾徒，而安卑近。淹忽此生，草木同尽。试念及之，蹶然而兴。绝潢是弃，道岸斯登。何究何通？何得何丧？独有千秋，斯志必抗。

坐谭理高，行之事阙。儒效迂疏，曷以宰物。

在昔圣门，兵农礼乐。因时之用，具于风浴。亦有湖州，治事名斋。济济诸子，为国储才。何愿英贤，时务之练。勿以豫章，而同樗散。

1931年9月，杨嘉墀升入初中二年级，开学不久，便发生了日军强行占领中国东北的“九一八事变”。日本帝国主义的侵略行径，激起了全中国人民的极大愤慨。平（北平，今北京）津一带大学生纷纷南下，向国民政府请愿，要求政府领导全国人民抗日救国，收复失地。1931年10月，震属中学的学生也开展了一系列抗日救亡活动，杨嘉墀也加入了这一爱国主义的大潮，并从中受到了锻炼。这是杨嘉墀在震属中学接受志存高远爱国主义教育的一次实践。

震属中学的两年学习和独立生活，使杨嘉墀在人生历程中，又登上一级台阶。他不但锻炼了独立生活的能力，更重要的是开阔了视野。随后在多年的学习、工作实践中，杨嘉墀对“志存高远”有了更深刻的理解。正如范仲淹在《岳阳楼记》中所言：“先天下之忧而忧，后天下之乐而乐。”法国巴斯德在《科学家成功的奥秘》中也做了精辟的论述：“立志是一件很重要的事情。工作随着志向走，成功随着工作来，这是一定的规律。立志、工作、成功是人类活动的三大要素。立志是事业的大门，工作是登堂入室的旅程，这旅程的尽头就有个成功在等待着，来庆祝你的努力结果……”在很多场合杨嘉墀都提到，人必须有一个无法放弃、无法搁下的事业，才能变得无比坚强。一个人追求的目标越高，他的才力就发展得越快，对社会就越有益。要在世界上有所作为，便要锤炼自己的意志，丰富自己的思想，增强自己的学识。

楊嘉墀

杨嘉墀院士传记

Academician Yang Jiachi's Biography

第二章

勤奋踏实　蔚然成才

在上海中学，他半天上课半天劳动，锤炼了吃苦耐劳、不畏困难的优良品德。炮声中的高考，孤岛中的大学生活，奋发求知，硝烟化作了强国梦。

1．“上中”五年千锤百炼

1930 年前后，世界资本主义经济危机爆发，帝国主义国家为转移危机，便向中国大量输出资本和商品，中国丝业日渐衰落，雄风难以再振。正如茅盾小说《春蚕》中所写：“铜钿都被洋鬼子骗去了。”“蚕愈养得多，愈好，就愈加困难——‘真正世界变了！’”杨嘉墀的祖父虽有多年的经验，也难挽危局，家产也愈变愈少，大家庭也很难长久维持，于是他很明智地在 1932 年端午节时，进行分家，让子女们独立门户。杨嘉墀的父母见“世界变了”，家乡丝业发展前景暗淡，就放弃了家业，举家迁居上海，依靠父亲在银行供职的薪水维持家庭生活。杨嘉墀将要随父母离开震泽镇，离开震属中学。

家乡的小桥流水，家乡美丽动人的传说，家乡的风土习俗，给少年的杨嘉墀插上了想象的翅膀。杨嘉墀对家乡最深的印象是：水的国度，桥的世界。在离开震泽镇前夕，他独自一人到禹迹桥和思范桥散步。禹迹桥、思范桥坐落于震泽镇一东一西，如两轮明月，遥遥相望，互为呼应。两桥在造型上极为神似，堪称姐妹桥而相媲美。杨嘉墀坐在禹迹桥旁，观赏那清波侧影、塔影横斜、拱形落虹的家乡景观，享受这不尽的幽美与无边的宁静。

1932年，杨嘉墀在上海中学初中照

1932年7月，天气炎热，杨嘉墀到达上海。对上海，他并不感到陌生。在他的家乡震泽，上海是人们口中出现最多的外埠地名，上海的黄浦江、南京路、外滩、大世界，等等，他早已耳熟能详。对上海的开放、上海的资本主义文明、上海的繁华，以及上海文化教育事业的发达，他也早就心向往之。现在他终于踏上这片神奇的土地了，这里将成为他的第二故乡。

杨嘉墀到上海上学，首要任务就是要办理转学手续。他以优异成绩考取了上海中学，但因地区学制差异，原在震属中学已读完初中二年级，在上海中学只能转初中二年级春季班。由于上海中学是省立中学，所以学费比私立学校低得多。当时上海中学一学期十块大洋，而私立中学却要七八十块。当然要考进上海中学，对学生的成绩要求是很高的。

上海中学是一所历史悠久的名牌学校，创建于1867年。洋务运动初起，时任苏松太道兵备的丁日昌顺应潮流，倡议设立龙门书院。1867年，应宝时选址在南园（今上海尚文路）建舍兴办，旨在“储人才，备国家之用”。1905年，清废科举，龙门书院改为龙门师范。1910年，又改校名为江苏省立第二师范。1927年3月，杨贤江受命任校长。“四一二反革命政变”后，当时南京国民政府对江苏省立学校进行大改组，将原省立第二师范、公立商业专门学校和省立三中、四中及东南大学附中部分合并后，改名为江苏省上海中学。原大厦大学副校长欧元怀出任校长。旋即推荐大厦大学教授、留洋教育硕士郑通和出任校长。为了实现“江苏乃至全国之模范中学”的办学目标，郑通和经多年努力，于1934年选址吴家港（今上中路），辟地500亩建成新校舍。其间，上海中学名师专家蜂聚，教学质量多年来列为全省榜首。后来虽经战乱，上海中学依然声名远扬。

杨嘉墀初到上海中学学习时，还比较轻松，对学习成绩要求没有什么害怕的，但是还有很多方面不适应。因为是插班生，开始时不会讲上海话，与同学们接触的机会就少了些。老师讲课除了课本内容外，还要补充许多新知识，要求同学们速记下来。课外作业内容绝大多数是思考题，需要分析研究、查阅参考书才能解答。杨嘉墀由于没有掌握学习方法，学习成绩在一段时期里出现了低谷。在学习竞争中，他不甘示弱，奋起直追，全力以赴，人一己百，终于后来居上，在初中毕业时受到学校嘉奖。

杨嘉墀的父亲杨澄蔚非常重视儿子的教育。一家四口搬到上海居住后，父亲租了一间厢房，一分为二,一边父母亲做睡房，一边放两个孩子的床，两张书桌和一个方桌。父亲规定每天晚上 7 时至 9 时为兄弟俩的晚自习时间，父亲就在吃饭的方桌旁读书看报陪着他们。星期天有时带他们去看进步文艺界拍摄的电影，有时去看足球比赛。上海是半殖民地时代的国际都市，所以参赛球队来自各个国家，足球比赛成为国际球赛。父亲对孩子们的影响，除要勤奋学习外，还有爱国思想。

初中毕业时，杨嘉墀被保送进入本校高中部学习。因是春季班毕业，还要在学校参加秋季班上课，这样又加深了基础知识学习，进一步对数理化知道进行了归纳总结。除了上课外，他每周还挤出时间去图书馆看报纸，了解与民众生死攸关的国家大事，接受新思想。6 月中旬，江苏省教育厅厅长对高中入学做出了新的规定，凡各中学初中毕业成绩优异，原学校自行保送进入本校高中者，一律不算数，都要参加高中入学考试。上海中学本有保送的传统，但为了维护声誉，又不得罪省教育厅，便采取了折中的办法，规定进入本校普通高中要考试，保送生可进入本校职业工科班或商科班。

杨嘉墀原是被保送进入普通高中班的，后来被取消了。这时他有两条路可选择：一是参加考试，进入普通高中，然后上大学；一是上职业工科班，读三年出来就业。当然职业班出来，如果有机会，也还可以上专门学校，不过，出洋留学的愿望就很渺茫了。杨嘉墀素有远大抱负，学习成绩又居全班之冠，于是选择参加考试，准备进入普通高中。从招生广告看，考试科目为国文、英文、代数、平面几何、物理、化学，要求肯定严格，无疑是一场激烈的角逐。同学们都给杨嘉墀鼓劲，认为杨嘉墀的国文、英文很少有人可以同他匹敌，就是数理化也不会有多少人超过他，所以他完全有把握考上。

杨嘉墀胸有成竹地参加了普通高中入学考试，较顺利地完成了答卷。按照

1937年，杨嘉墀在上海中学毕业照

考卷判阅，他的各科成绩都是优等。可是，省里派人复查国文试卷时，认为杨嘉墀的试卷思想激进，对评分提出异议。原来这次考试，国文的命题是“新生活运动”。杨嘉墀受初中语文老师进步思想影响，对新生活运动进行了评述，主题是：社会上老百姓穷，官员腐败，老百姓饭都吃不上，衣服也穿不上，还讲什么卫生、文明；国家应该首先解决老百姓的吃饭穿衣问题，衣食足才能知荣辱。显然，杨嘉墀作文的论点与当时的主流舆论格格不入。结果，国文成绩降等，杨嘉墀未能进入普通高中班。但是郑通和校长爱才，仍保送杨嘉墀进入上海中学高中部工科班。因为未进普通班，使他得以免去到镇江接受集中军训。

杨嘉墀当时选读的是机械工科。该校的机械工科是新设立的，1935 年起陆续添建木工、铸工、锻工、钳工、机械、电器六处工厂及原动力实验室一所。郑校长开明的办学思想、新鲜的工科教材、众多的设施设备，引起了杨嘉墀极为浓厚的兴趣，进一步触发了他“科技救国”的理念和抱负。他敏而好学，刻苦勤奋，学习了机械制造方面的科技知识，并具备了操作能力，老师的教学与实验结合得很好，为他后来从事科技研究打下了最初的基础。

不过，比起普通高中班来，工科班学生要苦得多，累得多。工科主任按职业学校方式安排教学，让学生半天上课，半天劳动实习。在这里，杨嘉墀学过钳工，车、铣、刨、磨的活儿，样样都干过。他还学过铸工、锻工，打过铁，甩过 12 磅重的大榔头。一天下午杨嘉墀劳累过度，甩榔头用力过猛，腰背扭伤，使原有的脊柱侧弯更严重了。不过，这也锤炼了他吃苦耐劳、不畏困难的品格。

上海中学工科班学生有30多人，杨嘉墀和唐有祺是班里的佼佼者，成绩常列班里一二名。唐有祺后来任北京大学化学系教授、国家教委科技委主任，与杨嘉墀同为中国科学院院士。此时，大多数人进上海中学的目标是毕业后考名牌大学，可是学校安排半天上课，半天劳动，学习时间少，很难深造。大家向工科主任反映，要求增加教学内容，提高质量，减少劳动学时，但遭到拒绝。当时同学们推举杨嘉墀等三位同学，代表大家向郑通和校长请求妥善解决。杨嘉墀阐述了郑校长的办学目标，是要把上海中学办成江苏乃至全国的模范中学，提出学校不应按职业学校方式办学，希望加强基础知识教学。郑校长通情达理，理解学生们上大学的心情，于是将工科主任调离，聘请中央大学的教员来主持教学工作，加强了基础教育，强化了英语、数学课程。

上海中学的教师，想要提高学校的声誉，鼓励毕业生报考重点大学，尤以交通大学为最高目标。但是学生要有较好的成绩，才能被允许报考这类学校。自高三第二学期开始，杨嘉墀除了学习正式课程外，还要在课余补习大学入学考试的各种课程，同时搜集了交通大学最近十年的入学试题，以做参考。他分析，交大的国文入学考试，向来注重古文，同中学读的白话文完全不同。他自信地认为数理化及英文题目，自己尚能应付，唯独国文一科，要加强不太熟悉的古文，提高自己的国文水平。交大的国文试题常出自“四书”“五经”等古书，而他对古书知之甚少。为应付考大学的需要，杨嘉墀决定自学“四书”，他获得了一本三友实业社印制的《四书集注》，早晚把它分段熟读理解，以弥补自己的不足。

学校为了给工科班补课，还决定工科班不进行军训。毕业班学生在学期结束后，一律住在学校宿舍，强化基础训练；主要教师也留在学校，日夜辅导。在上海中学五年，杨嘉墀悟出一个道理，即办任何一件事，只要目标正确，意志坚定，努力迈进，定有成功之日。

2001年4月，杨嘉墀（前排右二）重返上海中学

2. 乌云孤岛“交大”求索

对杨嘉墀来说，交通大学的名声实在是太好了，是他在中学时代梦寐以求的大学。交通大学前身是南洋公学，于 1896 年为晚清邮传部尚书、当时称洋务派的盛宣怀所创办。前一年他在天津设立了中西学堂。两校人称南洋北洋，以培养务实人才为主旨。他又认为培养人才要先抓师资队伍建设兼基础教育，所以两校先办师院、中院，再办上院。到 1906 年南洋公学改称上海实业学堂，由唐文治任监督（校长），刻意求进，于是学校事业迅速发展，渐渐成为驰誉海内外的工科大学。辛亥革命后改称南洋大学。1928 年定名为交通大学，形成了包括理、工、管的一所综合性大学。工学院设有机械工程、电机工程、土木工程三个学院，历年来培养出一大批高级专门人才，“爱国爱校，追求真理，勤奋踏实，艰苦朴素”，已成为交大校训。

投考交通大学的学生，大都是全国各地优秀中学的高材生。到上海参加交大入学考试，要住小旅馆，清早排队赶搭公共汽车到徐家汇考场，到达目的地时已经汗流浃背，筋疲力尽，难免影响考试的成绩。上海中学的投考生可谓得天独厚。1937 年 7 月 7 日那天，杨嘉墀等乘校车，由上中直驶考场，充满自信，心情愉快地走进考试教室。经过几年的紧张学习，这时杨嘉墀非常镇定，因为他已尽了最大的努力，考好考坏只能成事在天了。

交大的门槛实在是太高，所出的考题在两小时内通常是做不完的，一般学生应付考试确实感到吃力。杨嘉墀虽然实力雄厚，也不敢稍有懈怠，手和脑都在快速运动。考场内很闷热，考试的人都很紧张，虽有摇头电扇，杨嘉墀仍然挥汗如雨。恰在这一天，日本帝国主义制造了“卢沟桥事变”，挑起战争。8 日晨日军竟开枪射击，并炮轰北京郊区卢沟桥及宛平城，中国驻军奋起抵抗，从此，揭开了全国抗战的序幕。不过这时战事还在平津一带，战火一时还未烧到江南，考场上依然很安静，只听见笔尖摩擦纸张的“沙沙”声，只有一阵从考场外传来的放鞭炮的声音，据说是庆祝中国军队收复北平的丰台。两天考毕，杨嘉墀自认数理化及英文题目尚能勉强应付，唯独国文一科心中无数。

考试之后杨嘉墀一身轻松，但是听到日本帝国主义策划“卢沟桥事变”，对我国发动了大规模的侵略战争的消息，心中顿起愤恨之情。

8月12日，杨嘉墀清晨赶到江湾，参加同济大学的招生考试，那是为交大不录取我的退路。考场设在同济大学体育馆内。同济的考试确实比交大的轻松得多，有的课程只花了一个小时就交了卷。但这一天可没有那么平静了。下午考试刚进行了一个小时，就听得外面人声嘈杂，集合声、口令声、跑步声、拉动枪栓声响成一片。考生们不知发生了什么事，校方来人宣布：日本军队打过来了，中国军队正在准备抗击，双方交火在即，为了大家的安全，考试停止，请同学们迅速转移。

因在上海无处存身，杨嘉墀随母亲到吴江震泽镇老家避难去了。回乡只一天，“八一三”淞沪抗战爆发。家乡因南近杭州，各种谣言蜂起，人心惶惶，深为上海的局势担忧。上海抗战初期，中国军队的抵抗一度占据优势，给了日军沉重的打击。中国空军亦投入战斗，并炸伤敌第三舰队旗舰“出云号”，击落敌机多架，迫使日军不得不向国内求援。杨嘉墀每天读报，盼望录取消息能尽早地发布，终于在9月12日《新闻报》上看到交通大学录取新生通告，见到自己的名字在电机工程系第三名，兴奋之情莫可言喻，几年苦读出了成果。上海中学工科班应届毕业生被交大录取，打破了以前的纪录，这与中学教师那种孜孜不倦的教学精神分不开，是中学教师之功。多年来，尊师重教，成为杨嘉墀恪守的信条。

10月上旬，杨嘉墀为了赶赴交通大学报到，遂乘火车前往上海。由于日机轰炸，傍晚时分铁路两旁一片萧疏，沿途车站阴森森的，几乎不见人影。火车在夜间行驶，一路上也不敢开灯，清晨抵达新龙华站人们就下了车。当时杨嘉墀随身仅带了一只很小的手提箱，随着人群一直向上海进发，走了几个小时总算到了南市，回到家中。

1937年10月11日，交通大学在炮声隆隆中开学，大多数在沪的师生员工均按时来校报到。10月下旬，上海大部分地区失守，日本宪兵队侵占交大徐家汇校区，校舍、设备、图书、仪器等校产落入敌手。日方对交大内部房屋任意拆卸改造，器用杂物或被运走，或被烧毁。交大迁法租界后，一、二年级学生借法租界内震旦大学的一部分房屋开始上课。第一天上课时，敌机对附近日晖港的轰炸震动了大楼的门窗，校方为学生的安全起见，不得不下令暂时停课。

当时考取交大机电工程系一年级的正取生30名，备取生5名，但是由于日寇横行，真正能来报到的才10多人，有的学生到第二年才来报到。杨嘉墀入学考试成绩是第三名，由于第一、二名未来报到，按交大的老传统，他担任了班级班长。当时学生的学习、生活环境，较之战前相差很远。教室拥挤，住宿更为困难，本市学生只好走读。杨嘉墀买了一辆旧自行车，每天骑着去上课，学习之余，同学间很少有机会交往。

杨嘉墀在交通大学学习的四年，是不寻常的四年，这四年决定了他的一生。

当时大家都是怀着“国家兴亡，匹夫有责”

的宏愿来求学的。在交大的“起点高、基础厚、要求严、重实践”的教育方针指引下，大家在学业上、思想上都获得了长足的进步。杨嘉墀聪明好学，在青年时代就在国学、外语和东西方文化等方面打下了良好的基础，这为他进一步深造和才能的发挥提供了保证。进入交大后，在“凡事都应问一个为什么”治学风气的熏陶下，他更坚定了严谨的治学态度，为他在以后的研究工作中取得突出成绩打下了坚实的基础。

交大在法租界上课后，师资队伍没有大的变化，学校的培养目标和教育方针也未改变，仍以培养交通工程技术和管理人才为办学宗旨，发挥理、工、管相结合的长处，继承重视基础、重视实际、重视严格训练的办学传统。各院系的教学内容和作风，与战前基本上一脉相承，特别是一批有声望、有学识的教授亲自上课或带实验，受到学生的欢迎和好评。其中裘维裕（物理）、胡敦复（微积分）、胡端行（机械）、陈石英（热工）、马就云（直流电机）、钟兆琳（交流机电）、杜光祖（力学）等，他们在设备简陋、环境恶劣、经费短绌、生活困苦的条件下，认真执教，严格要求，发扬了交大的传统，为我国抗战和国家建设培养了大批交通工程技术和管理人才。

电机系在教学上素有既注重理论教学，又重视实验课的特点。理论课程占的比重大，约占全部课程的一半以上，贯穿于四年的学习中，而且内容比较深，难度大。一、二年级注重基础学科物理、数学的学习，虽然在战时仍坚持从严训练，考试频繁进行，如物理课一学期大小考达28次。三、四年级有许多电机的原理和电信、电力理论课程，电机工程课程理论深，难度较大，除指定的教材外，教授在讲授时还另外增加许多材料，学生在上课前，要用许多时间进行预习。除做习题外，一般每星期考试一次，一学期有小考三四次。当时学习条件虽十分艰苦，但大多数学生仍然保持长期以来形成的良好学风，努力学习，纪律良好，生活朴素。

由于上海孤岛的特殊环境，在校时老师们除上课见面外，与同学接触并不多，但老师教诲之恩杨嘉墀终生难忘。印象较深的是胡敦复老师的"y是x的函数，当x有Δx的变化时，y必然有Δy的变化，$\Delta y/\Delta x$之比当$\Delta x\rightarrow$无穷小时，$\Delta y/\Delta x$之极限就是dy/dx"这一段，胡老师反复讲了几十遍，当每个同学都能倒背如流以后，胡老师的授课进度才一泻千里，不用费多少劲，学生就能融会贯通。后来杨嘉墀才体会到，讲透重点，不平铺直叙，不平均使用力量，待重点讲透后，其余让学生自己去学，真是事半功倍。

重视实验课，是交大教学中逐步形成的一个特点。"八一三事变"使交大各系的实验设备受到巨大损失，当时恢复实验课是相当困难的。电机系千方百计克服了很多困难，因陋就简，创办了简易实验室，还借用震旦大学的实验室，但必须安排在别人的空档或放学之后，常常一直做到晚上。老师带实验时，要同学们去吃晚饭，他自己在实验室啃干面包等学生，这种献身教育事业的精神，也给杨嘉墀留下了深刻的印象。工程测量的平面测量，是在震旦大学的大操场进行的。交大还一向重视学生的实习，把它作为培养动手能力的一个环节。但经费短绌，给学生实习带来很大困难。战前设备完善的铸工、锻工、木工三个车间均被日寇侵占，迁进法租界的仅有金工、木工设备，场地狭窄，器械短缺，

1941年，交通大学电机系同学合影（后排左三为杨嘉墀）

但学校对学生的要求仍很严格，想方设法锻炼学生的动手能力。专业实习都利用暑假在上海市各工厂进行，电机系因电厂被炸，改去电话公司实习。

杨嘉墀在交大接触到许多新同学，非常高兴。渐渐地在这群走读的电机系同学中形成了一群无线电爱好者，其中有俞百祥、朱祺瑶、武书鼎、黄克沛等。杨嘉墀从安装矿石机、直流一管机发展到交流外差式五、六管机。那时美国的《业余无线电手册》人手一册，很是实用。自装无线电的活动，对他来说是在理性认识之外增加了感性认识，并增强了动手的能力，对他后来从事无线电器材的制造极有帮助，同时也增进了同学之间的友情。杨嘉墀在装调收音机的过程中，爱调听交响乐和京戏，偶尔也收到抗日的消息。这时杨嘉墀总要戴上耳机，细细地搜索，从中了解到点滴的共产党的抗日方针，有时听到几句抗日诗歌，他总是热血沸腾，从中受到莫大的鼓舞。

抗战初期，不断传来一些振奋人心的消息，无论是国民党的正面战场，还是共产党的敌后战场，时有捷报传来；即使中国军队失败了，那浴血奋战的精神也令人肃然起敬。但是后来，国民党政府奉行“消极抗日，积极反共”的政策，传来的消息就不那么令人乐观了。交通大学所处的法租界，四面被日军包围着，在日寇的压迫之下，法租界当局亦命令禁止抗日活动，交大校园内民主气氛淡薄，师生多埋头教学、读书，抗日运动极难开展。杨嘉墀等仍利用可能的机会，通过“勤学、勤业、交友”的方式，隐蔽地参加了一些进步的活动，团结了一些进步同学。初期的主要方式是看进步电影，如蔡楚生编导，王人美、韩兰根等主演的《渔光曲》，赵丹、周璇主演的《马路天使》等。他还参加了文化界开展的募捐支援前线的活动。他目睹了中国人在自己的土地上任洋人欺辱、中国的商品市场任洋货倾销霸占的情形，特别是日本帝国主义占领上海时，日本飞机在上海城的上空肆意嚣叫、盘旋，军舰在黄浦江上耀武扬威地游弋，这种种情形给血气方刚的杨嘉墀以很强的刺激，他暗暗立下誓言：中国一定要造出自己的火车、自己的飞机、自己的军舰，要用先进的工业来改变中国人被外国人瞧不起、国土被外国人占领的状况。

杨嘉墀怀着学好知识、抗日救国的崇高理想，刻苦学习，凡是能够提高专业水平的活动，他都积极参加。他与同学们一起成立了电机工程学会，主办科普杂志，并担任《科学大众》杂志的编辑。四年艰苦的大学生活，是在乌云压城、风雨飘摇的孤岛环境中度过的，他的成绩在班上一直名列前茅，并多次获得奖学金，受到了老师、同学们的赞赏。

1941 年夏，杨嘉墀从交通大学电机系毕业。

楊嘉墀

杨嘉墀院士传记

Academician Yang Jiachi's Biography

第三章

寻求报国 初试锋芒

艰难之旅。西南联合大学的助教，开拓知识视野，培养独立思考能力。他注重理论与实践相结合，动手能力强。实业救国，研制出中国第一台载波电话机。

1. 投奔“联大”助教生涯

交通大学 1941 届不同寻常，具体表现在：特殊的在学年限、艰苦的学习环境及复杂的同学构成。杨嘉墀所在的电机系的同学中，除 1937 年入学者外，还有很多因战争等原因而延期返校的前几届同学，也有兄弟院校因无法返回原校而就近借读的。同学之间，彼此交往较少，了解不多。毕业时，上海已成为孤岛，表面上依然歌舞升平，暗地里则因二战形势紧迫，这个孤岛已岌岌可危，校方不得不决定毕业班提前于 4 月份结束学习，等待分配工作。

交大长期由交通实业部门管辖，学生动手能力强，学以致用，毕业生受到交通实业部门的欢迎。正因为如此，交大毕业生就业基本上有保证。这在旧中国大学生“毕业即失业”的情况下，是十分难得的。当时交大毕业生的去向有如下几种途径：铁道部分配，学校向路局、企业推荐，企业单位来校招聘，本人自寻出路，以及出国留学等。由于上海企业、工厂纷纷内迁，同时内地因抗战需要，工厂、企业急需人才，交大前几届到内地工作的毕业生便纷纷来上海介绍情况，招聘人才。因此，大批毕业生投奔内地工作。

毕业后，杨嘉墀和许多同学一样，不愿留在敌人管辖区工作，决心一起冒险去内地寻求报国的事业。应昆明西南联大电机系的邀请，交通大学推荐杨嘉墀到那里当助教，他答应了。他把这些想法告诉了父母，得到了他们的支持。当然，从内心讲，母亲很希望杨嘉墀留在身边工作，动荡时期也好相互照应；但为了儿子事业的发展，还是尊重儿子的选择。父亲更理解儿子的心情，深知一个青年知识分子在日寇统治下不会有什么好出路，只能苦闷万分；应去内地深造，发挥一技之长，待机留洋闯一闯。

1941 年夏，太平洋战争爆发前夕，杨嘉墀与同班学友董宗祥、曹显钧等数人结伴同行，踏上了前往大后方的旅程。董宗祥与杨嘉墀从初中、高中直至大学，十年同窗共读，结下了深厚的友谊，平时二人坦诚相见、互相切磋、互相帮助、情同手足；此时得以一路同行，也使双方父母、亲友放了心。交通大学为鼓励毕业生去后方工作，给他们每人发了旅费 450 元，他们一行数人，携带简易的行李，由上海乘船去香港，计划经湛江—玉林—柳州—桂林—贵阳，抵达昆明。

在旅途中，他们遇到许多艰难险阻，绕了好多弯子。他们一路上要穿越敌人的封锁线，躲避敌机的轰炸，还要接受蛮横的搜查。经过半月有余，总算顺利地到达后方的柳州、桂林。本以为既已远离敌占区，就有了安全保障，谁知在桂林却遇到了敌机的狂轰滥炸。

杨嘉墀与董宗祥同住桂林某招待所，由于长途跋涉，董宗祥患了腹泻并伴随发烧，而招待所距离防空洞较远，不易躲避空袭。杨嘉墀本可与其他旅客一起去防空洞避难，但为了保护董宗祥这位病人，却甘愿冒生命危险照顾他。后来警报更紧，杨嘉墀只好搀扶着董宗祥到郊外躲藏，但由于董宗祥的病体无法走远，只能选择河边树旁，与敌机作捉迷藏式地躲避。眼见敌机肆虐，炸弹如雨而下，而他们总算是幸免于难。他们这种患难诚笃的友情，远胜手足。

7月，在桂林因找不到去昆明的汽车，生活也无着落，杨嘉墀非常着急。偶然间，他打听到同学王安在资源委员会办的桂林无线电厂工作，便找上门去，希望能搭上无线电厂去昆明的顺便车。王安在动荡时期见到老同学，十分高兴，主动与厂方联系，经多方奔走了解到当时无车去昆明，预计一个月后才可能有车。为了维持这段时间的生活，杨嘉墀主动与厂方商量，能否在厂里打短工，暂时住到厂里。厂方同意了，根据杨嘉墀的专长，将他分配到大功率扩音器试制组内。这个扩音器是市政府用来放在独秀峰上做宣传用的。进行大功率音频放大器的校正回路调试，其任务是如何增加低音音量。由于没有测试仪器，不知道频率响应数据，杨嘉墀便根据自己装调收音机的经验，不厌其烦地一点一点地调试，经过数日的努力，初步达到要求，完成了任务。这可算杨嘉墀从交通大学毕业后的第一份工作。虽然是临时性的，时间也很短，但他却从中深深体会到，没有理论基础与测试仪器是很难完成任务的，要真正解决实际问题，还得在无线电基础理论上下工夫，还需要深造。

8 月下旬，杨嘉墀乘上桂林无线电厂的运货卡车，经过六天行程，终于到达昆明，去西南联大电机系报到。

“卢沟桥事变”爆发后，日本侵略者的铁蹄肆意践踏我国华北地区，平津两地大批市民被迫踏上背井离乡的流亡之路。为了维持抗日时期的教育事业，北京大学、清华大学和南开大学这三所北方著名的高等学府，实施教育部的应急措施，迁往湖南长沙，1937 年秋季合并成立长沙临时大学，设文、理、工、法商四学院，共 17 个系。临时大学开课不过半年时间，随着战火的迅速蔓延，局势越来越严重。南京失守，武汉告急，长沙也不断遭到日寇飞机的轰炸。师生们连安全都得不到基本保障，教学自然无法正常开展，临时大学只好继续南迁。1938 年 4 月再迁到昆明，更名国立西南联合大学，增设师范学院，扩充至 26 个系。

战乱中匆匆撤离又一再迁徙，被连根拔起的三所大学元气大伤，各自原有的优越条件已不复存在。没有宽敞的楼房校舍，没有足够的教学设备，甚至连必需的教科书都凑不齐。正如清华大学校长梅贻琦先生早年所言：“所谓大学者，非谓有大楼之谓也，有大师之谓也。”所幸西南联大仍然具备其他大学无法相比的优势——云集着一大批一流学者、教授，保持着不断进取的教学活力和兼收并蓄的学术传统。

关注国家命运与民族兴亡的学子们不能亲赴前线杀敌，便渴望更好地掌握科学文化知识，以求用现代工业构筑强大的祖国，使之免遭外侮。西南联大不仅是群贤毕至，精英荟萃，名师云集，而且 80% 以上的教授都是到欧美留学过的。他们不仅熟悉世界学术思潮和科技信息，而且其学术思想和教育思想也都带有明显的西方现代色彩。尽管他们彼此之间学派渊源不同，治学传统各异，学术观点杂陈，讲授方法也各有千秋，却能本着“同无妨异，异不害同”的开明态度和宽广胸怀，发展自己的同时也不排挤别人的发展空间。能够成为他们其中的一分子，杨嘉墀感到非常荣幸。

在战争的胁迫下，随着源源不断迁至的内地机构，昆明的房屋变得非常紧张。当时西南联大所属的五个学院各踞一方，文、理学院位于昆明西北，工学院地处西南部，上课租用的是迤西、全蜀和江西三所会馆的旧址。杨嘉墀所在的工学院电机系，虽然教学环境丝毫不具备名牌学府的气势，但他进入这座以“刚毅坚卓”为校训的战时大学后，很快就感受到这里不同凡响的知识氛围。他见到了任之恭、章名涛、马大猷等著名教授。一起工作的教员有钟士模，助教洪朝生、曹建猷、唐统一、陈力为等。这里师资力量雄厚，注重物理理论基础，大多数助教都在进修，准备考清华公费留美。

杨嘉墀当助教之初，工作一切听从安排，主要任务是在教授讲课时随堂听课，答疑辅导，批改作业，指导实验。在这种自由开放的宽松环境中，新派人物理直气壮地领风气之先，归派人物我行我素地传经授典，虽观点对峙却各不相犯。不同的治学理念并存，相生相克，相辅相成，这有利于杨嘉墀在不同的见解中开拓知识视野，领略不同的治学门经，从而培养独立思考、认真研讨的良好学风。杨嘉墀的工作量不算大，有较多时间可自由支配。这样，读书的机会更多了，可以选修专业基础理论课，还可以到图书馆查阅资料，准备出国考试。他是个闲不住的人，总是给自己设定目标，安排任务。这一年除了有几次听到警报响，紧急躲避敌机袭击外，绝大部分时间他都是在工作、读书，极少参加无谓的活动，因战火袭扰，连家信也难得写几封。

杨嘉墀在交通大学学习的四年中，因注重实践，他动手能力较强，应该说带学生的实验课是比较省心的。但他为了指导学生上好实验课，每次都提前半小时到实验室，一丝不苟地做好充分准备。实验开始前都要向学生讲清目的、要求和注意事项，并要求学生在实验前先写一份报告，写明实验内容、理论和方法，再进行实验。做电路实验时，当学生接线以后，杨嘉墀都要检查一遍，认可后才能进行下一步。这种严格的授课，对学生是很好的基础训练，培养了他们解决实际问题的能力。为了对付敌机空袭，他还在实验室地下埋了几个旧汽油桶，每次做完实验后就把仪器装入桶内，以避免可能造成的损失。对这种做事机智、细心和爱校重教的精神，师生们无不称赞。

由于学校教育经费紧张，仪器设备极其缺乏，杨嘉墀就动手研制了一些仪器。他与唐统一合作，安装了一部业余无线电台，居然接收到了信号，并与设在昆明郊区的清华大学无线电研究所联通进行试验。清华大学物理系兴办无线电和金属两个专业研究所，是自“九一八事变”以来，吴有训和叶企孙决定清华大学物理系的教学科研向应用物理靠拢的一系列措施的延续。其中任之恭教授负责的无线电研究所，是试图创办电子工业的副产物，它为中国电子学研究开了先河。杨嘉墀等安装无线电台，经无线电研究所测试，有很多独创之处。这一初步成果，得到了任之恭教授的好评。杨嘉墀在电子学方面的才华，引起了电机系主任倪俊的关注。

2. 草创载波电话样机

翻开《中国近现代科学技术史》，可以得知，中国电器工业是在国内、国际的政治、经济形势的动荡中艰难发展起来的。截至 1937 年，中国电器制造企业有 200 家，其中 159 家集中在上海，生产的电器种类包括电力机器、灯泡、无线电、电话、电池、电表、电线、电瓷、电木和五金电器等。在电话电报设备生产方面，主要有天津中天电机厂、上海中国电器公司、国际物产公司、南京交通部电信机件修造厂、济南同义电料行等五六家工厂。主要生产莫尔斯电报机、韦氏电报机、波纹收报机、电话机和交换机等产品。1937 年中央电工器材厂引进德国技术，在香港设立电话预备厂。

在抗战时期，中国大后方工业品进口十分困难，这促使国民党政府更多地依赖国内的技术力量发展工业。在电器工程方面，大后方进步显著，这主要是指资源委员会所属的中央电工器材厂的成立与投产。它结束了中国人不能自己生产电线、电缆、电子管等电器产品的历史。中央电工器材厂在昆明分为三个厂：一厂为电线、电缆厂；二厂为电子管厂，全套设备和工艺从美国引进，1939年投产，生产电工牌电子管、日月牌电池和无线电收发报机；三厂为电话机厂，从德国西门子公司引进设备，1940年投产，可生产供电式电话机和自动拨号式电话机。战时共生产了电话机2万余台，电话交换机2.4万余门。

三厂厂长黄修青，在“实业救国”思想的影响下，眼看德国纳粹在电器工业上对中国卡脖子，限制其发展，深深预感到只有培养建立自己的技术队伍，开发研制长途通信设备，才能有自己的产品占领市场。黄修青多次到西南联大电机系求援，招聘人才，以开展载波电话的试制工作——载波电话是当时电话通讯发展中的新产品。1942年夏，西南联大电机系老主任倪俊，考虑到学校科研经费与测试设备不足，很难开展任何研究工作，为避免人才浪费，并根据杨嘉墀的专业长处，介绍杨嘉墀前往中央电工器材厂工作，并把他推荐给黄修青。

杨嘉墀考虑到黄修青是交通大学毕业生，虽年级不一样，但都是交大校友，能相互照顾。同时也觉得原来在联大当助教，有利的条件是可通过清华大学庚子赔款招收的公费生赴美留学。可是太平洋战争爆发后，这条路中断了，在学校一年已经听了很多基础课，再在学校待下去，已没有太多的发展机遇，还不如乘此机会到工厂去闯闯，也许还能出国留学。

黄修青对杨嘉墀委以重任，让他担任工务员，负责质量管理，并协助留德工程师许德纪从事载波电话的研制工作。他们谈起来，很多想法都不谋而合：研制的产品，都以全国人民的抗战为出发点；工厂要有自主的开发能力，否则不能生存和发展；研制人员，工程概念要清楚，还应能自己动手装调和测试。杨嘉墀对这份工作非常满意，决心尽力做好产品研制工作。黄修青因为有了杨嘉墀，心里的负担放下一大块。他要求杨嘉墀每天写工作日记，并直接送给他看，以便随时沟通思路，推进工程进展。

杨嘉墀在交通大学电机系电讯专业学习时，曾了解了一些无线电基础知识，对无线电波和频率特性，无线电信号的发射、接收和调制的学习也一直比较重视。他曾多次装配调试过收音机，但对载波电话的产品研究还是第一次。承担新产品试制任务后，杨嘉墀对工厂的生产设备、技术能力进行摸底。电工器材厂生产用的机器设备，都是从国外进口的，很多材料和元件也都依赖外国。在这种环境下工作的技术人员，很难跳出洋框框，似乎不依赖外国设备、外国技术，中国便无法工业化似的。当时三厂建厂时，黄修青对厂址的选择也做过一番研究，从战时出发，军用电话机的生产要绝对安全。工厂建在离昆明市区 27 千米处，在一个要翻过几个山坡才能到达的小村子里，那里风景优美，却与世隔绝，信息闭塞，隐蔽性好。为了打开通向外界的窗口，杨嘉墀曾向黄修青建议，邀请西南联大、清华大学无线电研究所的教授来厂讲学，一方面开拓工厂技术人员的思路；另一方面也可以让教授了解工厂，建立厂校经常性的联系，开发新产品。通过杨嘉墀的关系，邀请了任之恭、朱物华、叶楷来厂。那时厂里没有小汽车，只能用运货卡车接送教授，杨嘉墀请教授坐在驾驶室里，自己则站在车厢里，卡车沿着山路盘旋，一路颠簸摇荡，杨嘉墀却毫无怨言。

杨嘉墀用自己文史知识的积累，追溯通信的历史渊源。

人类的通信，源远流长。我们的祖先已经懂得用点燃烽火来通报敌人入侵的消息，用击鼓来传递战斗中前进和后退的命令。书信，是人类情感交流的桥梁。从古到今，我国流传着“鱼雁传书”的传说。杜甫以“家书抵万金”道出了盼望信息往来的急切心情。几千年来，在书信的传递方面经历过很多变化：从步行送信到后来的邮驿；从靠马车、自行车，发展到用汽车、火车、轮船、飞机等现代的交通工具。19 世纪，人类跨入了电气时代。1837 年至 1838 年间，美国人莫尔斯发明并制造了电报机，电报能以惊人的速度传递信息，但从发电报到收电报要经过多道手续，而且不能立即得到回答。因此，一些永不满足的科学家又开始了传送人类语言的新的探索。1876 年，贝尔发明了电话。从此，人类的声音便能通过电话传到远方。多年来，电话始终独占鳌头，成为电信发展的中心。

杨嘉墀深知，通信技术的先进与否，反映国势的强弱。抚今思昔，望远思近，杨嘉墀禁不住黯然兴叹：在灾难深重的中国，各方面都远远落后了，通信也毫不例外。这时，最怕自甘落后，志气丧失；最需要振奋自强不息的民族气概。在外敌入侵、国难当头的情况下，黄修青、许德纪能够提出试制载波电话，这是一种多么可贵的精神啊！纵有天大困难，自己也要全力配合。

于是，杨嘉墀在许德纪的领导下，开始了单路载波电话机的试制工作。许德纪对杨嘉墀充分信任，大胆放手让他去闯。载波电话是电话的一种。利用频分多路复用原理，通过高频调制，将各个音频信号分别频移到传输带内互不重叠的一些频段上，使之在传输过程中互不干扰，在收端通过解调后复原为音频信号，从而实现在一对线上同时传递多路电话的构想。单路载波电话是多路通信的开始阶段，尽管国外 20 世纪 30 年代就有这种产品，但对中国来讲研制这种样机还是第一次。杨嘉墀从原理分析、性能指标的确定、电路设计、电路试验，到整机设计、结构布局、元器件的选择、生产装配调试，整整花了两年多的时间，于 1945 年做出了中国第一套单路载波电话的样机，在昆明工业展览会上展出。他还凭借和清华大学无线电研究所的老关系，利用那里的测试仪器，测量了一些部件的性能，结果均达到设计的要求。

中央电工器材三厂没有机械加工、表面处理、整机装配、质量检验等技术部门。杨嘉墀曾受聘负责质量技术管理工作。工厂引进的德国生产设备附有一大批生产质量管理资料，长期无人整理，他利用在交通大学学习第二外语德语的优势，加班加点地对大部分资料进行翻译整理，并根据中国的实际情况制定质量管理规范，严格检验，把住质量关口，使工厂批量生产的电话机质量优良，得到用户的好评。

由于在工厂成绩突出，1944 年春，杨嘉墀被中央电工器材三厂保送参加经济部举办的“租界法案”留美实习生考试。中央电工器材三厂参加考试的还有陆崇真、朱琪昌、杨沁尘等六人，考试发榜，都被录取，待联系美国实习工厂后就可办理出国手续。

1944 年 7 月，美国战时生产局局长访问重庆，考察中国军事工业生产现状，了解到中国政府要派工厂技术人员去美国实习。他指出：现在战争这么紧张，军事工业生产需要技术人员，劝告国民党政府暂停派遣技术人员去美国培训。国民党政府调整了技术人员出国计划，讲明凡是已经联系好在美国工厂学习的继续执行，但本人要到重庆参加军训。

这样在已经录取的约400名学生中留下100余人暂缓出国，参加战时生产。

中央电工器材三厂也考虑到生产任务的需要，决定保留一些骨干技术人员。杨嘉墀在厂长黄修青的再三挽留下，服从大局，暂缓出国，接替朱琪昌的工作，担任了研制组组长。当时进口元器件很困难，杨嘉墀对生产线上的电话机进行设计，采用国产元器件代替，由于线路设计先进，使产品性能指标有了很大的提高。其间，他还研制了扬声电话，在中国第一次实现了普通电话机的电子化，使用户可不用手持话筒打电话。

在工厂工作期间，杨嘉墀被吸收为中国工程师学会和中国电机工程学会会员，还参加了一些工会活动，组织科技报告，举办春节文艺活动，参加墙报写稿、宣传抗日救国思想等。

杨嘉墀

杨嘉墀院士传记

Academician Yang Jiachi's Biography

第四章

留学生涯　创新之路

科技救国跨洋求索。百花丛中汲取营养，硕士博士，一路速成。理工结合融会贯通，科技创新硕果累累，专利发明“杨氏仪器”。赤子之心，报效祖国。

1. 几经周折跨洋深造

在世界反法西斯战争胜利前夕，杨嘉墀密切关注中国抗日战争的时局，通过报纸、电台获取信息，判断中国的命运。

1945 年 8 月 15 日，日本宣布无条件投降，太阳旗颓然倒地。消息传来，举国欢腾。中央电工器材三厂的员工们和全国人民一样，张灯结彩，标语满墙，人们欢呼、跳跃、敲锣、放炮，到处都是欢声笑语。杨嘉墀走出新品试制车间，特意在厂里住宿区安上扬声器，播放无线电传来的喜庆消息。他还参加了工厂组织的庆祝大会，和工人们一起到厂外参加游行。这是中国人民 100 年来反抗外国侵略取得完全胜利的伟大的民族解放战争，他为此感到扬眉吐气。

1945 年 10 月，中央电工器材三厂奉命接受了新的任务，组织骨干技术队伍去东北接收日伪电话设备制造厂。厂方从总务科、财务科、技术科选调人员，包括许德纪、杨沁尘、徐世功、方译同、杨嘉墀等七人。厂长黄修青亲自提名让许德纪、杨嘉墀参加总厂组织接收小组，待命前往东北。而对杨嘉墀赴美实习一事，却只字未提，好像已经忘记了早已确定的这件事。他不安排，杨嘉墀也不便提起。

转眼间，1946 年春节就要到了。杨嘉墀已经离开上海四年多了，他思念父母心切，打算先回家看看再说。

12 月下旬，他从昆明乘火车到达重庆，想从那里回上海。重庆在抗战时是国民党政府的陪都，许多机关、企业、事业单位都设在那里。这时抗战胜利了，许多单位都要从西南山区下山，迁往东南沿海等地，于是轮船票、火车票、汽车票一时紧张得不得了，票价随即猛涨起来。杨嘉墀在重庆等候接洽交通，约住了一个星期，随后又乘卡车到长沙，租民船到武汉，在武汉停留数日，又乘长江轮船前往上海。春节前夕，他终于回到阔别多年的上海。抗战以来，全家人在一起过年这还是第一次。这期间，父母历尽了艰辛，杨嘉墀受尽了劳碌。

在人生道路上，杨嘉墀看到了丝业家族的兴衰，又目睹了国家的衰败、民族遭受的屈辱，因而深刻认识到只有依靠科学技术及其切实的应用，才能使中国富强，也才能摆脱受辱的地位。他在中央电工器材厂工作、试制单路载波电话过程中，亲身体验了中国工业与先进国家间的巨大差距。他感到其中一个关键技术是滤波器的质量问题，而在文献调研中，他了解到国外已开始用网络综合原理解决这一问题。他下决心尽早出国学习，掌握先进的理论与技术。他把想法告诉父母，父母非常支持他走出国门。

于是，杨嘉墀频繁地与厂方联系，重提上次考上公费留美学习一事。他表示，当时战局紧张，自己只能服从大局，暂缓出国，留下参加生产。现在抗战胜利了，迫切希望早日出国深造，尽快学到国外的先进技术。当时，共产党的军队已经进驻东北，有关接受日伪工厂的事，自然没有人再提起。不久，中央电工器材总厂上海办事处主任通知杨嘉墀留在上海办理出国手续，暂借到上海办事处工作，帮助清理、出售一部分物资，如电线、变压器、电机、开关等。

一年前暂缓出国，现在是否能继续公费留学，杨嘉墀有些忐忑，四处询问。正好有些在南京的同一批暂缓出国的同学，多次向国民党政府经济部交涉，使履行原先出国的计划有了头绪，不过同时也打了折扣。经济部负责人的答复是："原先已录取而暂缓出国的同学仍可由经济部派出，但战后在美国安排实习工厂有困难。如果你们现在所在的工作单位有办法联系到实习工厂，可以逐个出国。"

了解杨嘉墀的人说，如果让杨嘉墀装调收音机，他是得心应手的，可是与官场打交道，他却是个门外汉。有些同学向刚从美国实习回国的人员了解情况，他们深有体会地介绍说："经济部推说联系实习工厂有困难，主要是经济部驻纽约办事处工作不力。

只要你们能到达美国，总是能找到实习工厂的。如果实在有困难，还可以去学校读书。”

杨嘉墀一听有理，便千方百计请人帮忙联系。不久中央电工器材总厂上海办事处训练科通知他，实习工厂已联系好，是芝加哥自动电话制造厂。同时，曹建猷来信告知，已为他在哈佛大学研究生院取得入学准许证。

又是一次人生道路的选择。杨嘉墀经过了解，得知芝加哥自动电话制造厂不生产载波电话设备，这与原定出国实习的目的不一致。入哈佛大学深造倒是一条可取之路，但厂方能答应吗？他把这些情况告诉了黄修青，想不到黄修青非常通情达理，很快就同意他去哈佛大学学习。但在手续上尚需报经济部批准，才能正式办理出国留学手续。

经过几番周折，杨嘉墀终于如愿以偿。1946 年 8 月初，中央电工器材总厂上海办事处通知杨嘉墀，经济部已同意派遣他和钱维翔、俞炳昌等五人去美国留学。他开始为办理各种出国手续奔忙的时候，父亲杨澄蔚和母亲沈慧珍也在为儿子出国做准备，全家都很高兴。杨嘉墀马上去四川路美国驻上海领事馆，了解有关出国签证手续的办理程序，并在指定的一家市立医院进行了体检，取得了合格证。据了解，在上海办理出国签证手续，可能要等一个月。杨嘉墀着急了，决定另辟蹊径。

8 月中旬，杨嘉墀邀请钱维翔等数人同去经济部办理出国留学证明信件。他们星期四下午同乘火车到达南京，下车后大家约定星期五下午两点到经济部门前集合。星期五上午杨嘉墀去中央电工器材总厂南京办事处，取得总厂的介绍信，还看望了一些老朋友。下午，大家都提前半小时到达集合地点，在经济部工业司，五人很顺利地分别领取了申请出国护照的介绍信和申请外汇的介绍信，大家签收了这些信件，并且仔细地查看了一遍。

星期六清晨，杨嘉墀整理了所有的信函，乘车前往外交部，在办理出国护照的过程中，钱维翔也赶来了，大家都认真地填写申请出国护照的表格。9点钟左右，每个人都取得一本蓝色的官员护照。随后，他们去美国驻中国大使馆，询问是否可以在南京办理签证，因路途不熟悉，走了一个多小时才赶到美国大使馆。出乎意料，钱维翔用英语向使馆人员说明来意后，她看了他们的护照，很快地拿出申请签证的表格要大家填写。表格上是常规的中外文姓名、身高、体重、肤色、国内住址，到美国的目的地，去美国的事由等。她要了每个人的体检合格证，还询问是否会讲英语。大约等了一个多小时，他们便取得了签证。

悬着的心终于放下了。杨嘉墀等人难得有好心情，相约星期天去玄武湖游览。玄武湖位于南京市东北玄武门外。湖中有五岛，象征五大洲，又称五洲公园。湖水清澈，波光潋滟。树茂花繁，风光绮丽，令几位青年心旷神怡，心情愉悦。但为了尽快做好出国前的准备工作，杨嘉墀他们第二天便乘火车返回上海。

杨嘉墀很快到外滩中国银行办理了外汇支票。支票分两张，一张可以在上海用来买船票及路上零用，一张要到美国后才能支付。他又赶到江西路中国旅行社订了船票，并兑换了随身携带的美元。随后还到海关附近的防疫所种牛痘，打防疫针，领取了黄皮的防疫证书。杨嘉墀的出国准备工作办得差不多了。可是此时，恰逢美国海员闹罢工，船期难以确定。

等啊等，直到1947年1月初，杨嘉墀才登上了美国的“Meigs将军号”轮船。这艘轮船是由一艘军队运输船改装的，船上设备比较简陋。由上海直接开往旧金山，需要两个星期。同船的有出国留学生30多人。汽笛长鸣，船就要起航，杨嘉墀告别了父母，告别了亲友，告别了上海，告别了祖国。此时他的心情感慨激动：中国混乱，豺狼当道，物价飞涨，人心不安，科技工业落后；暂时到美国去学习技术，他日回来为国效劳。他心潮澎湃，随海浪起伏。海鸥伴送他们远离祖国，跨洋去求索。

庞大的轮船缓缓驶离了黄浦江港湾，不一会儿大上海便从视线中消失了。

放眼望去，海阔天宽蔚然相连，宇宙间呈现着一派无垠无际的茫然，广阔壮观得使人禁不住浮想联翩。天气好的时候，杨嘉墀大部分的时间都待在甲板上看海。他充分利用时间，经常找同船的阿拉伯人聊天，以锻炼自己的口语；还对阿拉伯帝国的兴衰、阿拉伯民族的风土人情、阿拉伯国家的分布加深了了解。时间长了，船上的生活不免让人感到单调乏味，杨嘉墀很快就有了度日如年的感觉，恨不得船能开得快些，再快些，以便尽快地开始新的生活。

2．"哈佛"攻坚开阔视野

旧金山，又称圣弗朗西斯科，是美国西海岸的经济中心，因采金迅速致富而得名，当地华人称"三藩市"。

1947 年 1 月中旬，金门大桥以她独特的壮丽宽敞迎来了来自遥远东方的学子。杨嘉墀对旧金山的第一印象特别好。经过两周轮船航行，似乎需要休整放松一下，但他无心去该地名胜观光，而是急匆匆地登上了去纽约的火车。

纽约，位于美国东部，是美国第一大城市和最大的海港，财政金融和文化艺术中心。杨嘉墀一到纽约，就感到这里跟上海相比是另一个世界。这里人们的生活奢华至极。最新式的漂亮汽车在大街上川流不息。到了夜间，大街上红红绿绿的霓虹灯令人眼花缭乱。杨嘉墀感到，这里的一切都在显示着它的富有。《纽约时报》星期版有厚厚的20多页，可以看的不过两三页而已。中国和美国生活上的差异，也使杨嘉墀看到战争带给人们的苦难。经过进一步的观察，他了解到美国富是富，但并非是所有人的天堂，它也有贫富两极，也有贫民窟，也有乞丐，还有种族歧视。杨嘉墀住进了青年会招待所，因为那里比一般旅店要便宜得多。

到纽约不久，杨嘉墀见到了厂长黄修青，两人在国外相见，喜不自胜。当时，中央电工器材三厂已改组为中国电话制造公司，黄修青任筹备处主任。他告诉杨嘉墀，他们欲与美国进行技术合作。多次谈判未能成功，主要是美国要价太高，总是挟技术以自重，卡我们的脖子。看来还得培养我们自己的人才，掌握先进技术。这时，杨嘉墀清楚地认识到，要靠美国资本家帮助中国发展现代工业是不可能的，人家再先进，再富有，还是人家的，中国要改变落后面貌，只能靠我们自己。于是，他以迅速掌握载波电话技术为近期目标，以深化基础理论和学习更复杂的技术为远大目标，前往波士顿哈佛大学研究生院报到。

哈佛大学在波士顿附近的坎布里奇市。1636年筹建，1638年为纪念将遗产捐赠给学院的约翰·哈佛，将学院命名为哈佛学院，1780年扩建为哈佛大学。哈佛大学是世界最著名的高等学府之一，培养的多种人才遍布五洲，誉满全球，曾有 8 位美国总统和 44 位诺贝尔奖获得者在哈佛受过教育。

杨嘉墀安顿好了住宿，就到学校去报到，办理入学手续。根据他要求学通信的志愿，学校为他注册了文理学院工程科学与应用物理系。他刚到学校，对语言、生活和学习环境都有一些生疏感。所幸，他在这里又遇到了老同学王安，他俩住在一个公寓里。王安，祖籍江苏昆山，1940 年毕业于交通大学。1945 年从重庆飞越喜马拉雅山，到印度搭船，经印度洋、地中海、大西洋到美国，9 月进入哈佛大学，1946 年初取得硕士学位。在加拿大工作一年后，于 1947 年 2 月重返哈佛大学继续深造，后获应用物理学博士学位。

由于杨嘉墀英语好，大约一个月后，对一切就都适应了。生活适应了，人的自主意识和选择能力也增强了。哈佛大学是以理科为主的学校，而杨嘉墀的专业是工科，现在在文理学院，要学习所有的物理课程，这使他加深了理工结合的概念。他还重点选修了高等通信网络课程，详听了由法国来的耐科贝勒（P. Lecorbeiller）教授的讲课。教授讲的内容，偏重于网络理论，并应用了很多经典力学理论和矩阵理论，对具体设计方法讲得很少。杨嘉墀听课时，不仅注重理论学习，更注重理论和实际相结合的学习。他总是抓住一切机会向教授请教具体设计方法和手段。

杨嘉墀在昆明中央电工器材三厂工作时，曾承担了开发载波电话的工作，解决了关键技术滤波器的设计问题。设计方法主要依靠在交通大学所学到的电抗四端网络特征阻抗法，所学内容来源于 1937 年美国麻省理工学院吉耶曼（E. A. Guillemin）教授编写的通信网络教科书。此书传递的是一种依靠工程经验拼凑的方法，很解决实际问题。通过工作实践，杨嘉墀养成了理论与实践相结合的习惯。

熟悉和适应了新的生活环境之后，除了完成哈佛大学的主修与选修课外，杨嘉墀感到还有充沛精力无处释放。于是，他利用哈佛大学的研究生可以到邻近的麻省理工学院选课的机会，加强自己的学习任务。美国著名电信专家吉耶曼这时正在麻省理工学院讲授通信网络课程，所讲的内容比 1937 年他写的那本书更丰富、更新颖、更实用，也更具有指导性，杨嘉墀慕名而来，收获颇丰。

吉耶曼讲网络课，首次介绍了当时美国贝尔电话公司所取得的最新成果：利用应用网络技术解决了电话线的合理布置和电话交换台最佳负载能力的问题。还讲授了哥伦比亚大学研究生达灵顿（Darlington）所做的网络综合方面的工作，也就是从给定的频率特性设计一个由电感电容组成的滤波器，这种方法不但在理论上有意义，而且有实际应用价值。吉耶曼的课程，给年轻的杨嘉墀展示了一个范围广阔、内涵丰富、理工结合的世界，对杨嘉墀的科学道路有重要的影响。他还在麻省理工学院选听了李郁荣教授所讲授的统计滤波器课程，拓宽了他的知识面。

在哈佛大学两学期，他上了八门课，还在麻省理工学院选修了几门课。学习很紧张，衣带渐宽，但工夫不负有心人，他的考试成绩全为 A 等，不到一年时间就取得了硕士学位。成绩比同班同学都好，作为一个中国人，他感到非常自豪！

杨嘉墀眼界宽了，看得远了，摆脱了单一的学载波电话的愿望，把寻觅知识的眼光投向新兴的科学技术前沿，于是继续攻读博士学位。因学校要求先要学习与论文专题不同领域的其他三个领域的课程，杨嘉墀在哈佛、麻省理工继续学习了应用数学、计算数学、理论物理、声学、微波电子学等方面的十多门课程，扩充了知识面。还初步学习了当代军事技术，包括雷达技术、声呐技术，广泛地扩展了自己的知识领域。他还充分利用哈佛大学图书馆的便利条件，博览群书。

此时，杨嘉墀的兴趣爱好已转向电子仪器，也就是电子学在工业和科学研究中的应用。他打算通过一些实际工作，获得更广泛的技术知识。1948年年初，留学生中传说经济部有可能停止发放公费留学生的生活费用，他也不得不考虑今后生活来源的问题。他看到系里布告板上贴出回旋加速器实验室招聘工作人员的消息，觉得这可能是个提高实践能力的机会，还可以有些收入，马上就去应聘。2月，杨嘉墀获得助教奖学金。

回旋加速器，是利用磁场使带电粒子做回旋运动，在运动中经高频电场反复加速的装置。1930年E·O·劳伦斯提出其工作原理，1932年首次研制成功。它的主要结构是在磁极间的真空室内有两个半圆形的金属扁盒（D形盒）隔开相对放置，D形盒上加交变电压，其间隙处产生交变电场。置于中心的粒子源产生的带电粒子射出来，受到电场加速，在D形盒内不受电场，仅受磁极间磁场的洛伦兹力，在垂直磁场平面内做圆周运动。经过多次加速，粒子沿螺旋形轨道从D形盒边缘引出，能量可达几十兆电子伏特（MeV），经进一步改进成同步回旋加速器。哈佛大学工程科学与应用物理系新研制的95英寸（约2.41米）回旋加速器，其设计指标很先进，采用了许多新技术。

在回旋加速器实验室，参加设计、研制、装调的工作人员，包括部分学生在内只有十几人。杨嘉墀被分配到控制保护回路组工作，负责控制系统设计与安装调试工作。在这里他每周要工作 20 小时，到 9 月，实验室工作告一段落后，因保密缘故没有让他继续参加试验研究工作，他离开了实验室。在建立实验室和研制加速器过程中，杨嘉墀不仅学习了真空技术、高电压技术、离子源技术、核物理实验方法，而且在工作中掌握了大型工程系统设计概念、组织研制程序，培养了踏实严谨、一丝不苟的科学作风。

9 月，化学实验室招聘电子学方面的研究助理，经教授们推荐，杨嘉墀便转到化学实验室工作，每周也要工作 20 个小时。在那里他协助一位化学系研究员柯华特（H. Kwart）博士开展研究工作。对杨嘉墀来说，这是一个全新的领域，他发挥了电子技术特长，研制了一些利用光电吸收法研究高分子光化学反应的电子设备，包括利用随动系统制成的两路光电比例线路，以及各种光源的脉冲能发线路。创造性地完成任务，使杨嘉墀的专业兴趣转向电子仪器方面。他初步体会到只有多学科结合，互相渗透、交融，才能开辟新的领域。

通过博士生资格考试后，杨嘉墀与系主任商讨，选择耐科贝勒教授作为他的博士论文指导教师。为了实现这个愿望，他利用假期到导师府上拜访，恳切地表达了自己想攻读信息、网络技术的决心和渴望。教授想到在遥远的中国，科学技术事业尚待开拓，如果能把自己的学说传给一个中国学生，让他到更广阔的天地去运用、发展，那将是一件很有意义的事情。教授又见杨嘉墀才华横溢，理工基础扎实，动手能力强，虚心好学，于是他愉快地收下这个中国学生。

耐科贝勒教授给杨嘉墀选择的论文题目，是研究一台计算“傅里叶变换”的模拟计算装置，并明确指出“傅里叶变换”不但在信号处理上很有用，而且在网络综合上也有用。教授的安排使杨嘉墀心花怒放，因这明确了他学业的主攻方向，也为他将来回国工作打下了基础。

世界上第一台电子模拟计算机于 1946 年研制成功，这一领域刚开始起步，线性运算部件、非线性运算部件、控制电路等许多技术尚待开发。杨嘉墀利用从麻省理工学院学到的频率域网络综合方法，创造性地扩展到时间域，在给定时间响应特性的条件下设计四端网络，仅在半年之内，就提前研制成功一台傅里叶变换器。这一科研成果研制费用少，时间短，设计先进可靠，颇有创造性，

1949年，杨嘉墀在美国哈佛大学获得哲学博士学位

受到指导教师的高度赞许。1949 年 4 月，杨嘉墀以《傅里叶变换器及其应用》的博士论文，通过答辩，被授予哈佛大学哲学博士学位。

杨嘉墀又迈上一级新台阶。哈佛大学、麻省理工学院都是多学科的理工结合的大学，各有特点，各有所长。杨嘉墀像蜜蜂一样，从百花丛中汲取营养，形成理工结合的优势，并在短短的两年多时间内，完成了很多课程，取得了硕士、博士学位，这成功背后的辛苦是常人难以想象的。

3. 发明专利“杨氏仪器”

1949 年，中国解放事业胜利在望，杨嘉墀从收音机里听到来自祖国的新闻，人民解放军横渡长江，南京解放了，上海解放了。他打算从哈佛大学毕业后回国，但一时没有办法与国内取得联系。于是，他尽量参加同学会活动，多方面了解国内情况，以便与国内取得联系。同时，他打算先埋头于电子事业的开拓，掌握技术，增长学识，以待时机。他想利用这段时间，到一家美国工厂去了解一些开发新产品的技术和管理知识。

杨嘉墀获得博士学位后，他的导师兴奋不已，感到在许多学术问题上欣逢知己。他深感杨嘉墀已掌握了必要的基础知识，可以考虑在雷达领域深造下去。导师的意见与杨嘉墀的想法不谋而合。于是，导师推荐他去波士顿附近的雷神公司工作，从事雷达理论研究和设计，杨嘉墀当即同意了。不料在办理入职手续时，被美国移民局卡住了，理由是中国学生不能去公司工作，更不能参加军事科研。不仅杨嘉墀的抗议不被理睬，导师的据理力争也毫无作用。

正在此时，波士顿附近一家光开关公司到哈佛大学招聘。这家公司专门制造工业应用的光学设备，声称为了开拓新的应用领域，特意来哈佛大学挖掘人才。招聘人员发现杨嘉墀知识面宽，颇有发展潜力，就竭力聘请杨嘉墀去公司工作。

进入公司后，杨嘉墀发现这家公司只有100多名工作人员，研究设计人员只有十几人，实际上是在进行新型的红外光电设备研究。杨嘉墀所承担的任务，是外围的光电接收线路的工作，主要是一个在背景光强烈变化时的差动光电接收线路。光开关公司实际上也是按军方合同，进行导弹红外光学电子设备的研制，管理相当严格，工作人员内外有别。杨嘉墀虽然和他们在一个厂房里工作，但是被隔离封闭得一点也不能介入核心层。也就是说，他处于被用而不被信任的地位。他预感在这里很难深造，说不定还会引起麻烦，影响回祖国的机遇，于是他就主动辞掉了这份工作。他打算在大学里找一份合适的工作，以寻找新的发展方向。

在此期间，杨嘉墀与徐斐相遇、相识、相爱。徐斐原籍常州，1922年5月生于上海。1937年起在

2001年11月，杨嘉墀与夫人徐斐金婚纪念日（左：郭慕荪夫妇，右：黄敞夫妇）

上海国立音乐专科学校读书，1941 年毕业。1947 年赴美，1949 年毕业于波士顿音乐学院。经过多年的学习和苦练，徐斐在乐器演奏方面取得了惊人的成就。她弹得一手好钢琴，那黑白相间的键盘，是她放情奔驰的世界。在她那纤巧的十指下，流淌着五彩缤纷的旋律。一次，波士顿留美同学组织去缅因州旅游，杨嘉墀与徐斐相识，后来多次来往。二人志趣不同，所攻专业不同，性格也不同，然而二人却走到了一起。这是科学与艺术的结合。1951 年，他们在波士顿举行婚礼，几十位同学、同事欢聚一堂，祝福他们同甘共苦，各展其长。婚后几十年他们相互扶持，相儒以沫，白首不相离。

1950 年 5 月，经哈佛大学化学实验室的同事柯华特博士的介绍，杨嘉墀去宾夕法尼亚大学生物物理系工作，任副研究员。该系是约翰逊基金会出资建立的，系主任钱斯（B. Chance）教授曾在英国剑桥大学生化系获得博士学位，从事各种生物酶的化学动力学研究。因为他年轻时曾在业余时间从事无线电工作，在二战期间被征调到麻省理工学院雷达实验室工作。战后该实验室出版了一套丛书，其中有一本关于雷达电子线路的书叫《波形》，是他主编的，于 1949 年

1947 年春，杨嘉墀（右三）在波士顿海滨与同学合影

出版。钱斯是一位跨学科的研究人员，在学术界很有名望。他能利用在电子学方面的知识，进行酶化学动力学研究，无论在测试方面还是在结果数据处理和数学模型建立方面，都取得了创新的研究成果。

钱斯博士看了杨嘉墀的博士论文，对他进行了考查。双方见面后，交换了对理工结合、边缘学科的看法，很多想法都不谋而合，双方都非常满意。杨嘉墀决心协助钱斯做好研究工作；钱斯因为有了杨嘉墀做助手，研究工作的负担也卸下了一大块。

杨嘉墀接到的第一个课题，是钱斯研究工作中迫切需要解决的高速电子模拟机。当时用电子模拟机解决线性微分方程的问题已经成熟，但对于像化学动力学那样的非线性问题，还未解决。杨嘉墀对生物化学动力学进行了充分的调研，对课题进行了系统分析，其中乘法器是一项关键技术。他创造性地采用一个抛物线函数发生器，完成了1/4平方乘法器，即 $A \cdot B = \frac{1}{4}\left[(A+B)^2-(A-B)^2\right]$。它可对几十个元反应步骤的重要化工反应过程进行计算机模拟和优化。这台高速电子模拟机，经过几年运行，证明设计可靠，处于领先地位。五年以后，杨嘉墀在纽约中国科学院召开的1955年仪器学术讨论会上对它做了介绍，受到同

1989年2月，杨嘉墀在美国费城与钱斯（中）重逢

行专家的好评。

其后杨嘉墀又接受了一项探索性更强的课题，就是尽快研制一台用来测量酶化学反应动力学过程的仪器。他深入学习了生物化学知识，运用了物理、数学、力学等基础理论，采用了电力学、光学、生物学等先进的学科理论，发挥了多学科、理工结合的优势，进行系统的研究、分析与设计，按期研制成功一台自动快速记录吸收光谱仪，工作范围从紫外光到可见光。这一成果结束了光谱仪手动的历史，被专家称为“杨氏仪器”。1953 年他将这台仪器的研究论文发表在《科学仪器评论》杂志上。这一研究成果经一家工厂申请了美国专利，可在生物化学、医学、农业、某些工业部门和国防方面广泛地应用。该仪器至今还被作为具有历史意义的产品予以保存。30 年后，与杨嘉墀一起工作过的两位美国同事来中国访问，带给杨嘉墀的礼物中有一张照片，便是杨嘉墀与“杨氏仪器”的合影。

20 世纪 50 年代，宾夕法尼亚大学生物物理系有生化实验室、电子显微镜室、脑电波室，在国际上颇有名气，经常有瑞士、瑞典、荷兰、德国、日本的访问学者来这里做一年或几个月的研究工作。这里还有良好的学术交流气氛，

1953年，杨嘉墀与他在美国研制的自动快速记录吸收光谱仪合影

每天中午很多人一起在图书室吃三明治，同时开展学术沙龙活动，有时有人做专题发言，有时还就某一专题做自由讨论。这种场合使他进一步拓展了知识面，思考下一步该做哪些工作。例如，为了研究脑电波，他研制了高阻抗自稳零直流放大器。

1954 年春，杨嘉墀出席了在纽约召开的无线电工程师学会（IRE）会议。他在宾夕法尼亚大学崭露才华，很快又被急于建立医学电子学研究的洛克菲勒医学研究所（现为洛克菲勒大学）看中。该所与钱斯几次谈判，聘请杨嘉墀为兼职高级工程师。杨嘉墀虽然每周只能在该所工作三天，但却是不折不扣的生物医学电子学的创始人。时间不长，他就研制成功生物化学的二色光谱仪、视网膜仿真仪。

哈特莱恩（H. K. Hartline）是美国洛克菲勒大学教授。他由于在视觉研究中发现了侧抑制和感受野这两个重要概念，获 1967 年诺贝尔生理学与医学奖。这其中，也有杨嘉墀的一份贡献。在建立侧抑制公式的过程中，杨嘉墀为哈特莱恩实验室研制了第一台模拟计算机，利用模型在计算机上进行仿真，从而验证了侧抑制的可加性问题，为建立哈特莱恩公式提供了先进的工具。

杨嘉墀在纽约工作期间，在美国无线电工程师学会里和几位在科研单位从事医学电子学工作的朋友一同发起，成立了医学电子学专业委员会，编辑出版了医学电子学杂志。他在洛克菲勒医学研究所做的微电极放大器，其研究成果在他回国后的 1958 年还在该杂志上发表。他为生物电子仪器与仿真计算机的开拓铺平了道路，为创立生物电子学这门学科作出了贡献。

4. 胸怀祖国赤子之心

杨嘉墀虽然远在大洋彼岸，在科学的道路上攀登着，但他并不是一个完全脱离尘世的探求者。

30 岁的杨嘉墀风华正茂，才华横溢。他有令人羡慕的职业——著名的洛克菲勒医学研究所电子实验室主任；他有令人瞩目的前程——在尚处于开创阶段的生物电子学领域很有成就。可靠的职业、稳定的收入、甜美的家庭，这一切理应使他心定神安。

然而杨嘉墀的心情却是复杂的。从单身漂洋过海的闯荡到功成名就之后的奔波，他目睹了美国社会的一幕幕悲喜剧，目睹了外国移民或“二等公民”在这里的境遇，直到 20 世纪 20 年代美国还有歧视华人的排华法。中国有过辉煌灿烂的文化，近 100 年来她所遭受的屈辱和盘剥，在每个中国人心中都留下极深的烙印。任何一个中国人都难以忘却这 100 年的历史。杨嘉墀越来越不安宁，他怀念祖国，怀念吴江的山水。祖国各地发生的每一件事、每一微小变化，他都留心关注着、思索着。对祖国取得的每一点成就，他都从内心里感到高兴。

早在波士顿学习、工作期间，杨嘉墀就参加了科学工作者协会的活动。由于美国法律不允许外国的组织在美国设立机构，因此科学工作者协会的活动实际上是留美爱国知识分子聚在一起，以舞会、酒会的形式相聚，交流，讨论国内时局。上海解放了，南京解放了，从中国传来的令人振奋的消息一个接一个，在美国朝野，在美国人民中间，在美国的华人中间迅速传播开来。杨嘉墀的华人朋友纷至沓来，于是，他家中也充满了从大洋彼岸传来的令人振奋的消息。杨嘉墀心里萌动着回国的念头。1949 年 10 月 1 日中华人民共和国正式成立的消息传到美国，杨嘉墀和大多数爱国的中国留学生一样，感到中国有了新的希望。在舞会上，他情不自禁地跟着大家一起学跳秧歌舞。

蒋介石集团在大陆的溃败，中华人民共和国的建立，使美国政府极为震惊；而美国工人运动的高涨，美国由战时经济转入平时轨道调整中引发的通货膨胀，又使美国政府惶惶不安。于是，他们把“防止共产主义威胁”作为主要政治口号。很快，美国反共、反民主的麦卡锡主义横行，全国掀起一股要雇员们效忠政府的歇斯底里狂热，几乎每天都发生对大学和其他机构进行审查或威胁性审查的事件。人们窃窃私语，互相猜忌，人人自危。

杨嘉墀从电视中获悉，1949 年 9 月，苏联爆炸了第一颗原子弹，从而打破了美国对原子弹的垄断局面。美国当局宣布，他们的一位高级科学家克劳斯·富克斯博士把美国某些原子弹的技术秘密泄露给了苏联。美国联邦法院大陪审团以伪证罪对美国国务院一个名叫阿尔杰·希斯的官员起诉，第二次审判时，审判团以“共产党间谍罪”判处希斯五年徒刑。杨嘉墀暗暗地思考，对美国原子弹有贡献的大科学家都不被信任，竟然也成为麦卡锡主义迫害的对象，看来美国也是是非之地，不宜久留。

在第二次世界大战中，对美国军事界有着“巨大贡献”的华裔科学家钱学森，在战后竟然成为麦卡锡主义迫害的对象。1950 年 7 月美国当局取消了钱学森参加机密技术研究的资格，移民当局要驱逐他出境。8 月，他向美国当局提出了回国申请，却遭到美国当局拒绝，复以莫须有罪名被捕入狱。两个星期后，在美国同事及其导师冯·卡门教授的积极营救下出狱。全美各大报纸都在重要版面刊登钱学森事件的发展。世界各国爱好和平的正义人士声援钱学森的呼声一浪高过一浪，他们数度向美国当局提出严正抗议，要求美国放弃对钱学森的软禁和审讯，准许钱学森自由出境。对钱学森的这一系列打击，使杨嘉墀完全明白了，美国联邦调查局对钱学森的敌意绝不是个别人员的态度问题，更不是什么一时误会，他们正是代表了美国政府对他的怀疑和敌意。既然美国政府已经抛弃旧日对他的尊敬和褒奖，看来，这个国家不值得待下去了。

新中国成立后，不少留学生怀着对祖国的热爱，纷纷回国参加社会主义建设。杨嘉墀不是观望者，他认为为新中国服务的时候到了，于是加紧了回国的准备。他辞去了光开关公司的工作，不介入与军方有牵连的工作，转到宾夕法尼亚大学生物物理系工作，几乎不参加任何社会活动，埋头于学习和业务工作中，以便实现他多年的愿望。他对妻子徐斐说：“祖国已经解放了，我们该回去了。你现在正在怀孕，行动不便，等孩子生下来，我接下来的模拟机研制刚好搞完，那时就回到祖国去。”

可是，这期间，正是美国在亚洲制造紧张局势的严重关头。美国军队在朝鲜战场败阵之后，依靠第七舰队的海军力量，在朝鲜仁川强行登陆，并调空军机群狂轰滥炸朝鲜民主主义人民共和国的后方。他们还向新中国挑衅，将炸弹投掷到鸭绿江对岸的安东（现丹东）市。在这种情况下，中国政府不得不派出志愿军过江作战，抗美援朝，保家卫国。于是，中美两国的武装力量的直接较量——正义与侵略的较量发生了。

在这样的国际背景下，美国参议院制定了专项阻止华人回国的《麦卡锡法案》，规定所有在美留学的华人，凡学习医学、理科、工科者均不得返回红色中国，违者将被判处5000美元以下的罚金或五年以下的徒刑，或二者并处。1951年下半年，杨嘉墀接到美国移民局的通知，被告知不能离开美国，每年年终还要填一次外侨登记证，交当地邮局转移民局。杨嘉墀拒绝了申请“永久居留”“公民权”的诱惑，暗中仍然通过各种渠道收集来自新中国的消息，等待归期的来临。

1953年，有三批留学生联名给周恩来总理写信。在日内瓦会议期间，他们又设法同中国代表团取得联系，向代表团提供了美国扣留中国留学生的名单等。同时，将争取回国的斗争转向公开化：向美国公众呼吁，给美国总统艾森豪威尔和联合国秘书长哈马舍尔德发出公开信；让国内亲属写信，揭露美国政府扣留中国留学生的无理性。他们的爱国正义斗争，有力地配合了当时中国政府代表团在日内瓦同美国政府进行的谈判。周恩来总理对此十分重视，明确表示欢迎海外人员归来，为建设社会主义祖国效力。杨嘉墀从报刊上了解到，美方迫于各界的压力，不得不准许华裔学者离境，并在公开场所、邮局张贴海报，表明自 1954 年 6 月开始，中国留学生要回国的都将准予离境。他热血沸腾，仿佛听见了祖国需要科学、需要知识的呼唤。作为中国人，从民族的立场、从爱国主义出发，杨嘉墀和夫人徐斐积极准备回国事宜。

1955 年，中国桥梁工程教育家茅以升主持留美学生家长联谊会工作，工作做得很细，给杨嘉墀的父母寄来有关留学生情况及国内有关政策的资料，动员家长给子女写信，鼓励海外学子回国参加建设。后来杨嘉墀的父亲杨澄蔚、徐斐的父亲徐韦曼几次给他们写信，介绍上海工业的发展情况，告知上海的面貌大大改变，整个中国的面貌焕然一新。信的末尾嘱咐杨嘉墀，接到信后，应及早回故里，以便把自己的特殊才能贡献给人民，贡献给国家。先期回国的同学林秉南等也先后来信，并寄来了介绍有关办理回国手续的资料。父亲和朋友的来信，使正在准备回国的杨嘉墀、徐斐心情久久难以平静，恨不能即刻回到祖国、回到父母身边。杨嘉墀总是小声地对徐斐说：身在异乡的人，总是要回家。一个人无论走多远，离乡多久，无论是凯旋，还是退却，总是要回家的，家是归宿。

在纽约无线电工程师学会开会期间，杨嘉墀遇到他中学时期的一位同学，那同学在台湾一家电子公司工作。他主动找到杨嘉墀，介绍台湾就业机会多，薪水高，希望能聘请他去台湾电子公司帮忙。杨嘉墀坦率地告诉他，自己早已下决心去中国大陆工作，谢绝了同学的邀请。另一位外国朋友，原来在二战期间研究雷达，此时从事生物医学电子学研究，也前来对杨嘉墀说：你如果不愿意在美国工作，我可介绍你前往南美洲东部委内瑞拉工作，那里有生物物理研究所，有舒适的工作环境。杨嘉墀也是一句话，我要回祖国工作，那里是我的家。

1956 年，周恩来总理《关于知识分子问题的报告》飞越重洋传到彼岸，杨嘉墀从收音机里听到了：“在社会主义时代，比以前任何时代都更加需要充分地提高生产技术，更加需要充分地发展科学和利用科学知识。”他听到了新中国“向科学进军”的号角。美国的研究所仍在以高薪挽留他，但哪里抵得过这号令的感召力呢？号令在他心中久久回响，他觉得回国的时候到了，报效祖国的时机来了。多少年的等待和期盼即将化为现实。

1956 年 4 月，杨嘉墀开始办理回国手续。他首先向洛克菲勒医学研究所所长布朗克（Bronx）博士辞行。布朗克是一位学者，也是社会政治活动家，后来当了美国科学院院长。起初布朗克希望杨嘉墀留在美国，继续在研究所里工作，当了解到杨嘉墀回国的决心很大后，马上表示：要求回国是你自己的决定，但是不能把事情闹得很大，像钱学森的事例，这对你，对美国都没有好处。随后，杨嘉墀又去费城宾夕法尼亚大学办理手续，并向生物物理系主任钱斯教授辞行。钱斯马上表态：你爱自己的祖国，我也爱我的美国，希望你也不要搞成钱学森那样。他们隐晦的语言，使杨嘉墀恍然大悟，美国使用外国技术人才，关键时刻离不开政治，科学技术也离不开政治。

杨嘉墀抓紧时间办理回国事宜。因为女儿杨西出生在美国，需要向美国申请随同父母回国的证件，此事被拖了两个月。紧接着他去纽约英国驻美国领事馆领取“代用护照”，送给美国地方上的“公证人”签字后，再到英国领事馆办理直接经过香港的签证，然后又赶到轮船公司预定船票。他与夫人一起急忙打点行装，变卖了家电、家具、钢琴和小汽车，还特意精心选购了示波器、振荡器、真空管、电压表等当时国内缺乏的普通的科研仪器。8 月初，因房屋租赁合同到期，他们离开纽约到波士顿，在同学朱祺瑶家中暂住了两个星期，同时办理交纳所得税的手续，并到移民局领取离境证件。当美国移民局工作人员询问杨嘉墀，回国是否自愿、有无别人强迫时，杨嘉墀与徐斐都理直气壮地大声回答：“是自愿的！”

1956 年 8 月，杨嘉墀夫妇带着四岁的女儿杨西，从旧金山乘远洋客轮“克利夫兰总统号”，向太平洋彼岸驶去，美国西海岸起伏的山峦渐渐在船尾消失了。杨嘉墀站在甲板上，任湿润的海风掀起衣襟。他望着动荡起伏、浩淼无际的大海，心中的思绪难以平静。“我本来就没打算在美国长期待下去。美国政府能够放人回国，这是一个机会。”这确实是个机会，这机会不是轻易能得到的。如果没有对社会主义新中国的向往，没有深怀着一颗赤子之心，就不会有几年为归国付出的努力，也就不会有这个机会。这个机会是争来的。

是啊，这是他一生中的一次重要航程。他将结束漂泊海外的生活，回到阔别多年的祖国怀抱；他将用自己所学的知识，为新中国的建设服务，为自己的民族服务。国外优厚的待遇动摇不了他那颗炽热爱国之心。十年的留美生活，使他为祖国积累了一笔宝贵的知识财富。他和夫人毅然回国，为留洋的年轻学者树立了榜样。

1989年2月，杨嘉墀重游纽约旧居

杨嘉墀

杨嘉墀院士传记

Academician Yang Jiachi's Biography

第五章

迎头赶上　新的使命

扑向新中国的热土，中关村安家落户。他参与创建自动化学科；规划蓝图献计献策；促进国内外学术交流；从事“581”任务，积极投入早期空间探索活动。

1. 果断决策安家落户

1956 年 9 月初，当轮船行驶到中国南海区域，杨嘉墀终于看见了曙光里的祖国。“克利夫兰总统号”轮船已驶抵香港九龙湾，在港外等待泊位。杨嘉墀一家和许多中国留学生都走到甲板上观看九龙湾的海景，只见海湾一带布满了船只。“克利夫兰总统号”终于行驶到九龙湾停泊，这里是它的终点。

乘客们下船了，杨嘉墀怀着海外游子回归祖国的无限欣愉的心情，急匆匆地踏上了祖国的土地。在中国旅行社导游的帮助下，他们集体办理了去深圳的手续。经历了 20 天的海上航行，杨嘉墀一家与同船而行的郭慕荪、陈家镛，终于踏上了连接着两块有着截然不同社会制度的国土的罗湖桥。

罗湖桥是一座铁路桥。桥的两端都用粗大的铁栅栏关闭着，并有戒备森严的武装人员把守。桥的这一端，有几个荷枪的英国士兵来回巡逻。为首的一个军官验完他们的证件后，命令把守桥头铁栅栏的士兵将铁门打开，然后做了一个放行的手势，放他们过桥。杨嘉墀面对这片由于鸦片战争而丧失的国土，心中很不是滋味。于是，他牵着杨西的手，加快脚步向铁桥的那一端走去……

罗湖桥的那一端，中国教育部派来的代表，早已等候在那里。他看见杨嘉墀一家走在人群的前头，认准了走过来的杨嘉墀，抢上前去同他热情握手，并做了自我介绍。他们的双手紧紧地握在了一起。杨嘉墀激动得久久说不出话来，他感受到了祖国的温暖。

根据杨嘉墀的要求，教育部批准他到北京之前，先到上海去看望父母和故友。车轮滚滚，足迹处处。他们乘火车先到广州，瞻仰了黄花岗烈士墓园，革命先驱们推翻封建王朝的英雄壮举使他们心潮起伏。到达上海后，回到离别十年的家中，一家人重叙天伦之乐。杨嘉墀、徐斐邀请双方父母到酒楼相聚，热闹一番。女儿杨西用不很流利的中国话问候“爷爷好”“外公好”，双方老人看到杨西这样活泼可爱，十分高兴，小家伙成为两亲家会面的中心话题。

在上海休息两天后，杨嘉墀应张香桐博士邀请，前往中国科学院上海生理生化研究所参观访问。张香桐，中国神经生理学家，1933 年毕业于北京大学生理系，1943 年至 1946 年在美国耶鲁大学医学院生理系攻读研究生，获哲学博士学位。后在美国纽约洛克菲勒医学研究所工作，利用电生理方法对中枢神经系统进行了多方面的研究工作，1956 年 7 月比杨嘉墀早乘一班轮船先期回国。张香桐对杨嘉墀在洛克菲勒医学研究所从事的医学电子学比较了解，希望他能留在上海生理生化研究所，加强生物电子学这一领域的学术领导和研究力量。杨嘉墀应邀为生理生化所的研究人员做了《生物医学仪器发展》的报告。参观了有关实验室。他看到新中国的青年研究人员饱满的学习劲头和旺盛的求知欲望，看到这里良好的工作环境，心情十分激动。

按照教育部的意见，杨嘉墀的工作要到北京报到后再做安排。杨嘉墀一家赶往北京，一路上欣赏了奇山秀水，目睹了热火朝天的建设场面，饱览了祖国欣欣向荣的景象。

杨嘉墀和夫人徐斐偕女儿杨西，第一次来到北京，暂住在前门外西河沿的教育部留学生招待所。根据周恩来总理的指示精神，教育部做出安排，让他们一家在北京多转一转，看一看新中国的变化，工作以后再说。

10月的北京，秋高气爽，晴空万里。白色的和平鸽在天安门城楼上空盘旋，传来一串串悠扬动听的哨音。杨嘉墀一家来到五星红旗升起的地方，仰望着天安门城楼中央那庄严的国徽和毛泽东主席的巨幅画像，神圣庄严的感觉油然而生。他们久久地肃立着，深情地行注目礼。杨嘉墀在心底默念着：祖国的解放和新中国最初的建设，我没能参加，但我已经准备了知识，从现在起，我将把我的一切献给祖国的建设事业，让祖国变得更强大，让祖国的国际地位进一步提升，让同胞们更加扬眉吐气！

杨嘉墀回到北京的消息传出后，上海生理生化研究所、计算技术研究所、自动化及远距离操纵研究所筹委会、清华大学等单位，多次邀请他去工作。杨嘉墀应钟士模教授邀请，前往清华大学参观访问。钟士模教授，身为中国电机工程和自动控制专家，1936 年毕业于交通大学电机系，1936 年至 1943 年在清华大学和西南联合大学电机系任助教、讲师。1947 年在美国麻省理工学院获科学博士学位，回国后历任清华大学教授、电机工程系副主任、自动控制系主任。1953 年主持建立工业企业自动化专业。1956 年主持建立自动控制专业。钟士模对杨嘉墀比较了解，因而主动向杨嘉墀介绍国内情况，欢迎他到清华大学任教，以便加强和充实教学与科研力量。杨嘉墀夫人徐斐的妹妹徐晓，在中国科学院大连化学物理研究所工作，专程从大连赶到北京看望杨嘉墀一家，并受中国科学院技术科学部主任严济慈委托，动员杨嘉墀到中国科学院开拓技术科学的新领域。这一时期，全国科学规划工作正在紧锣密鼓地进行着，钱学森在百忙之中亦专程到教育部招待所看望杨嘉墀，十分关心他的工作安排，并扼要地谈到对规划中某些特别重要、而在我国却很薄弱、甚至还处于空白的学科，需要采取紧急措施。他建议杨嘉墀参与创建自动化学科，先到中国科学院工作。

此后，杨嘉墀还被安排去长春，参观了中国科学院长春光学精密机械研究所，受到了王大珩所长的热情接待，二人一见如故。王大珩是中国现代国防光学技术及光学工程的开拓者，江苏省吴县人，1936 年毕业于清华大学物理系，1938 年赴英国留学，攻读应用光学专业，获硕士学位。1948 年回国，历任大连大学教授、中国科学院仪器馆馆长、长春光机所所长、中国科学院技术科学部主任。王大珩介绍了光学技术基础的建立和发展过程。20 世纪 50 年代以前，中国的光学研究工作和工业生产非常薄弱，1952 年中国科学院成立了中国光学研究机构——仪器馆，在应用光学和光学仪器的广泛领域开展研究工作。杨嘉墀参观了仪器馆加工的显微镜、沼气检定光学干涉仪，深深感觉到光学信息处理、生理光学、光学仪器、红外技术等领域，在国内尚待开发，并具有广泛开展合作研究的诱人前景。

在人生的征途上，总是面临着一次又一次新的抉择。杨嘉墀从客观和主观、优势和劣势、机遇和挑战等诸多方面进行了冷静的分析。他十分了解国际自动化技术的发展趋势，懂得在西方发达国家，自动化技术不断取得新的突破，已经发展到很高的水平，并将它广泛应用于各种各样的生产部门，因而大大促进了劳动生产力的提高；与此同时，自动化的理论研究日益深化，自动化技术工具越来越先进。而在这方面，中国的基础非常薄弱。因此，杨嘉墀根据自己所学的专业和曾经取得的成果，决定选择中国科学院自动化及远距离操纵研究所。他深深地懂得，这将是一条荆棘载途的道路，因为在国内现有的条件下，要想在这方面获得成功绝非易事。然而，他是一位富有追求和挑战精神的智者，愈是艰难和神秘，愈能激发他探索的渴望，并施展他远大的志向。经教育部同意，他在 10 月下旬到中国科学院报到。接着，杨嘉墀拜访了中国科学院副院长张劲夫和吴有训。吴有训正式通知杨嘉墀参与组建自动化及远距离操纵研究所筹备委员会的工作。从此，杨嘉墀便在中关村安家立业。

中关村位于北京市海淀区，这里在元朝初年还是一片沼泽，只有少数居民居住。当年海淀一带地下水十分丰富，遍地沼泽，处处有泉。而玉泉山的泉水可谓是最有名的山泉，泉水经青龙桥入淀，名北淀（北海淀）。南淀之水发源于巴沟村东南，这里有万泉之称，亦称南淀（南海淀）。北淀之水流入清河；南淀之水流入“御河”，达白石桥，最后与高梁河会合，经积水潭，流入通惠河。由于海淀多水多泉，远借苍翠西山，层峦叠嶂，风景十分优美，明代便有人在这里兴建庭院。在北海淀兴建的清华园亦称李园，园中央建有“海棠”，匾额上写着“清雅”二字，园内培植了大面积名贵花卉——牡丹，又称“花海”，是当年西郊的一大名园。1909年7月，清政府设立游美学务处，作为游美肄业馆的馆址。1911年2月，游美学务处和筹建中的游美肄业馆迁入清华园，同时更名为清华学堂。因而，1911年被定为清华大学的历史发源年。清华学堂以“培植全才，增进国力”为宗旨，以“进德修业、自强不息”为教育方针。由于自建校起就一直与民族兴衰紧密联系在一起，振兴中华的强烈愿望始终鞭策着清华师生发奋图强，因而这一时期的清华学子笃志求学并学有所长，日后终于成为我国各行各业的领袖人才。

1951年2月，中国科学院决定近代物理研究所（吴有训兼所长）、社会研究所（陶孟和兼所长）等单位在中关村征地并于年底开工建设。1954年1月，近代物理研究所大楼在中关村建成，中国科学院应用物理研究所（严济慈兼所长）第一个进驻中关村。随后，力学研究所、计算技术研究所、自动化研究所、生物物理研究所、化工冶金研究所等科研大楼亦相继拔地而起，相关人员及科研设施陆续迁入，因此，中关村地区形成了我国科研、教育力量最为集中、研究设施最为庞大且先进的区域。

杨嘉墀在中国科学院报到后，被安置在预留已久的中关村宿舍甲字26号楼的三楼，郭永怀一家住二楼，屠善澄一家住一楼。而钱学森、钱三强住在特字1号楼。在事业经费和基本建设费相当紧张的情况下，为了安置好著名科学家和从海外归来的学者，中国科学院领导决定在中关村宿舍区盖起一批特字楼、甲字楼与乙字楼。曾先后在中关村宿舍区居住过的还有赵九章、贝时璋、王淦昌、陈芳允、钱骥、王大珩、顾德欢、华罗庚、关肇直、武汝扬、陆元九、林兰英等老一辈科学家。

中关村，新中国科技发展的摇篮，中国原子能、空间科学、计算机、自动化等技术领域的主战场，以独特的传承见证了民族科技的辉煌。它是以创新追逐梦想、以奉献智慧推进人类文明的科学殿堂。中关村，这片燃烧理想与激情的沃土，留下了众多拓荒者的足迹，为了中国的空间技术事业，他们甘当铺路石。而钱学森、钱三强、赵九章早期就在这片土地上，统领了郭永怀、王淦昌、陈芳允、杨嘉墀、钱骥等中坚力量，以满腔热血谱写了“两弹一星”的光辉诗篇，培养出成千上万的研究人员和科技工作者以及管理人才。他们以超凡的学识、智慧的头脑、脚踏实地的工作作风，创造着空间科学、自动化、计算机、电子学等诸多领域的一个又一个奇迹，以拳拳爱国心与浓浓报国志，描绘出中国卫星发展史的美丽画卷。

2. 参与创建自动化所

1956 年我国制定了《1956—1967 年科学技术

发展远景规划纲要（草案）》（简称“12 年科学规划”），把计算技术、半导体技术、自动化技术、无线电电子学等学科的研究和发展列为“四大紧急措施”，由中国科学院集中力量组织实施，首先建立一批研究机构。杨嘉墀回国后就积极投入到中国科学院自动化研究所的筹建工作中。

“12 年科学规划”对我国科技现代化的前瞻性引导起了重大作用，使中国在短短七八年时间内，跨入了现代科学几乎所有领域的大门。

“12 年科学规划”，成为新中国科技发展的起点。该规划被公认为中国科技发展史上的成功案例。据史料记载，新中国成立前夕，筹建国家中国科学院的工作已在紧锣密鼓地进行。在“中央研究院”“北平研究院”等旧中国遗存下来的研究机构的基础上，中国科学院于 1949 年 11 月 1 日宣告正式成立，它为中国近代科技发展史揭开了崭新的一页。

在 1956 年，为什么要制定一个长达 12 年的科学发展规划呢？这是国内外形势发展的必然结果。制定一个全国性的、长期的、全面的科技发展规划，对于成立不久的新中国而言是史无前例的，在国际上也没有经验可以借鉴。一些发达国家曾经制定过单项规划，比如美国的“曼哈顿计划”等，如果把它作为全面规划也尚显不足。

20 世纪 40 年代中期到 50 年代中期，正是世界高技术发轫时期，其标志性领域主要有四个。一是核技术。1945 年 7 月 16 日，世界上第一颗原子弹在美国新墨西哥州的沙漠中爆炸成功，1955 年世界首座商用核电站建成，人类由此进入核时代。二是 1946 年美国研制成功世界上第一台通用数字电子计算机，它的出现改变了人们对机器的认识。三是 1947 年半导体晶体管的出现，并于 1959 年研制成集成电路。四是 1957 年 10 月，苏联将世界上第一颗人造地球卫星送入了太空，从此开始了航天时代。

这四个技术领域的突破代表了 20 世纪中叶世界科学技术的发展与变化，具有划时代的意义。这一时期可谓是世界新技术革命的开创期，也是新中国面临世界新技术革命挑战的时期。为了迎头赶上发达国家，继 1955 年中央明确提出“中国也要搞原子弹”之后，1956 年年初，党中央、国务院又发出了“向科学进军”的号召，中国科学院和全国科技工作者被寄予了厚望。

在新中国成立之初，民生问题是首先要考虑的，然而，军事需求也是大事。朝鲜战争结束之后，我国开始实行第一个五年计划（1953—1957 年），科技如何为经济恢复与发展服务、为国家安全服务，已成为决策层的首要关注点。1956 年，我国国民经济已得到迅速恢复，并有计划地开展了经济建设，初步建立起了新中国的工业基础。这时，第二个五年计划也在酝酿中，国民经济发展的各个领域都急需科学技术对经济建设的支撑和推动，因此，制定一个科技发展的长远规划势在必行。

1956 年 1 月，周恩来总理在全国知识分子工作会议上，代表党中央向全国人民发出“向科学进军”的号召。半个月后，毛泽东主席在最高国务会议上号召：“我国人民应该有一个远大的规划，要在几十年内，努力改变我国在经济上和文化上的落后状态，迅速达到世界上的先进水平。”从此，新中国的科学发展规划被提上了议事日程。中央决定着手编制“12 年科学规划”，并指定由国务院各有关部门的 10 位负责人组成规划领导小组。1956 年 3 月，在周恩来总理领导下，国务院正式成立了科学规划委员会，陈毅、李富春、聂荣臻副总理等负责具体组织领导工作，张劲夫任规划委员会秘书长。4 月起，科学规划委员会陆续集中了全国各地各学科、各专业的 600 多位优秀科学家和工程技术专家，着手制定新中国第一个科技发展远景规划。

聂荣臻在回忆录中写道，对规划总的方针和要求，周恩来做了明确指示：“这个远景规划的出发点，是要按照需要和可能，把世界科学的最先进成就尽可能迅速地介绍到我国来，把我国科学事业方面最短缺而又最急需的门类，尽可能迅速地补足起来，根据世界科学已有的成就来安排和规划我们的科学研究工作，争取在第三个五年计划期末，使我国最急需的科学部门能够接近世界先进水平。”

科学家们首先对制定规划的基本原理进行讨论，几经反复，最终达成共识，那就是“迎头赶上，重点发展”，即起步点要高；“掌握现有的，学习先进的”，并突出重点。如果只在后面亦步亦趋，那是赶不上的，要迎头找到科学的新的生长点，即科学的前沿部分，并从中国的实际情况出发，做到重点发展。据《当代中国的国防科技事业》一书记载，国防科技发展规划提出的五大任务，被列在国家“12年科学规划”12项重点任务的前列，主要是：原子能技术、喷气与火箭技术、半导体技术、电子计算机技术、自动化技术五个方面。这些任务对增强国防力量，带动国家科技进步及国民经济发展，都具有十分重要的意义，它们曾被誉为中国国防科技发展的“五朵金花”。

经过半年多的紧张工作，在聂荣臻的领导下，由张劲夫调集钱学森等一批科学家起草了一份全面、先进且便于操作和检查的科学技术发展规划。这个远景规划包括《1956—1967年科学技术发展远景规划纲要（草案）》和《国家重要科学任务说明书和中心问题说明书》《1956年紧急措施和1957年研究计划要点》等共600万字的文件。这个规划草案确定了57项重大科学技术任务，616个中心问题，其中明确的重点任务有12个。

当张劲夫等人带着这些规划向周恩来总理汇报时，周总理提出问题说："这么多重点，国务院应该主要抓哪些？"张劲夫也意识到了这个问题，于是立刻趁着参加规划的科学家们尚未离开北京，又将他们召集起来共同研究这个问题。科学家们的情绪很高涨，会上各抒己见，提出许多好的意见。张劲夫、吴有训、严济慈、钱学森等人加以归纳，认为最重要的也是最紧急的有六项，其中原子能技术、喷气与火箭技术这两项属于保密的军工尖端技术，国家已经作了特殊安排。剩下的四项分别是：计算技术、半导体技术、自动化技术及无线电电子学技术。以上四项是科学技术发展中的重中之重，必须摆在其他重点任务的前面来抓。于是，张劲夫风趣地说："就叫'紧急措施'吧。""四项紧急措施"由此得名。上报国务院后，周总理立刻批准，并肯定地说："对！先抓这四项。"张劲夫接着说："为落实这'四项紧急措施'，需要集中全国的科技力量，还要再从国外吸纳一些专家回来，大家齐心合力搞。"周总理说："那中国科学院就着手筹建这四个领域的研究机构吧！"接着，张劲夫又汇报说："连个工作的地方都没有！"最后，周总理下定决心，从新建的西苑大旅社中拨出三座楼给中国科学院，并对张劲夫说："毛主席说要集中人马，大干快上，科技工作不能再等了，要抓紧。"1956年7月28日，中国科学院第20次院务会议便根据这"四项紧急措施"，决定成立计算机技术研究所、自动化及远距离操纵研究所以及曾一度被撤销的电子学研究所筹备委员会，并在应用物理研究所建立半导体物理研究小组，华罗庚、钱伟长、李强和王守武分别担任这四个新研究单位的筹委会或筹备小组主任。我国及国际科学技术的发展，充分证明了这一决策的远见卓识。这些项目的科技发展，不仅为稍晚一些的中国"两弹一星"研制成功提供了保障，而且直到今天，它们依然是世界科学技术的热点和尖端领域，前景无可限量！

1956年8月18日，张劲夫签发了上报中央关于组建自动化及远距离操纵研究所筹备委员会名单的报告，主任委员由钱伟长担任，副主任委员有南京工学院副院长钱钟韩、交通大学教授沈尚贤、建委计量局副局长武汝扬，委员有朱物华、郎世俊、钟士模、陆元九、夏光韦。8月22日，主管科技工作的陈毅副总理在文件上批示："同意办，报总理及中央。"在考虑具体人选时，筹委会中有不少人都向中国科学院建议，聘请杨嘉墀博士来自动化所工作。

当杨嘉墀走进自动化所时，研究所尚处于筹建阶段，干部人员、设备及办公室都很不完善。资历老一些的人，来自中国科学院长春机械电子研究所自动化室，其中有童世璜、朱培基、王传善、张翰英、黄玉棠、叶正明、萨支天、鲍百容等40多人。还有杨树智、孟执中、邹美琪、王景尧等40多名1956年毕业的大学生与研究生。先期回国的留美自动化专家陆元九、屠善澄也相继到该所工作。陆元九，1941年毕业于重庆中央大学航空工程系，1949年在美国麻省理工学院获航空工程系仪器工程科学博士学位，曾经担任福特汽车公司科学实验室主任工程师，1956年6月回国。屠善澄，1945年毕业于上海大同大学电机工程系，1953年获美国康奈尔大学博士学位，1956年9月回国。杨嘉墀与他们成为亲密的同事，并保持了几十年的友谊。

杨嘉墀到所不久，就参加了自动化所筹委会扩大会议。会议讨论了研究所的方向和任务，方向是解决生产过程自动化和系统地提高以及发展理论研究工作；任务是发展自动调节理论，建立工程计算方法，发展生产过程自动化的科学基础，发展电力的拖动理论，发展工业对象的远距离控制、远距离测量和远距离调整的理论和方法，发展技术工具制造的科学基础。筹委会成立之初，下设生产过程自动化组、模拟及计算技术组、调节理论组、运动学组、自动电力拖动组、自动化技术工具组。杨嘉墀担任自动化技术工具组组长，率领孟执中、王弥惠、齐汝先等十几个人开展研究工作。杨嘉墀首先介绍了国际上有关自动化的发展情况，讲解自动化工具的有关知识，并提出了今后的工作方向、工作方法与工作步骤。对年轻的科研人员，言传身教，以身作则，常鼓励他们要学习科学知识和外语；对他们的工作严格要求，一丝不苟。在他的领导下，很快培养出了一支既能相互协作又能独立开展研究工作的队伍。

自动化技术工具，是在自动化系统中完成信息的获取、转换、显示、传送、处理和执行等功能的工具。按复杂程度可以分为自动化元件、自动化仪表和自动化设备。自动化技术工具是实现自动化的关键。杨嘉墀经过分析、论证，认识到在工业生产自动化系统中，通过自动化仪表，可以了解生产过程中物质的变化状态，并将生产过程控制在预定的条件下，以确保生产的优质、高效和安全。在某些高温、辐射、污染等恶劣工作条件下，没有合适的仪表就无法实现控制。自动化技术的发展往往取决于元件、仪表的发展。自动化技术工具的水平是国家科学技术水平的一个标志。

杨嘉墀和各位专家、行政领导一起，积极投入到自动化研究所的筹建工作中。同时，他还多次出席中国科学院副院长张劲夫主持召开的科学规划座谈会。他深感自动化技术不仅能为机械、化工、采矿、冶金、石油、动力、原子能、航空以及其他工业服务，而且对电力、运输、灌溉系统，以及其他领域也大有用处，凡是需要在广大地区内进行控制者，都必须借助于远距离自动化。自动化技术应用于国防的重要意义，更不待言。此外，管理、计算、翻译等工作也开始采用自动化技术。当时国际上新技术发展很快，放射性同位素、无线电电子学、半导体、超声波以及计算技术的发展和控制论的成熟，更使自动化技术的面貌焕然一新。杨嘉墀在讨论中积极建言献策，并用书面形式提出了许多很有价值的建议，引起了领导层的重视。

“12 年科学规划”制定后，亟待解决的问题是，如何依据规划，按照国家建设的需要与可能，统筹安排科技事业中的人力、物力和财力。为此，国务院科学规划委员会决定，首先编制全国性的科学研究年度计划，并通过年度计划的编制逐步解决有关问题。为制订 1957 年年度计划，杨嘉墀应邀参加国务院科学规划委员会下设的自动化专业小组的工作。专业小组由中国科学院、高等院校和产业部门三个方面的科学家和少数领导干部组成，其任务是对科学研究的方针、政策、计划和组织措施等提出建议。杨嘉墀和自动化界的其他专家一起审时度势，分析国际上自动化技术研究的动向，并根据国情提出了发展自动化技术首先要抓仪器仪表研制和人才培养的中肯建议。

为了执行规划，杨嘉墀一开始就重视对自动化技术人才的培养。1957 年 4 月，为加强自动化所各部门工作的领导和建设，经所务会议决定，建立了仪器设备委员会、技术辅助委员会、基建委员会、图书委员会、学术活动及干部培养委员会、编辑委员会、协调和对外联络委员会七个管理委员会。杨嘉墀负责领导主持学术活动及干部培养委员会与编辑委员会的工作。

为迅速开展自动化技术的研究工作，杨嘉墀决定采取措施，对来所的新毕业的大学生进行培训，使他们能尽快投入工作。所里开办了俄语培训班及讲授电子学、自动调节理论等课程的培训班，还开设了自动化技术讨论班，组织技术骨干研究发展方向。通过短期训练班培养自动化技术人员。他还提出陆续派遣研究生到苏联学习自动化科学技术的建议。

1957 年，国务院根据中国科学院规划委员会的建议，责成中国科学院和高教部在清华大学开办生产过程自动化进修班，培养具有自动化基础知识和技能的专业人员，以便结业后从事自动化方面的教学、科研和生产工作。第一期进修班学员有五六十人，陆元九、杨嘉墀等参与组织领导工作。杨嘉墀讲授“自动化仪表”专业课，提出:“仪器仪表是认识自然、改造自然的重要工具，有着广泛的用途。从某种意义上讲，实现自动化就是把人对生产过程的测量、控制作用，转移到自动化仪表、装置上去，因而研究、设计各种仪器、仪表装置，是现代科学技术的一个十分重要的任务。”1958 年 9 月初，进修班第一期学员毕业，他们当中大多数人成为我国尖端技术的骨干力量。

“12 年科学规划”制定以后，科技人才缺乏，成为更加迫切需要解决的问题，然而高等学校分配来的毕业生又远远不能满足中国科学院的需要。虽说中国科学院拥有众多的高级科学人才，但还是急需补充优秀的后备人才，因此，利用中国科学院的有利条件自己办大学，逐渐成为中国科学院领导层的一个构想。1958 年 6 月 2 日，邓小平代表中共中央书记处批准创办中国科技大学。同年 9 月 20 日，中国科技大学正式开学，郭沫若兼任校长。按照“全院办校，所系结合”的方针，吴有训、严济慈、华罗庚、钱学森、陆元九、杨嘉墀、屠善澄等都应邀担任基础课教师。杨嘉墀讲授自动化系第三专业的“仪器仪表”课程，还开创性地讲授了自动检测专业课，在内容方面特别注意基本理论和实践技能两方面的结合，涉及面较广，内容叙述深入浅出。他渊博的知识和认真的态度，使学生们获益匪浅。他还为毕业班学生到研究所做毕业设计或毕业论文做了大量的指导工作，不仅保证了毕业论文和毕业设计的质量，而且使学生受到了科学研究或设计的训练，提高了他们毕业后从事研究工作或设计工作的适应能力。

杨嘉墀的一生非常重视教育。上大学时名师们的教诲培养和高风亮节，深深地影响着他的一生，使他时刻不忘教书育人。他不仅重视大学教育，也很重视对研究生的培养，称得上是有教无类，不拘一格地选拔和培养人才。

3. 参加自动化调查团

1956 年，对于中国知识分子来说，有一件非常值得庆贺的事情，那就是毛泽东主席在 4 月召开的中共中央政治局扩大会议讨论他的《论十大关系》的报告时，根据到会者发表的意见，明确提出“百花齐放，百家争鸣”为发展科学文化工作的基本方针。

杨嘉墀回国后，到中国科学院自动化研究所参加工作，武汝扬组织他们学习讨论的第一个问题，就是如何贯彻“双百方针”。杨嘉墀之前在国外，对国内某些理论研究领域在学苏联问题上所采取的教条主义态度，以及给中国的学术研究带来的损害不了解。比如，在自然科学界最突出的是推行李森科的伪生物学和排斥摩尔根的遗传学说，以及批判英美化学界的“共振论”和丹麦物理学家N·玻尔关于量子力学中的“并协原理”等。通过学习讨论，杨嘉墀理解了中国科学院在贯彻这一方针时，特别注意在学术管理方面进一步推行民主化，逐步做到充分依靠科学家来办好中国科学院；院的领导者，要善于走群众路线，善于激发全体科学工作者参与科学管理工作的积极性。

科学家们对“百花齐放，百家争鸣”政策表示拥护，认为这一政策使科学家在学术思想上得到了解放。杨嘉墀还参加了院、所建立的专门委员会，对器材、图书、国际合作、出版、干部培养等方面工作提出许多好的建议。院、所内的学术活动也出现了一些新气象。杨嘉墀从《科学通报》上看到吴有训的《富兰克林的生平和他科学上的贡献》这篇评价性文章，文中巧妙地向中国科学界暗示了应该尊重西方科学家及其学说的意思。杨嘉墀心想，连中国科学院副院长都可以公开著文赞扬西方科学家，这足以说明国内政策仍允许继续吸收西方的最新科学成就。

进入1957年，中国的政治气氛进一步朝着日益宽松的方向发展。2月，毛泽东在有1800多人出席的最高国务会议第十一次（扩大）会议上作了《关于正确处理人民内部矛盾的问题》的重要讲话，又一次强调了“百花齐放，百家争鸣”的方针。3月，在全国宣传工作会议上，毛泽东再次宣布：“百花齐放，百家争鸣”是一个基本性的也是长期性的方针；共产党领导国家应该采取“放”的方针，就是放手让大家讲意见，使人们敢于说话、敢于批评、敢于争论。4 月 27 日，中共中央发出《关于整风运动的指示》。在这种形势下，广大知识分子敢于发表意见，尤其是对中国共产党的各级领导工作提意见。

中国科学院和其他科学机关也召开了一系列座谈会，杨嘉墀被邀请出席会议。由于，他对很多问题弄不清楚，对国内各种制度、方针、政策不很了解，只是抱着虚心学习的态度参加会议。在这些座谈会上，科学家们，特别是中青年科学家们，本着对党的信任和科学家的良心，对如何进一步发展中国的科学事业进行了热烈讨论，对科学工作提出了大量积极的批评和建议。一些从国外回来不久的科学家要求科学研究自由的呼声很高，包括：选择研究题目的自由、选择工作岗位的自由、选择助手的自由、安排研究时间的自由、购买器材的自由和国际学术交流的自由。会后，有些领导三番五次上门动员杨嘉墀提意见，他才向动员他的领导谈了一点意见。而且在谈意见之前，他总要特别强调共产党领导国家建设的伟大魄力，并反复表明他拥护党的领导的坚决态度。他建议科学选题要围绕“12 年科学规划”，认为科学研究计划由党组织管，自己只要想方设法去执行、完成，用所学的专业知识为国家服务就可以了。

1957年，让杨嘉墀最震惊的，莫过于钱伟长被打成“右派分子”！杨嘉墀回国之后，参与钱伟长领导的自动化及远距离操纵研究所筹备委员会，一起愉快地共事，集体研究制定自动化的方针、任务及建所事宜。不过，钱伟长虽然担任力学所副所长，并兼任清华大学副校长，可他的工作主要侧重在清华大学。1957年6月8日，《人民日报》发表社论《这是为什么》的文章，从这一天开始，一场名叫“反右斗争”的政治运动暴风骤雨一般席卷中国。当时杨嘉墀还埋头于科研和教学，积极参与创建中国自动化学会的活动，他的工作仍按原计划一步一步地进行。一天清晨，中国科学院派了一辆面包车到中关村宿舍区，通知到清华大学去参加座谈会，同车去的有钱学森、郭永怀、陆元九、林鸿荪等。车上，大家都有说有笑。到达清华大学后，他们才知道是参加揭发批判钱伟长右派“言论”的大会。返回时，车上鸦雀无声。对杨嘉墀来说，大鸣大放、大字报、批判会、斗争会……杨嘉墀从来没有见过。这是他第一次经受“阶级斗争”的洗礼。

钱伟长被打成“右派分子”，起因在于所谓的“1·7谈话”。那是钱伟长就高等工科学校的培养目标问题，对记者发表了谈话，发表在1957年1月7日《光明日报》上。钱伟长“1·7谈话”的核心，就是对1952年院系调整之后，在中国推行苏联教育模式提出质疑。钱伟长提出，中国自从推行苏联教育模式以来，弊病是显而易见的，即课程门数花样繁多，课程内容烦琐，学制一再延长，专业划分过细。钱伟长认为：“在高等工科学校中，应当以数、理、化三门课程为主，如果这三门课学透了，什么都好办。”在中苏关系处于“蜜月期”的日子里，如此公开抨击苏联教育模式，需要有足够的勇气。“1·7 谈话”一发表，就在中国教育界引起热烈的讨论，很多人赞同钱伟长的见解。然而 1957 年 6 月 8 日之后，政治风向转变了。“反对苏联”成为划分“右派分子”的一条政治标准。于是，钱伟长在劫难逃了。

中国科学院是知识分子聚集的地方，因此，也是运动的重点单位，杨嘉墀也被邀参加了中国科学院召开的京区自然科学家“反右斗争”座谈会，他又在这一斗争中受到了教育。杨嘉墀平日在政治上出言谨慎，所以他在“反右斗争”中没有受到冲击。据《当代中国丛书——中国科学院》记载：中国科学院当政的领导，还是本着爱护科学人才的宗旨，在可能的范围内，尽量保护了一些科学家，尤其是那些知名的或刚从国外归来的科学家。因此，中国科学院高级研究人员中的“右派”比例相对要低一些。

中国科学院副院长张劲夫，对自然科学家采取了保护政策，多次向中央提出建议。后来由邓小平签发的中央文件发到全国，文件中规定要划清几个界限，其中规定日内瓦会议以后回国的科学家不参加运动。这批人包括钱学森等几百人，因为他们响应祖国的呼唤，有的还经过斗争、吃过苦头，好不容易回国参加新中国建设。文件中还规定，对科学家在平常讲的一些不同意见，进行个别谈话就可以，谈而不斗，谈而不批。在这次运动中，全院有极个别的老科学家和几个青年科学家被划成了“右派”。

1956 年制定出“12 年科学规划”后，各有关部门开始执行规划任务。许多人对自动化的优越性和经济效益不了解，认为我国人口多，不必搞自动化，使开展工业生产过程的自动化遇到种种困难。原规定在我国各工业部门及高等学校中建立许多有关自动化的研究机构和专业，但许多地方没有按规定建立。在这种形势下，为了掌握国内工业生产过程自动化、机械化过程，作为当时搞自动化研究的专业人士杨嘉墀，才有机会按计划参加调查团，对国内各有关部门进行摸底调查。

1957 年 12 月，为检查科学规划执行情况，在国家科委机械组的指示下，中国科学院自动化所与第一机械工业部负责组织了我国自动化情况调查团，并邀请其他各工业部门参加。自动化所负责组织了自动电力拖动和热工、化工生产过程自动化两个调查组，参加了机械生产自动化和矿山机械自动化两个调查组。自动化所安排杨嘉墀参加东北地区和上海市调查组，在两个月时间内先后到沈阳化工厂、抚顺煤矿、鞍山钢铁厂、大连化工厂、哈尔滨锅炉厂、哈尔滨电机厂、佳木斯糖厂等进行工业生产中自动化设备使用情况调查，到上海市热工仪表所、大华仪表厂、雷磁仪器厂进行自动化仪表考察。

对杨嘉墀来讲，这是他回国后了解新中国工业实际情况的极好机会，因此他非常珍惜这次调查团的安排，认真地参观，仔细地调研。在 20 世纪 40 年代，我国工业不仅空白面很大，产量很小，而且技术非常落后。杨嘉墀记得那时到工厂实习，电机拖动的生产机械，如车床的控制基本上是靠人来操作闸刀开关；大多数锅炉给水、燃烧和蒸气压力没有自动调节装置；高温繁重的炼铁、炼钢和轧钢的进料及出料靠人力使用工具来操作。

在调查中，杨嘉墀也高兴地看到新中国成立八年来，由于党的正确领导和全体劳动人民的努力，工业面貌大为改观。据统计，截至 1957 年年底，发电容量比解放时增加 4 倍，煤产量比解放时增加 4 倍，水泥产量比解放时增加 10.3 倍，钢产量比解放时增加 33 倍。原来没有的工业如重型机械制造工业、汽车制造工业、人造纤维工业、飞机制造工业等都已开始建立起来。他分析工业建设突飞猛进的原因是：党和政府发展工业的方针政策很正确，广大群众都已被动员起来积极参加建设；苏联援助我国建立的现代化工厂，绝大多数采用了自动化新技术，而且设备的自动化水平相当高。

在我国新建并投入生产的现代化工厂中，鞍钢无缝钢管厂、大型轧钢厂等都有自动检测调节、自动控制的设备。一般说，在这些厂中拖动生产机械的电机都用继电接触器或用电机放大机控制，也有少数是用电子、离子管控制的。由于有了这些自动化设备，工人避免了繁重的体力劳动，产品数量和质量都比使用旧设备有显著的提高。调查团粗略统计，热工、化工自动化设备中测量仪表使用率一般比调节器使用率高。就采用自动化设备取得的经济效益来看，鞍钢一座高炉的热工自动化设备投资仅占高炉投资的 1.85%，经过试验证明，使用冷风量自动调节比不使用时产量提高 3%。一般热工、化工厂的仪表和调节器设备投资约 1% ~ 2%，经济效益虽然尚无比较具体的数字说明，但这些设备对于保证生产平稳和安全等都起了很重要的作用。

杨嘉墀在调研时，也发现了在不少工厂中，有些自动化仪表和调节器没有使用或者使用了未起作用的情况，“冻”“堵”“漏”的现象相当严重。据粗略统计，在化工工业中约有 30% 的测量仪表没有使用，冶金工业中约有 50% 的调节器未使用；通过座谈还了解到不少人迷信进口设备，不相信国内能研制和生产；有些技术人员思想保守，把自动化设备看得很神秘，认为不易掌握，因而采取敬而远之的态度；还有些人员技术水平低，缺乏使用自动化设备的基本知识，以致安装质量不高，不会正确调整和校验自动化设备；有些工厂缺乏自动化设备的零件，不能检修或换装设备的部件。针对以上情况，杨嘉墀提出在一两年内我国发展自动化的重点，应该在于进一步发挥各企业中现有自动化设备的作用，大力培养掌握自动化技术的干部。这是较为切合实际的建议。

在这次调研过程中，杨嘉墀对自动化仪表的情况还进行了重点考察，详细了解了国内自动化设备生产的成就：各种工业自动电力拖动的控制设备，在我国已能设计和制造，而且质量很高；在热工、化工仪表方面，我国已能生产各式热电偶、毫伏计、电阻式和压力式温度计、各式压力表、各式流量计、液面计、气动调节器、液压自动调节器等；正在开始试制的新型仪表有电子电位差计、红外线气体分析仪、电磁流量计、电子调节器等。杨嘉墀在起草的调研报告中充分肯定了几年来仪表工业迅速发展的成绩：试制技术日益提高，许多国产仪表可以代替进口产品，可节省相当数量的外汇。但他也实事求是地指出，有些科研人员理论脱离实际，研究工作未能密切联系生产；生产仪表的厂家各自为政，互不协调，生产的产品没有统一标准，产品试制重复率高，产品质量得不到保证。这虽然是发展中的问题，但应及早解决。应吸取国外发展自动化的经验教训，否则将影响今后自动化事业的发展。

在调查工作结束时，杨嘉墀和仪表生产部门及使用部门的专家一起，建议我国发展标准化、系列化和单元组合化仪表。他在调研报告中写了这样一段文字："鉴于现有仪表品种还远不能满足客观需要，大力进行自动化仪表设备的研究和试制工作是非常必要的。今后仪表制造中大改革的关键是仪表设备的标准化、系列化、组合化的问题。这个问题若不能及早解决，则仪表的设计和生产必然会造成工作重复，品种复杂混乱，这不仅给生产造成很大浪费，而且也不方便使用维护。因此，必须对各种发送器、转换器、调节器、执行机构以及远距离控制测量设备等定出统一的系列标准。而其结构又应该是单元组合化的，使其能有适合于多种用途。对于这项工作，建议组织全国力量，统一安排，互相协调配合，才能更好更快地完成任务。"

后来在研究所内讨论自动化仪表发展方向时，杨嘉墀还提出："除了自动化仪表设备的标准化、系列化和组合化外，还需要研究各种新的自动检测方法，并使其推广应用到工业生产中去。要研究快速灵敏准确可靠的成分分析方法，来满足冶金、化工、石油等工业的需要。要研究高温及快速温度测量方法，研究气体、液体流量的准确测量方法等。应当特别注意将新技术的放射同位素、超声波、红外线等运用到自动检测和控制中去的问题。""自动化仪器设备应该十分可靠，长期不需要检修。因此，应该特别注意发展磁性、半导体等无触点元件在自动化设备中的应用。""自动化理论工作，要注意对自动化经济效果的研究，应特别注意广义的全面效果，对我国整体工农业建设的影响等。此外也要研究自动调节控制对象的动态特性和参数测定方法，研究自动调节原理的工程计算方法。研究这几项工作的主要目的是解决企业自动化存在的实现问题，还需要安排一部分力量对一些先进理论进行研究。”

这些建议被采纳后，工业部门研制和批量生产了电子单元组合系列仪表，在20世纪60年代被石油、化工、冶金和电力部门广泛采用。

4.学会外交获取信息

1957年年初，杨嘉墀在参与自动化学科规划工作时，曾提出要加强国内外学术交流，促进自动化学科发展的建议。

1957年5月，当钱学森、沈尚贤、钟士模、陆元九、郎世俊等人发起组织中国自动化学会时，杨嘉墀积极参与创建工作。经过有关部门的酝酿和中华全国自然科学专门学会联合会的商定，产生了由钱学森、屠善澄、杨嘉墀等29人组成的中国自动化学会筹备委员会。确定筹备委员会挂靠在中国科学院自动化及远距离操纵研究所。6月，筹备会在北京召开了第一次全体会议，会上选举钱学森、屠善澄、杨嘉墀、钟士模等九人组成常委会，选出钱学森为主任委员。在研究自动化学会的任务时，杨嘉墀提出三条建议：搞学术活动，交流学术经验，推广研究成果，讨论学术问题；国际学术交流；办好学术刊物。

同年9月，受中国自动化学会筹备委员会主任钱学森委派，杨嘉墀和清华大学教授钟士模代表中国参与发起和筹建国际自动控制联合会（IFAC）工作。这是杨嘉墀回国后第一次代表全国性学会参与国际学术团体的活动，他非常激动，深感责任重大。他努力学习我国的外交方针政策，还到国际活动指导委员会听辅导报告，了解到“加强与国际科学技术界的联系，促进国际学术交流和国际科学界保卫和平的斗争”也是参加国际学术活动的一项重要任务。

在中国科学院对外联络局的帮助下，杨嘉墀一行很快办完出国手续。他们首先到达瑞士伯尔尼，停留几天进行参观，同时由我国驻瑞士大使馆协助办理进入法国的签证（当时中法尚未建立外交关系）。IFAC 创办国会议于 1957 年 9 月 10 日至 12 日在法国巴黎的高等工艺学院举行，有 18 个国家的代表参加。会议的主要内容是讨论 IFAC 章程，研究确定理事名单，商讨 1960 年在莫斯科召开第一届世界大会的问题。经发起国代表讨论，确认了 IFAC 的性质，是各国自动控制学术团体联合组成的非政府性学术组织。联合会的宗旨是通过国际合作促进自动控制理论和技术的发展，推动自动控制技术在各部门的应用。联合会每三年举行一次，由成员国代表

杨嘉墀在爱沙尼亚出席 IFAC 大会

团组成的全体会议，选举会长。首任会长由美国的H·切斯特纳担任。联合会设有理事会，下设若干个技术委员会。钱学森被选为理事会理事，钟士模应聘担任理论委员会委员，杨嘉墀应聘为元件和仪表委员会委员。

这次出席会议的经历，使杨嘉墀的心灵受到极大的鼓舞和激荡。他是曾经在国外生活过多年的人，而且有过出席学术会议的经历。在他的印象里，从来没有哪个国家会把中国放在眼里。纵然有一些善良的外国朋友对某些特定的中国人态度非常友好，但那也只是以居高临下的态度表示出来的同情和怜悯。然而，此番的巴黎之行，中国代表团却处处受到人们的关注与欢迎。尤其是同属一个社会主义阵营的国家，奉行"一边倒"的外交政策，彼此称兄道弟。不过，在初始接触之时，有些国家的代表还多少有点先进国家的优越感，他们握着杨嘉墀的手，先是热情地称赞中国古代文明如何如何令人钦佩，可是说着说着，他们就要问起中国现在有没有从事自动化研究的人，对中国工业现状更是缺乏了解。每当这种时候，杨嘉墀总要不卑不亢、实事求是地宣传一番中国自动化研究和应用的客观现状，并且总是把钱学森推出来说："这是国际公认的工程控制论权威。"这些客观的介绍，使许多国家的参会代表对中国的自动控制理论和技术的发展有了新的认识。

会议期间，杨嘉墀遵照我国外交的原则，自主、广泛地开展科学家之间的民间交流，先后与苏联、法国、瑞典、英国、意大利、南斯拉夫、美国的代表接触，广交朋友，阐明我们的观点。同时，注意了解国际自动化学科的发展动向。会后他从法国乘火车回到瑞士伯尔尼后，由于等候班机停留了三天，于是参观了瑞士的工厂，并按照大使馆的要求协助做了两名中国留学人员的工作，争取他们早日回国参加社会主义建设。他还为研究所在市场上购置了少量仪器，付款及运输事宜均由使馆协助办理。

1960 年 6 月，杨嘉墀作为中国自动化学会代表团成员，出席在莫斯科召开的 IFAC 第一届世界大会，再次展现了 1957 年在巴黎 IFAC 创办国工作会议上取得的成果，扩大了中国在该组织中的影响。会议期间，负责对外籍华人专家做统战工作的国家科委米国钧，在莫斯科北京饭店宴请留美专家李耀滋、李诗颖和张守廉，钟士模、杨嘉墀、陆元九应邀作陪。席间米国钧畅谈国内风土人情、名胜古迹，激发留美专家对祖国的怀念。杨嘉墀也礼节性地回答了一些问题，谈了祖国重视科学技术，在国内从事科研与教学工作的专家、教授们都很忙碌，希望他们有机会回国看看。会后杨嘉墀和陆元九、屠善澄等一起，执行中苏两国中国科学院协议的考察任务，参观列宁格勒电工研究所、莫斯科自动学运动学研究所和机械研究所。由于中苏关系紧张，接待人员较冷淡。杨嘉墀深感自动化研究自力更生非常重要，靠别人是靠不住的，是要吃亏的。

1963 年，杨嘉墀出席了在瑞士巴塞尔市召开的 IFAC 第二届世界大会。按照“既要努力争取多吸收他人的经验，又要保持政治上高度警惕”的原则，他在处处维护我国形象的同时，积极参与 IFAC 组织的学术活动，特别是注重参加自动化应用及仪器仪表、元件方面的学术交流，博采众长。他充分利用参加国际学术会议的机会，主动组织代表团参观国际工业电子展览会，为我国自动化技术的发展提供重要的参考信息。

1966年5月，中国科学院为执行《1955年中苏科学院合作协议》，委派杨嘉墀组团去苏联访问，考察控制论研究项目的进展情况，然后去英国参加IFAC第三届世界大会。代表团出国前在政治上做了比较细致的准备工作。按照领导的指示，考察目的在于了解苏联在控制论研究方面的动向、应用情况、组织形式与人员规模等。考察活动只按双方协议办事，做到无求于人，不卑不亢，以我为主。5月16日代表团到达莫斯科，先后参观了自动学运动学研究所、信息传递研究所、中央经济数学研究所、情报研究所、计算中心等。这次考察活动也只能走马观花、礼节性地进行，但科学家间私下交谈时，苏联专家愿意与中国专家交朋友，大家还共同回顾了50年代友好合作的时光。

正当此时，“文化大革命”像脱缰的野马在神州大地上横冲直撞，文化、教育、科技界首当其冲。正在莫斯科访问的杨嘉墀突然接到国内通过驻苏使馆传达的命令，宣布代表团去英国参加IFAC世界大会的活动取消。杨嘉墀等随即于6月14日回到北京。

1968年，一些极“左”派分子打着反对“帝修反”的旗号，强烈要求我国退出国际自动控制联合会。所幸中国科联领导决定保留会籍，但暂时中断参加活动。这一中断就是许多年，其间有三届世界大会，中国没有派人员参加。

直到1975年，邓小平复出后，极“左”狂潮受到一定遏制。在邓小平的领导下，科技战线“整顿”力度更大，出现了多年不见的活跃局面，与国外的学术交流活动也多了起来。为了了解国际自动控制技术的现状和发展动向，以及IFAC今后的活动，经国务院批准，由中国科学院和国防科委共同组织了中国自动化学会代表团，一行七人在杨嘉墀团长率领下，赴美国波士顿出席IFAC第六届世界大会。行前，钱学森在国防科委会见了杨嘉墀，两人进行了亲切交谈。钱学森叮嘱杨嘉墀可以少听一些报告，多了解一些实际情况。

这是杨嘉墀回国后第一次踏上美国的土地，当时中美尚未正式建交，他是从巴黎转乘飞机去的。不过，两国关系毕竟已经解冻，他作为民间学会的科学使者，在华盛顿国际机场走下飞机后，得到特别的礼遇，一条特别的通道，免去了烦琐的入境过关手续。当晚，代表团入住中国驻美联络处，联络处主任黄镇设宴招待代表团全体成员，与杨嘉墀等相见甚欢。他还特意给杨嘉墀介绍了中美关系的形势，告诉他会议期间可能遇到的各种问题，嘱咐他要冷静处理，有事需要帮助可直接找联络处解决。

中国已近12年没有参加IFAC会议了，中国代表团的到会引起大家关注。很多外国学者热情地找杨嘉墀交谈，一些国际学术组织找杨嘉墀联系，要求和中国建立关系。杨嘉墀机动灵活地处理会议提出的各种问题，坚持我国的外交原则，广交朋友。美籍华裔科学家顾毓秀、李耀滋、何毓琦和杨嘉墀的老同学王安、朱祺瑶等主动找到杨嘉墀，向他介绍美国在自动控制和计算机领域的发展状况，并安排了一些参观活动，还邀请他会后在美国疗养一段时间。

通过参加会议，杨嘉墀深感近十年来由于军事和空间技术的需要，现代控制理论和技术有了极为明显的发展；半导体及计算机的飞速发展，促使自动控制技术向深度和广度进军；由空间技术发展起来的现代控制理论，已逐步推广应用于工业生产，使生产过程在技术经济效果最优状态下运行。

会议结束后，杨嘉墀主持代表团的总结会议，

1975年，杨嘉墀（中）在哈佛大学与王安（右）、朱祺瑶（左）会面

提出独立自主的原则。为了实现我国在20世纪内初步建设成为社会主义现代化强国，使我国国民经济走在世界的前列，就必须进一步发展自动控制技术。为此必须在党的统一领导下，统一规划，统一行动，实行研究、生产、使用三结合，正确处理理论与实践，提高与普及，生产与科研等的关系。他建议整顿中国自动化学会组织，恢复学会的活动和中国自动化学报的出版，扩大我国自动化科学技术在国际上的影响。

随后，杨嘉墀又和梁思礼一起到德国，参加IFAC空间控制专业委员会会议，杨嘉墀在这次会议上当选为空间控制专业委员会委员。会议期间，他们还参观了德国航天工业企业和研究所。这次会议之后，杨嘉墀有更多的机会接触国际航天领域的专家，更深入地了解空间技术发展中的一些技术问题。

1978年6月12日至16日，在芬兰赫尔辛基召开了IFAC第七届世界大会。由中国科学院以中国自动化学会的名义组织中国自动化代表团参加会议，此次会议由杨嘉墀任团长，文传源、宋健任副团长，共计12人组成代表团出席会议。参加大会的有37个国家，1100多名代表，论文750篇。大会期间，杨嘉墀还参加了空间控制专业委员会会议，主要是推动国际学术交流和组织评选会议论文的工作。会上，杨嘉墀充分注意到，计算机被更广泛地应用于生产过程控制、多机控制和多级控制领域，将是今后主要发展趋势。但他更注意空间控制技术信息。由于卫星任务不一致，其结构各有特点。天文卫星是科学卫星中对控制要求最高的一种，而且对温度控制和姿态控制的精度要求也很高。他特别注意到，在天文卫星上常常由星上计算机来解决姿态控制和数据处理等问题，姿态测量或姿控精度都要求在角秒量级。一般测量部件安装在观测望远镜内以避免结构变形引起误差。执行机构多数用飞轮，去饱和卸载最好采用磁控。会后，杨嘉墀将所获得的信息用在制定空间规划、安排预先研究课题中，均取得较好的效果。

这次出访扩大了中国在国外的影响，还结识了新的同行，恢复了与不少老同行的联系，促进了我国自动化界的对外交往。更值得一提的是，在东道主宴请与会人员的晚宴上，许多外籍华裔学者在宴会厅外热情地等候中国代表团的到来，他们激动地与来自祖国的杨嘉墀等同行握手，相互问候，宴会结束了，大家还是依依不舍。这些外籍华裔学者中就有日后为我国的学术交往和研究生培养作出很大贡献的美籍华裔教授何毓琦、谈自忠等。

1979 年 7 月，杨嘉墀参加了在英国牛津举行的 IFAC 第八届空间控制专业委员会会议。会上他被特邀做了一次题为《中国返回式卫星的控制系统》的报告。该报告系统地介绍了自 1970 年 4 月 24 日中国成功地发射第一颗人造地球卫星以来，到目前共发射了 8 颗卫星，按预定计划完成了各项科学技术试验任务。所发射的卫星基本上分为两类——科学探测卫星和空间技术试验卫星。它们的目的是考核总体性能和各分系统设计的合理性；航天器、运载火箭、测控设备以及地面保障勤务系统的协调性与可靠性。科学探测卫星是自旋稳定的，而空间技术试验卫星是三轴稳定的。在 1970 年至 1975 年的发展阶段，有关空间技术试验卫星的试验任务是多种多样的，诸如测轨、遥测遥控、程序控制、返回技术等都在不断地研究发展，因此姿态控制系统的设计原则有:(1) 独立自主地发展空间技术，对元部件的要求要立足于中国现已具有的成熟技术基础;(2) 系统设计能适应卫星不同试验任务的要求，具有一定的机动性和灵活性;(3) 系统设计能适应姿态控制系统本身的不断改进和试验要求。几年来的实践经验证明，上述这些原则符合中国的实际情况，是完全正确的。试验的次数虽不算多，但是姿态控制系统在每次试验中均没有发生过破坏性失效。特别是 1975 年以来所发射的返回式试验卫星，连续三次成功地发射、运行和返回，取得了一些地面和空间信息，也对姿态控制系统的精度进行了检验，并为今后的继续发展提供了有用的资料。杨嘉墀的报告，获得了与会同行们的一致赞赏。特别是来自美

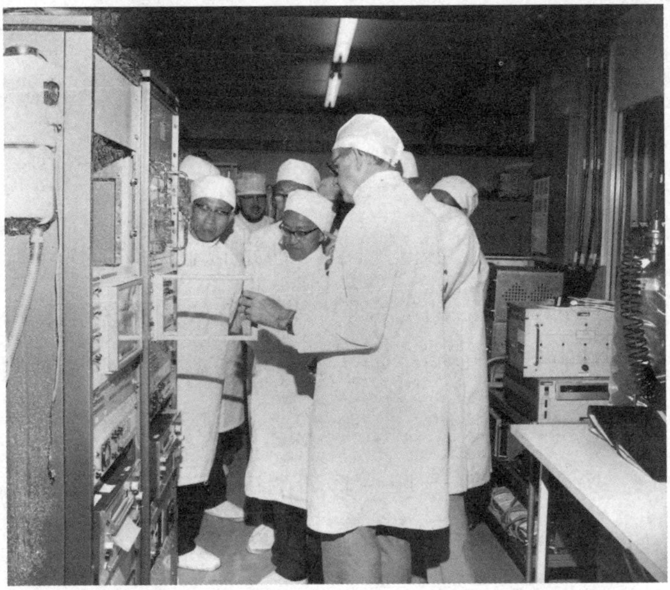

1979年，杨嘉墀（中）参观英国摩擦实验室

国的德布拉教授和苏联的佩特罗夫教授，因他们早期也做过返回式卫星的姿态控制工作，所以他们对杨嘉墀的报告产生了更浓厚的兴趣，他们赞扬中国的设计先进实用，而且还能做到一次成功，真是了不起。杨嘉墀意味深长地说："往常由于保密原因，只能走向世界，不能让世界了解中国，今后交往多了，你们就会了解得更深。"

杨嘉墀作为中国自动化学科和自动化学会的创建人之一，先后担任自动化学会副理事长、理事长，1984 年担任 IFAC 空间控制专业委员会副主席。他为 IFAC 专业学术会议能在中国成功举办，花费了很多时间和精力。1995 年在北京香山召开 IFAC 空间控制专业委员会会议，讨论的主题是"卫星智能控制"，该会议取得了圆满成功，受到许多外国专家的高度赞扬。杨嘉墀被该委员会列为资深委员之一。特别是 1999 年在北京召开的 IFAC 第十四届世界大会，经他的努力，为我国广大中青年科技人员，争取到参加国际会议的机会。他还以创始人的身份，多次参加国际活动的经验，以诚待人的高风亮节和对工作认真负责的精神，将各次会议和活动组织得井井有条，并取得了圆满成功，为国争了光。

杨嘉墀除了参加一系列的国际学术活动之外，在国内同样以满腔的热情积极做好本职工作。在中国自动化学会成立后的四十多年中，他精心组织并积极参与国内学术交流活动。早在 1963 年《自动化学报》创刊之际，杨嘉墀就担任了该学报的副主编。他认真执行编委制订的编辑方针，积极刊载控制论、自动控制理论、自动化仪表和自动化应用等有关方面的研究成果，使该刊物富有创新性，被业内人士公认为自动化研究方面的权威刊物。然而，该刊物在“文革”时期，却被迫停刊。1979 年复刊后，杨嘉墀担任主编直至 1990 年。在他的积极推动下，《自

1979年，杨嘉墀与任新民(左)参观欧洲空间局技术研究中心

动化学报》从1989年起还编辑出版了英文版，由Allerton出版公司在美国出版发行，亦获得好评。

杨嘉墀非常重视仪器仪表的重要作用和创新地位。他对仪器科学的发展创新有一个重要思想，那就是认为仪器科学是一门发展极快的新兴科学，而且与不少学科相互交叉，因此，使之保持创新和发展并加强学术交流至关重要。杨嘉墀除参与创建自动化学会外，还参与组建了中国仪器仪表学会。该学会于1979年3月成立，他连续当选为该会的第一届至第四届理事会副理事长。在成立大会上，王大珩与汪德昭、杨嘉墀等科学家共同发起，由中国仪器仪表学会成立大会的全体代表提出《关于加快仪器仪表工业发展的几点建议》，希望国家成立仪器仪表工业总局，以便统一管理和支持仪器仪表工业的发展。这份建议得到邓小平等领导人的高度重视，国务院于同年10月批准成立国家仪器仪表工业总局，对推动和加快我国仪器仪表产业的发展发挥了至关重要的作用。为了更好地利用国际科技交流这一渠道，杨嘉墀于1980年率代表团赴美，与美国仪器仪表学会建立了合作关系，之后又和日本测量与控制学会以及英国的测量与控制学会等一起，在20世纪80年代及90年代，多次在中国召开有多国参加的仪器仪表学术会议暨展览会。在这些会议上，杨嘉墀均担任了学术委员会的领导工作，为推动我

1980年，杨嘉墀在美国仪器仪表学会组织的学术会议上发言

国的仪器仪表科学技术的发展作出了贡献。

杨嘉墀身兼数职，既是自动控制专家，也是航天工程专家。1979 年 10 月，中国宇航学会成立以来，他担任了两届理事，1993 年之后任名誉理事，他一直积极参加学会组织的各种活动。1980 年，中国宇航学会加入国际宇航联合会，从 1983 至 1987 年，杨嘉墀连任两届国际宇航联合会副主席。国际宇航联合会（简称 IAF）是宇航界的国际性学术组织，成立于 1950 年，它是为通过科学技术的交流，推动空间技术和外层空间的研究和合作，促进宇航事业及和平利用外层空间活动的发展而成立的。因该组织在国际学术界有较大的影响，所以被联合国和平利用外层空间委员会聘请为技术咨询机构。1979 年以来，国际宇航联合会主席曾多次来信邀请我国参加该组织，但因台湾在该组织中的地位问题未解决，所以我国过去一直未参加该会及该会组织的学术活动。1980 年 6 月 27 日，国际宇航联合会第 30 届主

席、欧洲空间局罗依·吉普森局长来信，接受了我国对台湾问题的立场。同年 9 月，在国际宇航联合会全体成员会议上，一致同意接纳中国宇航学会成为 IFA 会员。按照国际宇航联合会的章程规定，可允许同一国家的几个组织参加，但是一个国家只有一个组织拥有投票权。因此，在第 31 届大会后，中国宇航学会成为正式会员并获得了投票权。1980 年之后，中国宇航学会每年都派人参加该会主办的大会。在 1983 年第 34 届大会上，杨嘉墀当选为执行局副主席；火箭技术专家屠守锷当选为教育委员会副主席。在 1984 年第 35 届大会上，除杨嘉墀、屠守锷等人继续连任外，中国空间技术研究院副院长闵桂荣被聘为出版委员会委员。在此期间，杨嘉墀每年 4 月去巴黎参加执行局会议，10 月到瑞典、瑞士、英国、美国等国参加世界大会。通过这些活动，

1985年，杨嘉墀在国际宇航联合会大会上主持讨论中国航天

1988年10月，杨嘉墀（左）与任新民（右）在印度参加国际宇航联合会大会

他结交了不少国际航天领域的朋友，从而了解了世界航天科学技术的发展趋势，并为 1996 年 10 月在中国召开第 47 届大会做好了充分准备。

5. 空间探索访苏思考

人类的活动范围，经历了从陆地到海洋，从海洋到大气层，再从大气层到外层空间的逐步扩展的过程。人类活动范围的每一次扩大，都大大增强了人类认识和改造自然的能力，促进了生产力的发展和人类社会的进步。

中华民族在人类发展的历史上，曾经创造过灿烂的古代文明。众所周知，中国是火箭的故乡。可是鸦片战争中，火箭故乡却遭到了英国侵略军的库格里夫火箭的轰炸。自那以后，长期处在战争状态下的旧中国，国民经济遭到了严重破坏，生产力得不到发展，科技工作缺乏起码的物质条件，研究场所、设备仪器和资金极端匮乏，研究力量十分薄弱。在尖端技术方面，旧中国留给我们的完全是一张白纸。

中华人民共和国的诞生，社会主义制度的建立，为中国科技的发展开辟了广阔的道路。20 世纪 50 年代中期，当中国医治了战争的创伤，开始进行国民经济建设的时候，世界上一些国家已经进入了“原子时代”和“喷气时代”，而中国还处在帝国主义的封锁、包围和威胁之下。因此，在制定“12 年科学规划”时，国家把国防现代化建设摆在了突出的地位。

1956 年年初，毛泽东主席接见了从美国归国的著名科学家钱学森，与他畅谈了现代科技与火箭的问题。这次会见引起了世界的关注，预示着中国即将发展现代火箭技术。钱学森参加了“12 年科学规划”的制定工作，并担任综合组组长，亲自起草和制订了关于建立火箭喷气技术的计划。

1956 年 10 月 8 日，经中央批准，我国第一个导弹研究机构——国防部第五研究院正式宣告成立，钱学森任院长。这是我国导弹、航天事业奠基的历史性纪念日。在成立大会上，聂荣臻副总理对我国导弹研究院的诞生表示热烈祝贺。他勉励大家自力更生，奋发图强，毕生致力于我国的导弹事业。

万事开头难。国防部五院成立之初，完全是从零开始。正如钱学森在建院大会上所说：“我们是白手起家，创业举步维艰。我们会遇到许许多多意想不到的困难。不过，我们绝不会向困难低头。对待困难有一个好办法，那就是团结一心，认真对待。只要大家心往一处想，劲往一处使，用科学的态度认真去办，就没有克服不了的困难，就没有攀登不上去的高峰。”

杨嘉墀归国后从事的科学事业主要分两个方面：一方面是到中国科学院，参与筹建自动化研究所；另一方面是由钱学森提名参与尖端事业。在国防部五院成立科学技术委员会时，杨嘉墀被聘为学术委员会委员，应邀参加规划研究与讲课，还承担了配套的协作任务。

1957 年，国际地球物理年，中国按计划进行了风、温度的地面观测，还进行了地磁、宇宙线、电离层等参数的观测和记录，以及极光、海洋和天文观测，综合研究了太阳活动时的近地空间环境。一些科学家对国际学术界关心的人造地球卫星问题、空间物理问题进行了学术讨论。

1957 年 10 月 4 日，苏联发射了人类第一颗人造地球卫星，从此打开了通向宇宙的大门。中国人为之欢欣鼓舞，杨嘉墀也为之振奋。他连续应邀出席中国科学院副院长张劲夫、裴丽生主持召开的座谈会。会上，著名科学家竺可桢、钱学森、赵九章、张钰哲、程茂兰、蔡翘、钱三强、郭永怀、陈芳允、王大珩、陆元九、杨嘉墀等纷纷发表谈话，积极倡导开展中国的空间科学研究工作。同时，杨嘉墀考虑得更多的是今后我国空间运动物体的控制研究，调研仪器仪表的特殊功能。

1958 年 5 月 17 日下午 5 时 30 分，毛泽东主席在中国共产党的八大二次会议上发表第二次讲话。毛泽东面对麦克风，不时挥动着他那富有号召力的手臂，两次提到卫星问题。他说："苏联人造卫星上天，我们也要搞人造卫星，我们也要搞一点。"他还指出，要搞就得搞大一点。"我们也要搞人造卫星"是毛泽东代表人民向时代立下的誓言，是代表党中央发出的向空间进军的动员令！这个号召是在世界上第一颗人造地球卫星发射成功仅仅半年后发出的，这充分表明了中国人民有信心、有能力登上空间技术的舞台，表达了中华民族屹立于世界民族之林的勇气和决心。

1958 年 6 月 3 日，中国科学院在西苑中直机关礼堂召开"大跃进"动员大会。钱学森、贝时璋、华罗庚、赵九章、陆元九、杨嘉墀、汪德昭等许多科学家出席了会议。钱学森首先发言，他主张研究人造卫星。紧接着陆元九表示："中国科学院应该开展人造卫星控制方面的研究，不但要把卫星放出去，而且要用控制手段回收它。"当时会上提出一句口号，叫"上天、入地、下海"，很振奋人心。所谓"上天"，就是要搞人造卫星。"入地"，就是用最新技术，寻找地下的宝藏，强调地球物理勘探，也曾经提出一种设想，即用火箭钻地探矿。“下海”就是要把我国的国防线向海上延伸。首先想到的是搞水声，就是设法找到探测潜艇活动的声道，一旦找到了这个声道，外国潜艇即使在很远的海域活动，我们也能探测到，这就等于将我国的海防向外扩展了成百上千千米。人们将它称之为“科学国防”，这是一件十分鼓舞人心的事！

在“破除迷信”“要搞就得搞大一点”的思想影响下，人们对发射人造卫星的热情很高，但想得太简单。在各方面物质条件离发射卫星相距甚远的情况下，提出了要研制高能燃料运载火箭，放重型卫星，向 1959 年国庆十周年献礼！接着便出现了上海、南京、天津等地“放卫星”，全国都在“放卫星”，且势头汹涌，越放越大，越放越远。这个时候“争上游”争得十分狂热，“放卫星”变得极其荒唐，各行各业都争着“放卫星”。某地“放卫星”亩产水稻 3 万斤，某座高炉“放卫星”日产万吨，“人有多大胆，地有多大产”竟成了《人民日报》社论的标题。

据当代中国丛书《中国科学院》记载：1958 年 6 月 3 日至 5 日，京区各单位举行跃进大会，会后掀起“苦战二十天，向党代会献礼”的热潮。到 7 月 1 日，中国科学院机关第二次党员代表大会在京举行，跃进形式又被推向新高潮。大会期间，有 43 个单位向大会献礼 972 项，其中 102 项声称已经达到了国际先进水平。同年6月，中国科学院党组为了响应中国共产党第八次全国代表大会第二次会议发出的“尽快把我国建设成为一个具有现代工业、现代农业和现代科学文化的伟大的社会主义国家”和“在实现十二年远景规划的基础上，尽快地赶上世界先进水平”的号召，提出了《关于自然科学研究工作十年赶上美国问题向中央的报告》。报告指出：十年内要做三件事。一是掌握新技术，重点项目是卫星上天和原子能和平利用；二是促进国民经济科学化，能够依靠自己的力量独立解决中国工业、农业、交通和卫生事业中重大复杂的科学技术问题；三是培养建立一支有四五万人的又红又专的科学干部队伍。

那么中国第一颗人造卫星该怎么放？在毛泽东主席发表“我们也要搞人造卫星”的讲话之后，聂荣臻特地邀请张劲夫、王诤、钱学森等人，在国务院办公室召开了专门会议，研究中国的卫星如何起步。1958年7月，国防部五院和中国科学院进一步讨论了分工。火箭方面以五院为主，探空箭头和卫星及观测工作以中国科学院为主。按照任务分工，张劲夫在北京西郊香山饭店组织钱学森、赵九章、郭永怀、陆元九、杨嘉墀、蔡翘、贝时璋等科学家制定人造卫星发展规划设想草案。香山会议由钱学森主持，赵九章负责会议组织工作，屠善澄、钱骥、魏钟铨等负责会务并参加规划起草工作。

会上钱学森让大家畅所欲言，讨论人造卫星对未来科学发展的影响，探索我国如何开展人造卫星科学技术研究。大家对利用人造卫星进行有关地球物理的科学研究工作谈得较多，例如，利用卫星轨道的观测，可以计算高空大气密度，推算出地球的质量分布，从而提供地壳构造以及地球椭圆的资料；利用卫星在天上进行试验研究，对卫星内部及表面温度的测量，可以研究太阳辐射的能量；利用卫星发出的无线电信号，可以研究电离层的结构，等等。会上还讨论了卫星轨道控制、卫星跟踪测量以及生物实验等问题。经过充分的论证，由钱学森归纳的三个步骤列入规划设想草案中：第一步，发射探空火箭；第二步，发射一两百千克重的卫星；第三步，发射几千千克重的卫星。并强调指出，人造卫星是一项综合性很强的工作，从'任务带学科'考虑，可以带动诸多新兴技术的发展。1958 年 7 月，中国科学院向聂荣臻报告了草案的设想，整个工作分三步。分工方面，火箭以国防部五院为主；探空和卫星及观测工作以中国科学院为主。相互配合，苦战三年，实现（1960 年）上天。

中国科学院将人造卫星研究列为 1958 年的一项重大任务。该院为了实施空间技术发展规划，落实了组织与领导分工，并成立了中国科学院"581"组，由钱学森任组长，赵九章任副组长，另一位副组长是地球物理研究所党委书记卫一清。成员包括各相关研究所的主要领导，比如，力学研究所杨刚毅、自动化研究所武汝扬、化学研究所华寿俊、电子学研究所顾德欢、计算技术研究所阎沛霖、生物物理研究所康子文等。“581”组专门负责研究我国人造卫星的问题，并负责领导、规划、协调“581”任务。

按照“581”任务，中国科学院根据计划组建三个设计院。第一设计院负责卫星、火箭总体，由力学研究所郭永怀、杨南生负责筹建。为了充分利用上海地区的工业基础，该院于1958年11月迁至上海，改名为中国科学院上海机电设计院，接受中国科学院和上海市科学技术委员会的双重领导。第二设计院负责控制系统研制任务，从自动化研究所抽调科研人员，成立了三个研究室。吕强任院长，陆元九、杨嘉墀、屠善澄等列为学科负责人。1958年11月借用红山口高级军事中国科学院部分房间开展工作，翌年由于任务调整又搬回了自动化研究所。第三设计院负责探空仪器研制和空间环境的研究，以地球物理研究所为主，并从中央广播事业局、铁道部和空军等单位抽调科技人员、技术工人以及政工干部加入这支队伍。赵九章、钱骥担任科学技术领导。1958年9月成立了中国科学院“581”组办公室，负责具体任务的组织实施和对外联系，将其挂靠在地球物理研究所。郭沫若院长十分重视加强空间科学技术领域的科学力量和研究工作，全力支持科学家提出的紧急措施方案。方案报到国务院，周恩来总理亲自过问审议，报告党中央后获得批准，并拨了专款支持这项工作。

与此同时，中国科学院以生物物理研究所贝时璋、军事医学中国科学院蔡翘为主要领导，开展了宇宙生物学、航空医学的研究；天文台、数学研究所则进行了轨道计算研究。在郭沫若院长的领导下，成立了中国科技大学，以便培养新兴科学技术人才。为了加工、测试和总装卫星及仪器生产等工作的顺利开展，还新建了北京科学仪器厂。

由“581”组领导下的各技术小组，在 1958 年 7 月至 9 月，每周召开两三次会议，由钱学森和赵九章主持会议，参加者有陆元九、杨嘉墀、陈芳允、钱骥、吕保维、马大猷、贝时璋、孙湘、吴几康、施履吉等。中国科学院领导张劲夫、裴丽生都亲自过问，常来参加会议。中国科学院院外单位的领导王诤、王世光、罗沛霖、钱文极、蔡翘等也多次出席会议。会议大多在地球物理研究所进行，与会专家根据各自所长，提出各种各样的科学建议和问题，经过大家的反复讨论，综合分析，提出总体方案，最终确定先从火箭探空搞起。火箭的箭头部分，分为高空物理探测和生物试验两种类型。箭头结构设计和力学环境模拟设备研制由力学研究所负责，器材局工厂负责加工；地面跟踪系统由电子研究所负责；遥测、姿态控制由自动化研究所负责；生物型箭头由生物物理研究所和军事医学中国科学院负责。高空物理型箭头，包括了国际上大多数探测项目，如高层大气结构（温、压、风和大气成分），电离层结构（电子和离子浓度分布）、太阳辐射（X 射线、紫外线）、地气背景辐射和宇宙线等。这些项目的负责单位有地球物理研究所、电子学研究所、应用物理研究所、原子能研究所、北京大学地球物理系等。在方案和分工确定之后，大家便立即分头工作。正值“大跃进”年代，在破除迷信、解放思想精神指引下，承担任务的科研人员个个摩拳擦掌，以自力更生搞尖端任务的热情，奋斗在科研第一线，终于如期完成两种箭头模型，向 1958 年国庆献礼，并参加了国庆期间开幕的中国科学院自然科学跃进成果展览会。

中国科学院自动化研究所对承担的人造卫星任务十分积极，普遍认为中国科学院应该开展人造卫星控制方面的研究，不但要把卫星放上去，而且要用控制手段回收它。提出要把对运动物体的控制及其运载火箭的控制系统，作为一个主攻方向，并采取相应的组织措施。与此同时，筹建 0306 工厂，负责控制系统的元器件加工和总装。杨嘉墀担任特殊仪表研究室主任，并负责 0306 工厂的筹建工作，该厂后来定名为中国科学院科学仪器厂，之后发展成为北京卫星制造厂。杨嘉墀带领一帮年轻人，夜以继日，奋斗拼搏，干劲十足，通过大干三个月，终于制作出了几套控制仪表模型，送到中国科学院自然科学跃进成果展览会上展出。

通过这一段工作，杨嘉墀深深感到，研制人造卫星和运载火箭，需要特殊仪表，而特殊仪表是空间探索的先行官，其重要性不言而喻。然而，研制展览模型已费了很大力气，要使卫星真正上天，工作还差得很远。冲天热情不能代替科学，科学需要冷静地思考，更需要打基础练基本功。

为了探索发展中国空间技术的途径，根据当时中苏《新技术协定》，中国科学院组织高空大气物理代表团赴苏联考察。赵九章任代表团团长，成员有地球物理研究所卫一清、钱骥，自动化研究所杨嘉墀、杨树智，翻译由原子能所何大绥担任。出发前一天晚上，中国科学院副院长张劲夫在力学研究所大楼三楼会议室召开会议，为代表团送行。参加者除代表团成员外，还有当时“581”任务的领导人钱学森、杨刚毅、武汝扬、陆元九等。会上张劲夫交代任务时说：“我们搞尖端科学，一方面要自力更生，同时也需要力争外援。代表团是根据中苏两国科学院协作项目‘高能物理’去进行访问的。关于派遣这个代表团的事，郭沫若院长曾写信给苏联科学院院长。我们要借题发挥，力争了解到一些探空技术的关键问题。”

1958 年 10 月 16 日清晨，赵九章、卫一清、杨嘉墀同乘一辆黑色小轿车，由中关村驶往东郊机场。钱骥、杨树智、何大绥早在一小时前已到达机场。代表团成员办理好出关手续，同乘图 -104 国际航班由北京直飞莫斯科。去苏联取经学习放卫星，是这几位科学家共同的夙愿，今天终于如愿以偿，他们胸中不免激荡着一种天马行空似的快感。可在这种快感的背后，一种使命的重负，又无形地压迫着他们的心。杨嘉墀回国前曾经到过苏联，有一定的印象，对社会主义大家庭成员中的苏联，他充满信心，认为这次考察会得到好的结果。

中国代表团的飞机刚一降落，苏联科学院联络局的工作人员安德烈便走出候客厅，将赵九章等六位中国专家热情迎下舷梯。双方举行了简短的外交仪式之后，几辆黑色小轿车便载着他们驶向高尔基大街中部的北京饭店。安德烈告诉大家，考察和参观的日程苏方已有安排。根据预案，中国方面提出要考察人造卫星研制单位、遥测遥控设备、发射场地设备等，并与有关方面专家进行交流。但是，苏方接待人员表面上很热情，安排代表团第一天去冶金研究所，参加苏联科学院苏中友好协会的集会，第二天浏览莫斯科市容，第三天参加苏联科学院秘书长的追悼会，第四天参观博物馆，但就是不安排去科研机构参观。经过多次交涉，从10月中旬到11月上旬，在莫斯科仅安排参观了大气物理研究所、地球物理研究所、电离层地磁研究所、应用地球物理研究所，还参观了日地观测设备。代表团受到了礼节性的接待，在每个研究所停留大约两个小时，听取该研究所的基本情况简介，并走马观花似的看了一些探空火箭和人造卫星上用的空间物理探测仪器的模型，还看了一些已经公开报道过的研究结果的资料。至于中国代表团提出参观有关空间技术的项目均未作出安排，于是中国代表团的专家们一致商定，由钱骥代表大家向中国大使馆反映情况，希望大使馆与苏方联系，争取让苏方给代表团扩充一些新的考察内容。之后，苏联科学院联络局派代表来协商，要中国代表团继续等待。在等待过程中，苏方安排代表团去克里米亚参观天文台，又安排去杜布纳联合原子核研究所参观同步加速器。在那里，杨嘉墀、钱骥与核物理学家王淦昌相遇。一天过去了，两天过去了，关于参观空间技术的项目，苏方仍没有明确的回答。这时中国代表团的科学家们不知道中苏两党领导人的关系已经发生了微妙的变化。不久，苏方负责接待的安德烈正式通知代表团说："参观人造卫星相关的设备要经过赫鲁晓夫批准。"在这种情况下，代表团要考察的人造卫星及相关技术均未给予安排。为了缓和矛盾，苏方继续让代表团参观莫斯科大学天文台、医学科学院、气象局、应用

1958年，杨嘉墀（左一）与赵九章（右一）、钱骥（右二）、卫一清（右三）等在苏联雅尔太港

地球物理研究所等单位，表面上他们保密要求很严格，也很神秘，不让记录，不让照相，但代表团实际上只看到了他们几年前的一些技术装备，如早期的探空火箭、生物火箭、地球物理火箭的头部。此外，苏方还安排代表团到苏联科技工业展览会去参观一些公开展览的卫星模型。至于合作问题，则根本没有举行会谈。

杨嘉墀和杨树智利用空隙时间，去苏联自动学运动学研究所参观访问，也只进行了一般性的交谈，未看到实质性内容。他们还和一些老朋友相见，交换了对国际自动控制联合会的看法。应该说，在苏联的 70 天里，苏联先进的工业和科技使杨嘉墀他们开阔了眼界，在研制仪器方面也有一些收获，但由于对方技术保密，想要看到一些较为重要的项目却未能如愿。

回国后，对比苏联和我国国情，经过认真总结和冷静分析，杨嘉墀认识到发射人造卫星要有强大的工业基础和很高的科学技术水平。我国的空间探测事业要由小到大，由初级到高级发展，要立足于国内，走自力更生的道路。他根据当时的国情，认为发射卫星的条件远未具备，应先从火箭探空搞起。事后，杨嘉墀深有感触地说：“发展空间技术，要走自己的路，要靠自己实干，要有自己的实力，要理工结合。”

1958年年底，张劲夫作为中央候补委员在武昌参加八届六中全会期间，向书记处汇报科学家对研制人造卫星的意见和计划，获得会议的赞同，会议决定拨2亿元专款支持该计划。中国科学院党组研究确定该项专款重点用来建设迫切需要的高能燃料、火箭发动机和上海机电设计院运载火箭两个研究设计试验基地，以及水声工作站、风洞、“581”组实验室、109厂和上海、大连、长春的高能燃料研究室及电子、自动化、高温金属、光学等四项配套任务。倘若从中国技术实力来看，这样的设想和行动是十分及时且富有胆略的，然而，以后几年由于种种原因，人造卫星的研制机构曾经做过多次调整，不过“581”组始终未被拆散，工作也从未停顿，一直跟踪注视着国外卫星技术发展动向，并且根据国家给予的人力、物力和财力支持，调整并缩小研制范围，重点保证人造卫星本体预先研究所必需的技术。因此，1964年12月与1965年1月，赵九章和钱学森先后两次提出研制人造卫星时，就有了相当的基础，而且工作进展得也很顺利。

杨嘉墀

杨嘉墀院士传记

Academician Yang Jiachi's Biography

第六章

秘密使命　协同攻关

特殊仪表先行官，他组织研制火箭发动机测量仪表，为尖端技术创新无私奉献；两弹控制献宏猷，他多次带队参与核潜艇、原子弹、导弹等秘密试验任务。

1. 火箭试验仪表先行

翻开《回顾与展望——新中国的国防科技工业》一书，你可以浏览国防科技工业战线上一大批风流人物的创业史。它披露了新中国发展原子弹、氢弹、洲际导弹、人造卫星、核潜艇、飞机、兵器、电子装备等一系列大型科研工程在决策管理实践中的许多生动事例。杨嘉墀放弃国外优厚的条件，义无反顾地回到祖国，甘当无名英雄，敢于创新，善于创新，攻克了许多重大难关，研制了多种设备、仪器、仪表，为尖端技术发展默默地奉献。

钱学森在《总结“两弹一星”工作的经验是有现实意义的》一文中指出:“有了集中统一的领导和组织管理的体系，就应组织科技力量，重点攻关突破。现在大家都说钱少，要用到点子上，这个‘点’是什么？在五六十年代是‘两弹一星’，叫尖端技术，那是毛泽东同志定的。现在不用这个词了，新名词叫高技术。但是高技术多得很，不能样样都是重点。而尖端技术才是对社会主义建设有关键性作用，需要组织力量重点突击实现的技术。所以，我认为还应使用‘尖端技术’一词，英文可以是Hypertechnology，比高技术（High-tech）还‘高’！”

聂荣臻元帅在《在科学技术战线上》一文中指出："我国的国防尖端技术，只要坚持攻关，加上政策、措施得当，争取三五年或更长一些时间得到突破是完全有可能的。""我们的措施之二是继续坚持攻新型原材料、精密仪器仪表和大型设备关。这件事我们抓得比较早。"原材料立足于国内，是进行独立研制的基本条件。早在1959年仿制近程导弹时，聂荣臻元帅就预见到，新型原材料、电子元器件、仪器仪表、精密机械、大型设备、测试技术、计量技术等要抓预先研制。他对身边的同志说："一家人过日子，少不得柴米油盐酱醋茶，这叫开门七件事，依我看，新型材料、精密仪器仪表、大型设备，就是办国防工业和尖端科学的柴米油盐酱醋茶。"

1958年8月，国务院科学规划委员会在《十二年科学规划执行情况的检查报告》中指出："发射人造卫星，将使尖端科学技术加速前进，开辟新的科学研究工作领域，为导弹技术动员后备力量。同时，大型的卫星上天，是洲际导弹成功的公开标志，是国家科学技术水平的集中表现，是科学技术研究工作向高层次空间发展不可缺少的工具。"报告还说，围绕人造卫星研究，高能燃料、耐高温合金、无线电电子学、电子计算机技术、自动化仪表、应用数学等一系列工作将被带动起来。聂荣臻元帅召集中国科学院副院长张劲夫，国防部第五研究院院长钱学森、副院长王诤等开会，要求他们组织专家拟订人造卫星发射规划。

中国第一个人造卫星发展规划设想草案是由钱学森、赵九章、郭永怀、陆元九等负责组织拟订的。杨嘉墀也应邀参加了规划研究工作。草案初步设想先搞 100 ~ 200 千克重的卫星，再搞 1000 千克重的卫星。规划小组分析了当时的政治、经济、技术形势，认为中国虽然已经有一套由苏联帮助建立的火箭研究机构，但我们还要走自力更生的路，搞一套独立的空间技术体系，配合做研究工作。中国科学院对这件事态度非常积极，力学研究所、自动化研究所、地球物理研究所冲锋在前，中国科学院还成立了新技术办公室，主管这方面的工作。

考虑到火箭推力对卫星发展的制约，钱学森主张中国科学院先行一步，着手研究高能燃料。1958年，中国科学院召开高能燃料会议，组织北京、上海、大连、长春四个化学研究所的精兵强将，开展液体、固体高能燃料的研制，并探索固液型、游离基及重氢燃料。为此，中国科学院向聂荣臻做了专题报告，建议火箭制造也采取两条腿走路的办法。即在国防部五院利用苏联资料和一般燃料研究火箭的同时，中国科学院发挥各有关研究所的潜力，完全依靠自己摸索创造，从高能燃料入手开发研制火箭，作为五院的补充。事实证明，在苏联突然单方面撕毁合同、撤走专家以后，我们依靠自己的力量很快将工作衔接起来，不仅没有影响发展速度，还加快了某些领域前进的步伐。

自动化研究所党委书记、代所长武汝扬宣布："为了研制人造卫星和运载火箭，需要先进行地面试验，搞试验就需要特殊仪表，特殊仪表是搞尖端技术的先行官。因此，中国科学院党组决定，责成自动化研究所组建特殊仪表研究室。现在宣布特殊仪表研究室成立，杨嘉墀同志任主任。"特殊仪表研究室成立后，主要根据液体火箭发动机地面试验和风洞实验对特殊仪表的需求，逐步建立了温度、压力、液面和流量、气体密度、振动加速度测量及调节器等研究组，以及制图组。

力学研究所所长钱学森、副所长郭永怀，以火箭技术为中心开展的工作是：研制风洞序列，进行与火箭技术有关的高速空气动力学研究；进行液体推进剂研究，探索各种高能推进剂组合与大型、中型火箭发动机试车台设计，开展液体火箭发动机燃烧、传热的基础理论与探索性研究。

推进剂是为火箭发动机提供能源和工质（工作介质）的化学剂，包含燃料和氧化剂。最早使用的推进剂是中国发明的黑火药。第二次世界大战后，各国相继开展推进剂的研制试验工作。在液体推进剂方面，液氧煤油得到很大发展。在可贮存液体推进剂方面，研制出肼（有机化合物，高能燃料）的衍生物偏二甲肼和一甲基肼，采用四氧化二氮作为氧化剂，改进了红烟硝酸的腐蚀性能。此时中国的液体推进剂研制尚处于开创阶段，提出要进行高能推进剂、低温推进剂的研究工作。以氟、氧元素为主组成的液体氧化剂具有较强的氧化能力。由于用含氟元素的液体作为氧化剂的推进剂具有较高比冲，但燃烧温度高，毒性大，与一些金属和非金属材料不相容，不能广泛使用，因此，常用含氧元素的液体作为氧化剂。氢以及它与锂、铍、硼、铝、碳、氮元素组成的液态化合物可做燃料，经常大量使用的是碳、氮元素与氢组成的液体燃料。每一种高能燃料研制出来后都要进行试验，还要试车。这项探索性任务由力学研究所承担，还要建立一个实验基地。民航局给了一架专机，张劲夫和钱学森坐在飞机上，在北京上空转了几圈，选定了京郊山区的一片林地，在那里成立力学研究所二部，由林鸿荪负责。林鸿荪是钱学森在美国大学教书时的学生，回国后也到力学研究所工作。另外，让化学研究所与他们配套，也成立了化学研究所二部，主要研制高能燃料。与此同时，中国科学院还有好几个研究所，大连化学物理研究所、长春应用化学研究所、上海有机化学研究所等都接受了任务，分头研究开发中国的高能燃料。上海和大连在山区都建了实验基地，实验基地的主要方向是试验液氧。要把氧气变成液氧，需要低温。中国科学院在中关村建立了一座气体站，可以集中相当数量的氧气、氢气，既供应民用，也供应科研使用。中国科学院物理研究所洪朝生负责的低温实验室，专门研究低温，把温度降低，氧气就变成液氧了。制备液氧，需把温度降到零下 180℃左右。但制备液氢的难度就更大，需要把温度降到零下 250℃左右。而且，氢气还容易爆炸。有的燃料毒性很大，每次实验都要请防化兵，带着防毒面具，把工作人员都武装起来。高能燃料是导弹的一个关键所在。中国科学院当时承担的是最重要的任务，就是做高能燃料的研究开发，提供给五院。

林鸿荪按照钱学森、郭永怀的总体部署，开展火箭发动机试验站的建设工作。该站是对火箭推进剂、火箭发动机及其组件进行各种冷、热试验的场所。他们首先设计了一种液体火箭发动机小推力试车台，推力为 200 千克。由推力架、推进剂供应系统、供气系统、控制系统、测量环境以及消防、通信、环保等辅助设施组成。考虑到要发挥各学科的优势，中国科学院党组决定控制系统、测量系统的研制由自动化研究所承担，责成由杨嘉墀领导的特殊仪表研究室完成这项任务。

杨嘉墀和林鸿荪早在美国就已熟识，而今他们又在一起共事了。杨嘉墀根据林鸿荪提出的具体要求，进行分析调研。他深感用于火箭发动机试验的测量设备与工业控制仪表不同，它们大都在高温、高压、高转速和强烈振动等苛刻的条件下进行工作，并且还要具有较高的动态性能。在所领导的支持下，杨嘉墀率领各室抽调的吕宝华、廖炯生、邵久豪、齐汝先、杨树智等十余人，组成一支精干的队伍，逐步开展了温度、压力、液面和流量、气体密度、振动加速度测量及调节器等多种仪表项目的研究。他们首先开始了任务和方案讨论、文献调研和学习。

随着任务的进展，中国科学院所属力学研究所、上海机电设计院、地球物理研究所，山西、四川、江西分院，以及海军、国防部五院、北京航空学院等单位纷纷派人来自动化研究所特殊仪表研究室协作和进修，所里又分配来一批复员兵，全室一下子达到四五十人，一时热闹非凡。大家急“581”任务之所急，敢想敢干，大胆设计，日夜奋战。杨嘉墀的工作重点是加强技术指导，组织学术活动，还亲自讲解电子调节器理论与实际应用，并向大家推荐了《热工参数的物理测量》（英文版）一书。要求大家读书、查文献、做试验；要求大家把革命干劲和科学分析相结合。在这样的思想指导下，在燃烧室壁温测量和燃气温度测量、燃烧室压力测量、低温液面的放射性密度测量、振动和加速度测量、电子调节器等方面进行初步试验，向1959年元旦献礼。杨嘉墀的业务秘书廖炯生有感而发，写下了“科研战士攻尖端，火箭卫星只等闲，自动控制新系统，特殊仪表先行官”的诗句，抒发了大家的情感。1959年国庆节前夕，杨嘉墀光荣地出席了全国群英会。经过修改设计后完成的仪表测量装置，交付国防部五院三分院，供给火箭发动机试车台使用；另外，该装置还作为力学研究所小型试车台上的测试装置使用，以便开展研究工作；加速度计交付空军使用；应变式压力计、涡轮流量计和热线风速仪等，也都交付给有关使用单位。之后，杨嘉墀又与有关人员一起去发动机试验基地进行火焰测量。经过艰苦奋斗，终于迎来了胜利的曙光。1963年，力学研究所研制的100千克推力、高能低温的液氢液氧发动机点火试验成功，测量仪表准确地提供了数据，预先研究打开了通向氢氧发动机这一新技术的大门。特殊仪表在中国航天科技工业发展中的地位与作用，已被后来的实践所证实。

2. 核潜艇反应堆控制

导弹核潜艇以核反应堆作为推力源，可长期潜伏在水下活动，具有比常规潜艇远为优越的作战性能和更为广阔的活动范围。核潜艇装备导弹等多种武器，既能完成反潜、反舰和对陆上目标实施攻击等多种使命，又具有陆基战略武器无法比拟的“第二核打击力量”的优点。中国自1958年起决定研制核潜艇，1974年8月1日，我国第一艘鱼雷攻击型核潜艇，经过三年的航行试验，正式交付海军服役。1983年8月导弹核潜艇加入了海军的战斗序列。这是中国舰艇科技事业发展的一个重大突破。

人们怀着异常激动的心情，凝望着这海上的巨鲸——中国核潜艇。它凝聚着多少国家领导人的心血；它包含了全国多少科技人员、工人、干部和解放军指战员的辛勤劳动、智慧和创造！这是中华民族智慧和力量的结晶。中国已成为世界上第五个拥有核潜艇的国家，中国人民为有自己的核潜艇保卫祖国的海疆而感到欣慰和自豪。世界上许多人士为正处在被封闭和动乱环境中的中国拥有了自己的核潜艇而震惊和不解。他们知道，中苏关系自20世纪50年代末就开始恶化，中美之间还未建立外交关系，无论苏联还是美国，都不可能援助中国制造核潜艇。他们不敢相信，中国人能依靠自己的力量造出如此高知识密集、高技术密集型的核潜艇。历史不会忘记杨嘉墀这颗奠基的石子，而杨嘉墀深感参加核潜艇工作完全是机遇。

1956年杨嘉墀回国后，曾参加“12年科学规划”的制定工作，从中体会到我国12年科学发展的目标是赶超世界先进水平，其指导思想是迎头赶上。也就是说，我们不是样样从头做起，而是要站在别人的肩膀上往前赶超。具体做法可概括为：“掌握现有的，发展新型的。”意思是对现成的科学技术成就，要尽快地掌握起来，作为我们的起点，同时要探索、发展新的。

本来，杨嘉墀并不直接介入武器研制。自从1958年搞“大跃进”，中国科学院在动员大会上提出了一个口号，叫“上天、入地、下海”，很振奋人心。所谓“下海”，就是把我国国防线向海上延伸，搞水声、核潜艇。杨嘉墀考虑到在自动化方面有很多事情要做。1958年8月9日，经中国科学院院务会议批准，自动化研究所组建了八个研究室，其中第二研究室专业方向是原子能反应堆控制，由杨嘉墀任室主任。研究室成立后，杨嘉墀亲自给大家讲高能物理、加速器、反应堆等基本知识，并指出反应堆控制，就是指通过电子仪器或电器设备调节反应堆中的燃料棒和控制棒的提升和下降，以控制链式反应的进行，也就是控制核裂变时释放能量的速度。他要求大家掌握基础知识，到原子能所找协作课题。

一直领导国防工业科研工作的聂荣臻元帅非常关注世界上的军备动态。他认为核潜艇将成为未来世界霸权主义的战略武器，而只有核潜艇，才能抑制世界霸权主义的嚣张气焰。

1958 年 6 月，我国第一座实验型原子能反应堆开始运转，聂荣臻邀请海军领导人苏振华、罗舜初，以及中国科学院和有关工业部门的负责人，就研制导弹核潜艇问题进行座谈讨论。他们向中共中央提出了关于开展核动力潜艇研制的报告，受到高度重视，并得到中共中央的正式批准。我国曾希望得到苏联的技术援助，但苏联以核潜艇技术复杂，中国不具备条件为由，拒绝提供技术援助。中国人民不信这个邪，毛泽东主席坚定地指出："核潜艇，一万年也要搞出来。"这一指示极大地鼓舞了研制人员的士气，从此，有关人员就在周恩来总理的直接领导下，组织、指挥、决策核潜艇研制的每一重要步骤和关键问题。

核潜艇是集高、精、尖科学技术和工业发展于一身的产物。它涉及冶金、机械、造船、电子、航天、原子能、自动化等许多领域。20 世纪 50 年代我国的经济条件和技术基础十分薄弱，研制核潜艇确实相当艰难，并且要冒一定风险。核潜艇并不是简单地等于核动力加常规潜艇，除了要研制出在狭小的空间内能安全、长期、可靠地发出数以万千瓦计功率的核动力装备之外，同时还要解决其他成千上万个复杂的技术难题。

1958 年 9 月，海军和第一机械工业部共同组建了核潜艇总体研究室，负责核潜艇的总体设计、研究和任务安排落实；原子能研究所第十二室设立核潜艇反应堆设计组，开展核动力装置的基础科研和初步设计的构思工作。1958 年 10 月，原子能研究所组织开展了核反应堆物理研究工作，反应堆类型选择，核燃料元件的要求，反应堆热工水力参数，反应堆控制方案，对反应堆屏蔽等方面的研究工作。杨嘉墀也应聘指导反应堆的自动控制及仪表的研制工作，每周安排半天时间到原子能研究所进行研究与辅导，共同商讨具体细节。通过这些工作，杨嘉墀对反应堆控制系统也有了新构思，提出一些新的研究课题。1960 年 3 月，国防科委提出核潜艇研制要以反应堆为纲，船、机、电、弹紧紧跟上，加快了潜艇核动力装置的研究和设计工作。

1960 年 6 月，原子能研究所在副所长李毅和反应堆工程负责人孟戈非、连培生的组织领导下，在彭桓武、杨嘉墀等专家的指导下，经过赵仁恺、韩铎、李乐福等科技人员近两年的反复论证、研究、计算与试验，在各单位的大力协作下，调研文献达 2000 多篇，完成了《潜艇核动力装置初步设计》。该设计对潜艇核动力装置的堆型、主要技术参数等有了初步的构思，还就建立研究基地和建造陆上模式堆等问题进行了讨论和选点考察。这个设计方案更加细化，已经不再是一个“原则”的东西了，但仍属于“概念设计”。二机部有关领导及原子能所各室负责人对该“初步设计”进行了认真的审查，大家都为之鼓舞，赞叹在较短的时间内，在条件很差的情况下，能够拿出一个有根有据的潜艇核动力反应堆的方案。这项具有深远意义的重大科研项目，在中国大地上秘密地拉开了序幕。

中央专委确定了核潜艇的研制原则：自力更生，大力协同，在现有的基础上争取先进。由于国家暂时的经济困难和科研力量不足，1963 年 3 月，经中央专委批准，决定先集中主要的技术骨干力量，重点对核动力、艇总体等关键项目进行研究。

1963 年，中国科学院领导指示自动化所，承担核潜艇反应堆控制系统的研究任务，由二机部副部长、中国科学院副秘书长兼原子能研究所所长钱三强亲自找杨嘉墀进行任务与技术交底，安排具体项目。钱三强是著名核物理学家。在苏联停止对中国的技术援助后，他一方面迅速选调一部分优秀科技专家去二机部，直接负责原子弹研制各个环节的攻坚任务，一方面会同中国科学院有关领导人，组织联合攻关，使许多关键技术得到及时解决。杨嘉墀听钱三强介绍了反应堆在未来核潜艇中的地位，明白了所承担项目的重要性后，很高兴地接下了任务。自动化研究所领导决定由杨嘉墀亲自挂帅，由他主管的第九研究室承担任务。杨嘉墀组织了一个研究组，由孟执中带领几名刚毕业的年轻大学生开展这项工作。

杨嘉墀根据核潜艇反应堆控制系统的研究任务，开展核反应堆动力学模型研究。要实现反应堆物理计算，全靠自己建立计算模型、推导公式。为了证实理论计算公式的正确性，他们收集了世界上十几个零功率反应堆的临界试验数据，经过逐一验算、核算，最后修正，才能得出一个适合的计算公式。这一阶段在物理计算方面，主要靠的是计算尺和手摇计算器，足见工作是何等繁重而艰巨。杨嘉墀在最短时间内，花费最少的经费，创造性地研制成功第一台核反应堆模拟计算装置，其组成包括：线性运算部件（比例器、加法器、积分器等），非线性运算部件（函数产生器、乘法器等），控制电路，电源，排题接线板，输出显示器与记录装置。该计算装置特别适合于求解常微分方程，非常适用于动态系统仿真研究。

由于核反应堆动力学属于多变量参数耦合的非线性微分方程，给控制系统设计带来了一定的难度。杨嘉墀发挥了他的聪明才智，研制成功的反应堆模拟计算装置性能可靠。他还参阅了国外文献，提出控制方案，经过与原子能研究所的科研人员一起，仔细地研究、试验、修正，最后得出了所设计的反应堆在冷态下完全可控的结论。杨嘉墀为我国核潜艇反应堆控制系统的早期开拓，作出了重大贡献。同时，杨嘉墀还在中国科技大学自动化系自动检测专业首次开讲了一门反应堆控制课。此后还为中国科学院研究生院核潜艇反应堆控制专业培养研究生。他根据已往在回旋加速器实验室工作的经历与研究成果，参考国外近期公开报道的资料，进行系统分析研究，开创性地培养了后续研究队伍。后来这批学生在我国核潜艇和核电站研制工作中，成为挑大梁的骨干力量。他们是中国核潜艇前进道路上的一块块铺路石，为中国核潜艇发展作出了重要的贡献。

今天，我国的核潜艇正迎着黎明的朝霞，披着阳光的金甲，满载着几代人的殷切期望，雄姿英发，行驶在祖国的海疆上。

3. 核弹试验火球测温

核武器是利用能自持进行核裂变或聚变反应释放出的能量，使其发挥大规模杀伤破坏作用的武器。1955年年初，中国做出创建核工业、研制核武器的决策，经过十多年的艰苦努力，依靠自己的力量，掌握了原子弹、氢弹技术。1964年10月16日，中国成功地进行了第一次原子弹爆炸试验，在中国核武器发展史上树立了第一座里程碑。

“原子弹就是那么大的东西，没有那个东西，人家就说你不算数。那么好吧，我们就搞一点吧！”1958年6月21日毛泽东在军委扩大会议上的讲话中第一次道出了中国进行原子弹研究的被迫与无奈。

1960年春，根据中共中央的决定，二机部核武器研究所的科技人员克服苏联政府毁约停援造成的困难，开始进行原子弹的理论探索工作。研制原子弹是一个崭新的课题，初期的探索工作大致是按理论设计、爆轰物理、中子物理和放射化学、引爆控制系统、结构设计等几方面进行的，到1962年均取得了预期的结果。

1961年春节期间，周恩来根据国际形势的变化，在一次会议上指出：要集中力量，突破国防尖端，争取三年到五年过关。7月，中共中央做出《关于加强原子能工业建设若干问题的决定》，要求集中力量加强和支援原子能工业的建设，为二机部抽调了一批科技骨干和行政领导干部，并指定一批工厂、研究所优先承担二机部所需设备、仪器仪表的试制和生产任务。

在 1962 年 8 月的中央工作会议上，很多领导人都十分关心原子弹研制的进展情况。陈毅对聂荣臻、罗瑞卿说："搞出'两弹一机'（原子弹、导弹和超声速飞机）来，我这个外交部长就好当了！"

1962 年 11 月 3 日，毛泽东批准了力争在 1964 年爆炸第一颗原子弹的奋斗目标。随后，国防科委多次研究了试验的各项准备工作。在核试验基地技术部的基础上组建核武器试验研究所。二机部选派核武器研究所副所长程开甲组建核武器试验研究所。全面负责核武器试验中的技术工作。

本着边建所，边开展试验技术准备工作的精神，1962 年 11 月 26 日，程开甲主持起草的《国家第一种试验性产品试验技术方案》出台了，方案明确提出我国第一颗原子弹采用静态试验方式，将核装置放在百米高的铁塔上做爆炸试验的意见。配合这个技术方案，程开甲还提出了《急需安排的研究课题》，合计项目 45 个，课题 96 个，其中有 80% 的技术问题要通过外单位协作解决。

1963 年年初，中央专委下达了我国首次核爆炸任务，国防科委要求中国科学院承担光热辐射和多种力学参数的测试任务，提出测量方案，并研制、提供所需测量仪器。当时原子弹的研制已经有了相当进展，但原子弹爆炸试验所需的测试工作却毫无准备。时间十分紧迫，中国科学院副院长裴丽生立即部署长春光机研究所、西安光机研究所、物理研究所、地球物理研究所、电子学研究所、自动化研究所、力学研究所承担任务，并建立专门的领导班子，安排较强的技术力量组成任务核心组，调配精良的设备，组建实验室。

在国防科委副秘书长张震寰、二局局长胡若嘏和中国科学院新技术局局长谷羽的组织协调下，杨嘉墀参加了原子弹爆炸试验测试方案交底会。他曾接受过多项重要的国家机密任务，在接受任务的过程中，往往因受任务保密的限制，造成用户单位交底不够，使研制单位在工作中只能就事论事地按用户单位提出的指标开展工作。因此，工作中就难免出现顾此失彼、处处被动的局面。由于原子弹爆炸火球温度和冲击波压力测量任务，涉及国家第一颗原子弹的重大机密，杨嘉墀认为这个问题可能会更加突出。可是这次任务不同，用户单位改变了过去那种自己束缚自己的做法，在选准了合作伙伴后，给予充分的信任。会上，程开甲详细介绍了第一颗原子弹试验的方案，并向杨嘉墀坦诚地说：“我们知道的情况已经全部交底了，火球温度测试总体方案

2000年，杨嘉墀（右二）、徐斐（右一）与程开甲（左一）在吴江同乡会上

怎么定，完全交给自动化研究所的专家组来确定。”杨嘉墀听到这充满信任的重托，心里一股暖流在涌动。尽管他很清楚这项任务的艰巨性，深感每一个题目都是核测试工作和试验技术准备的重要依据，技术复杂，日程紧迫，影响深远，可谓“泰山压顶”。但强烈的责任感使他鼓起勇气，表示一定要按期、按质完成任务，并立下了军令状。

程开甲，1918年生于江苏省吴江县盛泽镇，幼时亦曾在丝业小学启蒙，1941年毕业于浙江大学物理系，1946年赴英国爱丁堡大学留学、工作，1948年获哲学博士学位，后任英国皇家化学工业研究所研究员。1950年回国，历任浙江大学物理系副教授，南京大学物理系教授、副主任，二机部核武器研究所副所长，核武器研究院副院长，国防科工委中国核试验基地研究所副所长、所长，基地副司令员，“两弹一星”元勋。

杨嘉墀接受了“21号任务”，即研制火球温度和亮度测量仪、冲击波压力测量仪、地震波振动测量仪。他迅速组建了相应的课题组，亲自负责技术抓总工作。尽管他们在执行“581”任务时所研制的特殊仪表（如燃气温度测量装置）已经在大、小试车台上应用，为承接“核爆炸检测技术和设备”任务打下了基础，但面临的困难仍是巨大的。杨嘉墀时时刻刻地提醒自己，准确地测定火球温度对确定核爆当量及光辐射破坏效应有着决定性意义，这就更增加了他的责任感。

原子弹爆炸时，有一个很亮的大火球，它以热辐射的形式将爆炸总能量的

30%~40% 在几秒钟内释放出来，这种巨大的能量杀伤力非常大，不仅伤害生命，而且对建筑物也有巨大的摧毁作用。杨嘉墀他们所研制的仪器就是判断、测量原子弹爆炸时产生的能量。因为爆炸时亮度范围很宽，光闪得又很快，所以测试难度极大。原子弹爆炸一瞬间的亮度有多少？连多次爆炸过原子弹的美国、苏联也没有记载，国内更没有做过这方面的模拟试验。杨嘉墀组织廖炯生、萧功弼等人查阅资料，看到苏联核试验专家 1960 年从我国撤走前留下的一本《核试验手册》和一本美国出版的《原子武器》当中，仅讲到核爆炸原理和效应，没有介绍测量仪器的研制。此外再无直接的文献资料可供查询。

杨嘉墀凭着自己渊博的知识、深厚的功底和创造性的思维习惯，经过深思熟虑，提出了试验方案。因国内尚无这样的仪器和设备，他们就在已有的工作基础上，与北京大学天文系合作，利用太阳光的能量做试验，取得了大量的数据。杨嘉墀还创造性地提出了采用反馈式光电倍增管线路的大量程温度计方案和采用变磁阻式压力传感器方案，从技术上为整个研制工作开辟了道路。由于采用对数响应特性，温度计的量程达到几个数量级。强烈的责任感和事业心促使杨嘉墀带领大家夜以继日地工作，大家积极性很高，没有任何怨言。平日里没有星期天，没有节假日，1964 年春节也只休息了一天，初二大家便来所里工作。在研制工作的关键阶段，中国科学院副院长裴丽生每月都要到自动化研究所来一次，听取杨嘉墀等人的工作汇报。裴丽生对杨嘉墀说："任务很重要，事情紧迫，急需仪器设备材料，只要能在国内买到的，要多少钱都可以批给你。"杨嘉墀深切感受到这副担子的分量，他事事精打细算，充分利用已有的条件，发扬自力更生的精神，带领研究组的全体人员向困难进军。

1964 年 4 月，仪器研制工作已经完成。为了实际检验仪器在测量 6000~8000K 温度范围内的精度（此时火球的破坏威力最大），杨嘉墀他们通过国家科委到国家计量局借到了从苏联引进的计量仪器、温度量程达 10000K 的目视消丝式光学高温计，用两个仪器同时测量太阳温度，误差在 ±15℃。这个差值在温度基准的误差范围以内，动态反应时间小于 1 毫秒。1964 年 5 月，三项任务经国防科委组织包括程开甲在内的专家验收通过。国防科委对张劲夫、裴丽生等中国科学院领导表示感谢，对杨嘉墀等科技专家赞不绝口。

1964 年 5 月底，两台火球温度测量装置和多套冲击波测量仪器研制完毕正式装箱，运往西北核试验基地。为了管理和使用好仪器，发挥各研制单位专家的作用，按国防科委要求，自动化研究所选派技术人员参加试验。6 月 10 日，自动化研究所派出温度测量组的两位技术人员，踏上西去的列车。杨嘉墀特意为他们送行，对他们千叮咛万嘱咐，殷殷之情，溢于言表。

6 月，核技术研究开始了仪器设备的现场安装工作。为了保密，禁止在场工作人员与外面通信。大家星期天和无节假日，全身心地投入到试验准备工作中。厂区一片沸腾，从上至下，同心同德，齐心协力，有决心，有信心，做到张爱萍副总长提出的保证“响、测、用”的要求，即原子弹要响，测试要可靠，效应可以用，确保一次成功。时值盛夏，白天戈壁滩地面温度在 60℃以上，人们顶着烈日，迎着热风，晒脱了皮肤。喝着孔雀河的咸苦水，绝大部分人不适应，拉肚子，有的一天拉十几次。有时刮起风来，天昏地暗，飞沙走石，能将帐篷顶掀掉。但是大家始终坚守工作岗位，振奋精神，以苦为乐，精心准备，发挥自己的聪明智慧，全心全意贡献自己的每份力量，确保不带一个问题参加试验。

1964年10月14日19时20分，原子弹平稳、安全地吊上塔顶，在密闭工作间就位。15日上午，经场区气象部门与北京总参气象局电话会商，认为16日是符合试验条件的好天。经中央军委批准，确定16日15时为原子弹试验零时。

10月16日14时30分，周恩来总理批准按时起爆。14时40分——试验零时前20分，张震寰在主控室依照程序下达了“加电源”“开机”“预热”等口令。主操作员准确无误地按下相应的按钮。所有回答信号均正常。在零时前十秒钟，张震寰下达了“启动”口令，操作员按下牵动全场人心的最后一个按钮。在程序自动控制仪一秒一秒自动延时的同时，报时员报出:“10、9、8……3、2、1，起爆！”顿时，在寂静的戈壁深处，出现了强烈耀眼的闪光。接着，地面上突然升起一个巨大的火球，飓风般的冲击波从爆心袭向四周，爆炸巨响惊天动地。随后，火球转为烟团，与地面尘柱逐渐连接在一起，形成了一朵壮观的蘑菇状烟云。

原子弹爆炸时，97%的测试仪器记录准确，获得了大量实测数据。11月中旬，西北核武器研制基地、原子能研究所和核武器试验研究所的有关专家和科技人员，对测试数据进行了系统的综合分析和研究，核对了所有的关键数据，判定原子弹的爆炸威力为2.2万吨梯恩梯当量，与理论设计值基本一致。试验结果证明，中国第一颗原子弹的理论设计、制造和装配工艺以及各种测试方法、测量仪器和自动控制设备都达到了比较高的水平，试验圆满地达到了预期的目的。

杨嘉墀主持研制的快速大量程火球温度测量仪和变磁阻式冲击波压力测量仪，成功地测得火球温度的变化（直接得到最小亮度到来时间）及冲击波压力变化情况。试验后，自动化研究所参试的五名同志荣立三等功，火球温度测量组荣立集体三等功。接着杨嘉墀又继续带领大家完成了“火球光电光谱仪”及“地下核试验火球超高温测量仪”的研制工作，并成功地应用于我国首枚氢弹试验和首次地下核试验。

1986年，“原子弹和氢弹的突破与武器化”的科研成果获国家科技进步奖特等奖。中国科学院自动化研究所承担的“核爆试验检测技术及设备”作为分项目也同时获奖。杨嘉墀从内心感到：这是国家给予我们的荣誉，荣誉归功于集体。特别是在现场工作的同志，做出了更多的牺牲。值得庆贺的不仅是荣誉的获得，更在于这些成果再次说明，中国人民完全可以依靠自己的力量发展尖端技术，我们拥有不容低估的科技开发实力。随着时间的推移，这个道理越来越得到雄辩的证明。

4. 导弹试验设备创新

1960年，苏联停止了对中国的技术援助，撤走全部在华专家，使我国正在开展的尖端技术研究项目几乎处于瘫痪状态。聂荣臻元帅激愤地说：“自己干吧，靠人家靠不住，党中央寄希望于中国自己的专家！”

本来，中国科学院并不直接介入武器的研制。自从苏联撤走专家、停止技术援助后，中国科学界立即掀起了支持国家的国防建设和经济建设的热潮，激起了中国人民和中国专家自力更生、奋发图强、独立自主地发展我国国防科技和国防工业的决心。在国家面临困难的时候，中国科学院理所当然地应在国防科研中发挥作用。聂荣臻及时提出“国防部五院、二机部、中国科学院三家要拧成一股绳，共同完成国防尖端任务”。从此，中国科学院全面参与了“两弹一星”的研制工作。

由于导弹是由几万乃至几十万零部件组合而成的复杂结构，再加上材料、工艺和工作条件等复杂因素，即使经过高水平的设计师精心设计和精确计算，如果不经过一系列各种状态和各种复杂环境条件下的试验，要想得到高性能、高可靠的最优产品，也是不可能的。因此，各种地面试验设施和设备，在导弹工程中占有重要地位，它们是型号研制必不可少的物质基础。有些设施的建造和设备的研制，其艰巨性、复杂性甚至不亚于研制一种型号。

早在1959年仿制苏联提供的教学和科研弹P-1和P-2（后来的“东风一号”）时，钱学森就花费了很大精力。他遵照聂荣臻元帅提出的一定要突破从仿制、“爬楼梯”、大练兵，到独立设计发展的方针这一关，于1959年10月17日在国防部五院党委扩大会上提出：“苏联的设计方案是1959年制订的，不是一成不变、万年都妥的方案，以后一定有改进的必要。我们应该解放一点思想，建一点‘土’的设备是好的。”他还多次强调建立发动机过程实验室、强度实验室、材料实验室、弹上测量和计算中心等重大项目。

与此同时，导弹工程全国协作网也逐步形成和建立起来。最大的协作单位是中国科学院。钱学森明确提出“中国科学院主要做前期探索，而五院侧重在工程实践”的分工原则，他专门提出中国科学院力学研究所要开展小型风洞设计、弹道火箭气动力工程计算方法、弹头再入气动力问题等研究课题。他还向中国科学院电子学研究所、自动化研究所等单位安排了超远程雷达、热应力试验设备、弹上小型电子设备等研究项目。

1961年7月28日，钱学森主持召开国防部五院与中国科学院自动化研究所协作会议。参加会议的有耿青、吴鹏、吕强、陆元九、杨嘉墀、屠善澄、舒润达等，会上提请自动化研究所承担的协作项目有:“151工程”——研制热应力试验设备，包括加热、加载、测量三大系统；“24004任务”——开展液浮式积分陀螺仪研制；“16015任务”——研制高温测试仪、高温高压测试技术、加速度计等。

大型热应力试验设备，因代号为151，故又称为“151工程”。是在地面上模拟超声速飞行器在飞行过程中气动加热、气功加载环境的试验设备。火箭、导弹、高速飞机等高速飞行器在大气层中飞行时，与空气摩擦产生热量，称为气动加热；在高速气流中压力不匀而产生载荷，称为气动加载。这些飞行器在研制过程中，要将零部件或整体放在一个可以模拟高空中气动加热、气动加载的环境的装置内进行地面试验，同时记录下试验物体的应变、温度及变形过程，以免这些飞行器在高空中被气动加热、气动加载所损坏。飞行器上由气动加热、气动加载所产生的应力称“热应力”，而可以模拟高空中气动加热、气动加载环境的地面试验装置称为热应力试验装置。“大型”是指这一试验装置用于进行飞行器的整体试验。

“151 工程”是自动化研究所自成立以来承担的最大最重的一个导弹科研项目。“151 工程”所要求的技术之复杂，水平之高，工程设计量之大，研制周期之短，都是以往承担的诸多科研项目所无法比拟的。“151 工程”集自动化、精密仪器、计算机、传感器、光学、力学、物理学等多种学科于一体，因此，必须选择一位能统领起各方面的人来担此重任。杨嘉墀当之无愧地承担起了“151 工程”总负责人的重任。

杨嘉墀在接到“151 工程”任务后，首先要拟订总体方案。他遇到的第一个问题是使用单位提出的技术要求不具体。因为，使用单位具体负责筹建实验室的都是刚分配来的大学毕业生，正在学习导弹基本知识《导弹概论》。他们的远期规划也是探索研究项目，算是使用与研制同时起步的工程。遇到的第二个问题是没有任何国外技术资料，公开发表的文献只找到了一篇，是有关飞机热应力试验方面的，只有原理框图而无详细说明。杨嘉墀在国防科委接受研制任务时，深知“151 工程”在导弹研制中有着独特的地位。他反复思考，没有国防就根本无从去谈发展经济，军品是花多少钱也买不来的，没有别的选择，只能自己干?

杨嘉墀为了拟订总体方案，只好摸着石头过河，一边学一边干。他多次到力学研究所，向郭永怀、林同骥、吴承康等请教有关气动力学的问题，研究导弹实际飞行的气动加热和气动载荷环境。杨嘉墀提出了一套创新的试验思路：工程系统设备既实施单独加热、加载，又实施联合加热、加载，用这种多点测量的方法既可以记录飞行器结构性能的有关数据，又可以记录在给定程序温度、程序载荷条件下的应变、温度、变形过程。在总体方案报告中他还提出："经过调研分析，深感是一项硬任务，不允许有半点差错。而且没有任何国外资料可供参考。用自己的力量，组织国内大协作，用国产元件、器材，用理论上的高水平弥补工业基础较差之不足。"

"151 工程"实施总体方案经中国科学院新技术局上报国防科委批准后实施。总体方案规定参加的单位除中国科学院自动化研究所和国防部五院一分院外，还有中国科学院力学研究所、金属研究所、光机研究所、上海冶金研究所及一机部上海机床厂、四机部电子管厂等单位，分别承担任务中关键设备或器件的研制。系统研制工作集中在自动化研究所进行，在自动化研究所设立"151 工程"任务组。经过研究，"151 工程"分为三个系统研制，即加热系统、加载系统和测量系统，分别由叶正明、黄玉堂、杨树智负责。在充分论证的基础上，杨嘉墀提出了程控前馈加热方案、程控液压加载方案和以半导体晶体管模数转换器为基础的测量数据处理系统。

由中国科学院自动化研究所、国防部五院 702 研究所、中国科学院力学研究所共 60 余人组成的"151 工程"组，没日没夜地拼命干，成天地加班，成月地加班，成年地加班。此时正是三年自然灾害的困难时期，科研人员都是饿着半个肚子，拖着两条浮肿的腿去加班，但中国科学院自动化研究所那个办公楼的灯却是通宵不灭！

杨嘉墀作为"151 工程"任务的总体技术负责人，不仅要考虑总体方案、技术协调工作，而且对各个具体项目都认真思考与把关，对每个重要试验都要亲自过目。对研究人员写的技术资料，他要逐字逐句地审阅，不足的地方都要补充修改。对重要的技术问题，他经常提供一些资料，提出一些意见，供大家参酌、思考，但不束缚大家的思想，使每个人能发挥所长。杨嘉墀这种严格认真的治学精神和平易近人的领导方式，使“151 工程”任务的完成有了技术保证。

经过半年的努力，杨嘉墀他们根据使用单位的要求，先调好一套试验系统，于 1962 年提供给国防部门进行进一步摸索，同时自动化研究所也开展了一些控制对象的动态特殊测试。经过各方的探索，技术要求便逐渐明确起来。但是每年一度的协作会议一召开，技术指标往往就会提高。开始时参加研制工作的人员不理解，认为这样尖端的任务何时能完成呢？杨嘉墀告诉大家，国防尖端科研产品，研制单位和使用单位双方都在探索，不可能一次提清技术要求，只能通过互相促进，加深理解，才能把要求搞清楚。另外，他还提出在设计最终移交的样机时，要在机架内故意留出一些空格，以便指标变动时，可随时增添设备，不致因做小了返工而耽误时间。实践证明，这样的考虑对整个工程的完成起到了推动作用，对导弹系列进行试验也是有利的。

1965 年 7 月，加热、加载、测量三个系统都已研制完毕，移交给国防部五院热应力实验室，并由国防科委组织全国有关热应力试验设备的专家进行鉴定。鉴定结论认为：就国内现有情况看，此三套样机组成的系统均有较高水平。在开展这项工作的过程中有关单位克服了很多元件、部件方面的困难，工作是突出的。在测量系统中，突破了弱信号模拟数字转换器的技术难关；在加载系统中，拿下了液压伺服机构等关键技术；在控制方面，克服了加热系统信号变化剧烈的困难，采用复合控制使误差减小。这些设备在国内处于领先地位，满足了协议书中的指标要求，可移交使用单位试用。随后国防部五院将自动化研究所移交的三套样机复制了若干套，及时对我国自行研制的第一批导弹的弹头、尾翼等进行了地面试验，取得了预期的结果，填补了国内空白。

杨嘉墀不仅领导完成了“151 工程”，而且通过这项综合性任务，培养了一批自动化各学科的专业人才，使他们在任务中得到知识积累和技术经验积累，他们的能力在后来承担的类似工程项目中得到广泛应用。杨嘉墀通过军工任务实践，深深体会到任务带学科、学科促任务的潜力。这是他理工结合的又一次实践，组织大型系统工程的一次锻炼，所积累的这一切都在后来卫星工程中发挥了作用。

杨嘉墀

杨嘉墀院士传记

Academician Yang Jiachi's Biography

第七章

宇航论坛　推动卫星

两弹试验成功，开辟新领域。他全力转向空间技术，参加星际航行规划制定，控制理论预研初见成效；参加领导卫星规划研究，促进中央专委卫星立项。

1. 星际航行学术报告

在中国卫星辉映出满天星光的时候，中国第一艘载人飞船——“神舟五号”，于2003年10月15日9时发射升空，在轨运行一天后，于16日6时23分安全着陆。航天员杨利伟自主出舱，标志着中国成为世界上第三个自主掌握载人航天技术的国家。杨嘉墀企盼了多少年的闪光时刻，终于在他有生之年到来了。中国从20世纪60年代星际航行座谈会开始探讨载人航天，到2003年终于结出了丰硕的成果。但杨嘉墀又觉得并不满足，毕竟这一步比人家晚了40年，与世界先进水平相比还有不小的差距。

1961年4月12日，让杨嘉墀铭记了一辈子，它是人类航天史上继往开来的日子。清晨，灿烂的阳光照射在苏联的拜科努尔发射场，巨大的东方号运载火箭映衬着蓝天，格外醒目。其顶端装载的是东方一号载人飞船，航天员尤里·加加林少校怀着紧张激动的心情跨进了东方一号宇宙飞船，他将代表地球上几十亿人，去实现人们千百年的飞天梦想。莫斯科时间9点7分，东方号运载火箭搭载着东方一号宇宙飞船，拖着熊熊的火焰徐徐升空，在人们的目送中直飞云霄，消失在天际。宇宙飞船进入了327千米高的地球轨道。加加林在适应了失重环境后，一边欣赏着舱外美丽无比的地球，一边吃着他并不喜欢吃的装在牙膏管里的航天员食品。飞船围绕地球飞行了一圈，总共用时108分钟，上午10时55分，借助降落伞安全着陆，加加林完成了一次举世瞩目的航天飞行。因此，加加林成为世界上第一位航天英雄。

苏联第一颗人造地球卫星上天之后，仅仅用了不到4年时间，就把世界上第一位航天员送入地球轨道，标志着空间技术进入了载人航天飞行的新阶段。1961年5月5日，美国海军少校谢泼德乘坐水星3号宇宙飞船，由红石火箭进行亚轨道飞行，飞行高度仅为186千米，飞行距离约480千米，飞行时间15分22秒。5月25日，美国总统肯尼迪在国会联席会议上宣布："我认为，我们的国家应当在这个10年结束前，达到把人送上月球并使其安全返回地球的目标。"

随着美、苏两国在载人航天领域的相互竞争和迅速发展，载人航天的意义不但在科技方面，而且在政治方面显示了重大的影响。虽然中国的航天事业刚刚起步，但这种态势已经引起了中央高层领导和钱学森等一批科学家的认真思考。为了探讨中国空间技术的发展途径，开辟新领域，交流学术成果，促进各学科相互渗透，在钱学森等一些著名科学家的倡导下，中国科学院举办了星际航行座谈会。参加会议的有力学、物理、数学、天文、自动化、电子、地球物理、生物等学科的知名科学家以及中青年科学工作者。

1961年6月3日，在北京文津街3号中国科学院院部二楼会议室，召开了第一次星际航行座谈会，到会的有：钱学森、赵九章、郭永怀、吴仲华、贝时璋、王绶琯、陆元九、杨嘉墀、屠善澄、钱骥、林鸿荪、张翰英、王传善、林同骥、李敏华、陈芳允、吕保维等50多人，会议由裴丽生副院长主持。钱学森在座谈会上发表了题为《今天苏联及美国星际航行中的火箭动力及其展望》的演讲。他对星际航行与洲际弹道式火箭、星际航行动力学问题、人进入宇宙空间的问题等，都做了全面而深刻的阐述；对未来火箭动力系统的展望，则具有系统、深刻而独到的见解。

钱学森在演讲中提到，人进入宇宙空间最难的问题是防辐射问题，特别是太阳耀斑爆发时的屏蔽问题。有人计算过，每平方米需要2吨重的屏蔽材料，那样星际飞船将会变得非常重，这在工程上是难以解决的。如果我们完全掌握了耀斑大爆发的规律，就可以钻两次耀斑爆发之间的空隙。然而，耀斑的出现看起来是随机的。因此，星际航行的生物物理问题与原子能物理问题有其近似之处。钱学森的报告引起了与会者的极大兴趣，与会的科学家们各抒己见。李敏华谈到失重问题，她认为短期失重问题不大，长期失重时，可配备小火箭，让火箭（卫星、飞船）自转，产生离心力，消除失重感；贺慕严说，自旋对人的神经系统有影响，要设法使自旋有更大的半径；林同骥提出，胎儿在母亲的肚子里是倒置的，可否把刚出生的小孩加以训练，以适应失重；贝时璋则指出，人体的排尿、渗透压、肌体内运动都会因失重而受到影响。最后，钱学森建议：军事医学中国科学院蔡翘院长在《中国青年》上发表了一篇关于人体如何适应宇宙航行的文章，大家可以读一读。

1961 年 7 月 7 日，在星际航行座谈会上，地球物理研究所赵九章做了《地球高层大气及外层空间的几个问题》的学术报告。其主要内容包括气象卫星、气象火箭的探测与应用。他指出："中高层大气是与人类生存环境关系极为密切，又易受太阳活动影响的层次，它的研究在日地空间物理中占有特殊的地位。"1961 年 8 月，自动化研究所张翰英做了《卫星上的遥测和遥控》的报告，重点介绍了卫星遥测、遥控系统的研究与发展。他指出在设计一套人造地球卫星的遥测系统时，必须掌握测量仪器系统的特性、输出信号的性质、所希望的最后数据的显示形式，特别是应该用信息论的观点来研究作为测量对象的信息源的特性，把测量与信号传送的问题看作是一个系统的整体，因此，必须与有关部门密切配合，以期获得最佳的设计。1961 年 10 月，力学研究所郭永怀做了《宇宙飞船的回地问题》的报告，重点讨论了宇宙飞船在返回地面过程中，怎样才能安全再入大气层而不被烧毁，并保证顺利降落回收。他从理论上定量分析了飞船再入段的空气阻力减速、气动加热、回地轨道的设计和烧蚀防热等重要问题。他还指出，现有飞船是没有举力的，也就是说没有飞机那样的机翼，从而也就无法利用空气产生的必要的升力。他认为未来宇宙飞船可以设计成有翼的形式，一方面可以降低卫星式飞船的超重，另一方面可以部分解决回地速度更高的月球飞船的再入问题。他还强烈主张开展优化转移变轨方案的研究。

杨嘉墀在办公室工作

星际航行座谈会的规模在不断扩大，参加单位除中国科学院有关研究所之外，还邀请了国防部五院、北京航空学院、军事医学中国科学院等有关单位的专家出席。会议地点转移至中关村力学研究所的阶梯教室，每次都有150多人参加会议。星际航行座谈会历时3年，共举办12次，就我国发展空间技术将涉及的众多学科中的重大理论与技术问题，进行了广泛的交流与讨论。报告内容很多是与人造卫星、载人飞船有关的探索性研究成果。

星际航行座谈会不定期召开，每次会议杨嘉墀都要挤出时间参加，并提前到达会场。在讨论发言时，他虽然话语不多，但往往能提出一些令人深思的问题。他建议，星际航行不但需要大量的设计师和工程师等工程技术人员参加，而且还要有不少的技术科学和基础科学工作者参加。只有他们在一起紧密地配合工作，才能较为迅速地解决这一连串的难题。同时星际航行亦为许多学科开辟了全新的园地，大大提高了一些从前被忽视的领域的重要性。另外，星际航行座谈会规模要扩大一些，可多吸收一些中青年技术人员参加，起到高级研究班的作用。杨嘉墀还善于动态分析，比如，他在笔记本上写道："据资料分析判断，苏联航天员加加林上天之前，需要解决的难题是：火箭要有很高的可靠性和制导精度，必须把宇宙飞船准确地送入轨道，使飞船绕地球飞行的最后一圈正好经过预定回收地区上空；要有坚实、可靠并具有生命保障功能的飞船；要有先进的地面测控设备，能精确测出飞船的实际轨道，确定准确的返回时间；

飞船要有精确的姿态控制系统，返回时能准确调整姿态，执行返回命令；返回的生活舱必须结构牢固，经得起再入大气层时剧烈的震动、冲击，必须有很好的防热材料，经得起与空气剧烈摩擦所产生的几千度高温；有可靠的降落伞等减速装置和安全回收装置；训练出能适应空间各种恶劣环境的航天员。”

杨嘉墀还深有体会地说：“中国科学院举办星际航行座谈会对我国早期空间科学技术发展有重大的促进作用。”钱学森主持座谈会时，在会上经常启发性地提出许多概念和新设想，引导大家不断地探索与思考。这样做的结果，不仅活跃了学术思想，开阔了视野，而且为后来的人造卫星工程上马提供了技术储备，奠定了基础。

参加星际航行座谈会的一批中青年科学工作者，后来也都成为空间科学研究、设计、试验、管理的领导与骨干，为发展中国空间技术作出了一定的贡献。

2. 规划预研初见成效

20 世纪 60 年代初期，中国对导弹、探空火箭、空间技术等尖端科学、技术任务，对外处于严格保密状态。然而，很多科学家承担着国防任务，却不能了解全面情况，往往使空间技术研究任务与学科研究脱节。为了加强尖端技术工作，按照聂荣臻副总理提出的分工意见，中国科学院除承担原子能、导弹协作攻关任务外，还要考虑制定空间科学技术发展规划。为了对外保密，将规划名称定为“星际航行发展规划”。

1961 年 9 月，裴丽生副院长主持研究星际航行座谈会下一步工作的有关事宜。参加会议的有钱学森、赵九章、谷羽等。裴丽生首先传达了中国科学院党组书记张劲夫的意见：“中央决定搞导弹，以五院为主负责研制，中国科学院曾建议两条腿走路，一方面主力要参与五院协作攻关，另一方面中国科学院也要先走一步进行探路。聂总的意见是中国科学院在人造卫星方面要多做些准备工作。空间科学技术发展规划工作如何起步，请大家多出主意。”在讨论时，钱学森谈了自己的看法，他认为：“星际航行技术几乎包括了所有的现代科学技术最新成就，星际航行是促进空间科学技术的力量，星际航行可以广泛带动各门学科前进。”他建议星际航行座谈会应继续开下去，因为这是个好办法，可邀请各个学科的学术带头人，开展一些新的项目研究，亦可做些专题调研、开题报告，并将科研成果互相交流、互相促进，为制定空间科学技术发展规划做些前期工作。

1962年1月5日晚间，中央人民政府以陈毅、聂荣臻、陆定一副总理的名义，在人民大会堂设宴招待四五千名科技界人士，周恩来总理、邓子恢副总理也来到会场。周恩来、陈毅、聂荣臻等先后讲话，勉励科学家要自力更生，发愤图强，把祖国建设成为一个具有现代工业、现代农业、现代科技和现代国防的社会主义强国。杨嘉墀有幸参加了这次宴会，他认为像这样盛大的宴会，在中国是空前的。中央人民政府以如此隆重的礼遇向科学家祝贺新年，无疑是发出了一个非同寻常的信号。此事表明周恩来等中央领导已下定了非常大的决心，要理顺这几年由于政治运动而被搞乱的知识分子政策和科技发展方针。此情此景，确实打动人心，在座的科学家们心里感到暖融融的。

然而，使杨嘉墀欣喜万分的事情还在后头呢！聂荣臻决定重新制定一个从1963年至1972年全国科技发展的十年新规划。由于1956年制定的“12年科学规划”其中的一部分已经实现，而另一部分因反“右派”和“大跃进”被搞乱了套。再加上经济建设的发展和苏联专家的撤离，还有国际上科学技术已有重大发展变化。面对中国所面临的新情况、新问题，重新制定一个切实可行、行之有效的长期科技发展规划，显得十分必要。为此，国家科委做了大量的准备工作，并且在1962年2月5日至3月10日在广州召开全国科学技术工作会议（简称广州会议），研究讨论规划制定的有关问题。

参加广州会议的代表共有453名，其中包括中国科学院、各高等院校以及工、农、医各部的科学家310名，这中间有近200名是中国科学院学部委员，其余是各有关部门负责科学技术领导工作的干部。聂荣臻副总理主持了大会，科委副主任韩光、中国科学院张劲夫和杜润生、广东省委书记陶铸、教育部部长蒋南翔、中宣部于光远参加会议的领导工作。

到会的科学家踊跃发言，提出了相应的建议。关于知识分子政策方面的问题，中国科学院声学家马大猷指出，知识分子最大的精神负担，就是“资产阶级知识分子”的帽子还压在头上，压抑了广大知识分子的积极性。这一意见引起了会议领导的重视，聂荣臻等向周恩来总理汇报了这个意见，请求予以解决。周总理和陈毅副总理先后在会上讲话，着重讲了知识分子问题。

周恩来总理在3月2日的讲话中指出：“十二年来，我国大多数知识分子已有了根本的转变和极大的进步。”“我们历来都把知识分子放在革命联盟内，算在人民的队伍中。”周总理的讲话使与会者倍感亲切。3月6日，陈毅受周恩来嘱托，做了知识分子“脱帽加冕”的讲话。陈毅说：“周总理前天动身回北京的时候，对我说，你们是人民科学家、社会主义的科学家、无产阶级的科学家，是革命的知识分子，应该取消‘资产阶级知识分子’的帽子，今天我给你们行‘脱帽礼’。”科学家们无不欢欣鼓舞，反应强烈，会议结束后，都积极地投身到十年科技发展规划制定的浪潮中。

在广州会议精神的推动下，中国科学院党组在一定时期内给予竺可桢、吴有训前所未有的信任，还批准竺可桢副院长入了党。不仅把主持制定国家十年科技发展规划的任务交给了他们，而且为了使他们更好地掌握规划工作的主动权，让一直归党组直接管理、而不向党外副院长透露信息的新技术局，破天荒地第一次向全体副院长和学部主任汇报了涉及“两弹一星”进展情况的大部分机密工作的内容。直到此时，竺可桢、吴有训等才有幸了解到中国科学院参与“两弹一星”研究工作的 34 个研究所，承担的 146 项课题及全面进展情况。随后，请竺可桢、吴有训副院长参与星际航行座谈会的领导工作。除原子弹、导弹的主体设计研制情况因归国防科技部门管理，他们仍不清楚之外，其他所有的配套研究项目几乎全部了然于心。竺可桢、吴有训两位副院长，以他们内行的眼光，从 146 项配套研究的进展情况中，非常惊喜地感受到中国原子弹、导弹已在母腹中伸拳蹬腿，呼之欲出！

广州会议之后，中国科学院首先召集在京的副研究员以上人员进行了传达，杨嘉墀出席了会议。会上，张劲夫还特意让竺可桢和吴有训两位副院长在会上各讲了半小时。广州会议上，只讨论了十年规划的制定方针和方法，规划的主体内容是在会后由国家科委组织全国各方面的科技专家拟定，并于 1963 年年底完成的。这个包括 32 个重点项目的规划体现了当时中国国民经济发展的指导思想，即“以农业为基础，农、轻、重为顺序”的方针，规划把农业科学技术的研究放在首位，共有 10 个重点项目。规划中十分重视自力更生，发展国民经济和尖端技术有关的科学技术问题，特别强调了石油化工和新材料。规划还重视基础研究，将其作为发展重大科学技术任务后备的力量。所以，国务院把规划内容归纳为向中国科学院要“四蛋”，即山药蛋、鸡蛋、原子弹和导弹。

杨嘉墀义无反顾地投入到这场规划闯关和“造蛋”的艰巨任务中。能接触到导弹、原子弹这么重大的协作任务，杨嘉墀格外兴奋，像年轻人那样精神抖擞、神采飞扬地领导大家不知疲倦地连续奋战。在提前完成“12 年科学规划”任务的基础上，1962 年，杨嘉墀又参加了我国新的十年科技发展规划的制定工作，提出了以控制计算机为中心的工业自动化试点项目，参与制订了兰州炼油厂、兰州化工厂和上海南市发电厂等单位的自动化方案工作。这项工作推动了我国电子计算机在工业过程控制中的应用，使我国工业过程控制进入了一个新阶段。

在星际航行座谈会的基础上，1963 年 7 月，中国科学院成立了星际航行委员会，由竺可桢、裴丽生、钱学森、赵九章、谷羽等组成，负责本学科领域的组织与规划工作。按照国家制定 1963—1972 年科技发展规划的要求，星际航行委员会在竺可桢、钱学森的领导下，组织郭永怀、贝时璋、杨嘉墀、钱骥、陆绶观等一批科技与管理人员，研究并制定星际航行方面的发展规划，使以后几年的预先研究工作得以协调进行。并决定由钱骥、舒润达、杨照德参与规划调研、起草综合报告。钱学森多次亲自指导规划制定工作，并强调指出：“搞星际航行规划要把眼光放远一点，要看五年、十年、二十年，使我国空间技术在某些方面能达到世界先进水平。”他还指出:“搞规划，不但要有专业知识，还要有整体概念，系统思想，全局观念，要查阅国外资料，掌握国外最新的星际航行资料、动向，要到各研究所调查研究，多听各方面的意见。”

竺可桢率领规划组成员进行调查研究，先后到力学研究所、自动化研究所、生物物理研究所、数学研究所、天文台、心理研究所等单位，听取有关专家意见，提出了规划草案，有重点地筛选出一批预先研究课题。

力学方面有：超高速冲压发动机研究、核火箭传热问题研究、电磁流体力学研究、物理力学研究、空间热物理研究、稀薄气体动力学研究、物理化学流体力学研究、薄壳结构研究、高温和超高温气体动力学及热力学性质研究、超临界物理性质研究。

物理方面有：高温及超高温气体光谱研究、太阳能电池研究及试制、热能直接发电研究、激光发射及其应用、电子计算机超小型化、真空低温技术研究、红外线与可见光探测器研究、电波传播理论研究、半导体器件研究。

天文与空间物理方面：太阳系行星表面条件研究、卫星动力学研究、流星研究、小行星研究、天体测量学和天体力学研究、太阳耀斑爆发条件研究、高层大气结构研究、太阳电磁辐射研究、地磁场研究、电离层结构及电波传播研究、无线电噪声研究、人造卫星观测研究、控制理论研究、最佳轨道理论研究、惯性器件研制、空间模拟试验研究。

生物学方面有：空间生物学研究、放射生物研究、密封舱自给生态学系统及宇宙医学研究、营养学研究、生理学研究、心理学研究。

另外，在卫星总体设计方面也安排了一批研究项目。例如：人造卫星发展趋势研究、卫星能源研究、卫星温度控制研究、卫星天线研究、卫星结构研究、卫星总体布局研究等。

杨嘉墀在参与星际航行规划工作时深有体会地说:“星际航行发展规划与国

家科学规划是互相关联的，能起到任务带动学科的作用；人造卫星总体方面的研究课题，是在各学科的基础上发展起来的；星际航行发展后，会带动一大批新学科的发展；星际航行发展规划，为研制运载火箭和发射人造卫星储备技术，积累经验，培养人才。”

《科学工作十四条》和《七十二条》(《中国科学院自然科学研究所暂行条例》)的贯彻执行，使中国科学院各个研究所发生了明显的变化。领导干部的工作作风有了很大的改进，民主精神得到发扬，多数高级研究人员亲临一线，集中力量参加和指导研究工作，学术活动渐渐增多，研究成果显著增加，全院出现了前所未有的新气象。如承担星际航行研究任务较为集中的中关村地区，晚上办公楼里灯火通明，呈现出一派欣欣向荣的景象。

在星际航行发展规划的统一安排下，上海机电设计院通过对探空火箭的设计、质量分析、总体布局、弹道计算、精度分析、总装、测试、生产组织管理、技术设计、调度指挥等诸多方面的工作，取得了实际经验。与此同时，中国科学院地球物理研究所二部、力学研究所、自动化研究所、电子研究所、紫金山天文台等单位，也为人造卫星的规划与研制，做了大量的调查研究和准备工作。地球物理研究所二部成立了总体研究室，由钱骥直接领导，这个室包括总体组、星上和箭上天线研制组、电源研究组、空间环境模拟设备的研制与运行组，以及结构和工程设计组等。总体组的主要精力放在探空火箭箭头的总体工作上，以便在实际工作中积累经验。与此同时，在赵九章、钱骥的领导下，杨俊文、何正华、胡其正、马天任、何传大等密切关注着国外卫星发射动态，搜集美、苏等国的资料。他们分析研究空间技术和应用发展动向，卫星结构和材料，卫星温度控制，卫星在超高真空和各种电磁辐射、粒子辐射环境中的适应性，卫星无线电系统（包括遥测、遥控和定位）的体制和频率选择，卫星轨道和卫星能源以及太阳能电池等，并写出专题报告。

人造卫星控制理论研究，是星际航行发展规划中的重大研究课题之一。它涉及变轨控制和姿态控制。前者采用开环控制，后者采用闭环控制，这便会涉及系统稳定和品质问题。从硬件组成的角度来看，已有的姿态控制系统方案很多。随着对姿态精度要求的日益提高，新型姿态敏感元件不断涌现，姿态控制系统新方案也随之问世。然而，姿态控制系统并非各组成部件简单的连接，必须从控制理论的角度进行分析研究，以求获得令人满意的系统动态品质。自动化研究所的陆元九、杨嘉墀、屠善澄对此十分重视，运动物体控制理论研究取得了多项成果，并且已经用于一些军事工程项目设计之中，为人造卫星三轴姿态控制系统打下了坚实的理论基础。通过导弹制导系统的设计研究，制定了一套系统的分析方法、建成了地面物理模拟实验室、研制成功液浮陀螺、气浮陀螺、惯性执行元件、测试控制仪表，为卫星姿态控制、程序控制创造了有利条件。

1961 年，宋健从苏联回国后，受钱学森、华罗庚、秦力生等科学家和领导的委托，在数学家关肇直的领导下，在中国科学院数学研究所创建控制论研究室，他在该室兼任副主任多年，并承担星际航行发展规划中的研究课题。该室在最优控制理论、偏微分方程控制理论等方面都取得了许多科研成果。1963 年，国际自动控制联合会第二届世界大会在瑞士巴塞尔召开，经钱学森、关肇直的推荐，宋健出席了大会，并在会上宣读了他与韩京清共同完成的《线性最优系统的分析与综合》，获得了世界各国与会专家的高度称赞。

此外，通过工程热物理研究，掌握了有关对流、辐射、热传导的基本理论与试验方法，研制了一些有机、无机的涂层材料，确定了一些温度测量与试验方法，为卫星热控制奠定了基础；通过对导弹结构强度的研究，在强度计算、材料特性、成型工艺、试验设备方面均取得了初步成果；在薄壳结构理论分析、强度计算、试验结构设计等方面也都提供了珍贵资料与试验手段；在空间环境模拟试验设备方面，基本建成了能进行高低频振动、冲击和超重试验的动力环境模拟实验室。同时，还建成了大型地面环境模拟设备，其中包括大型振动台、大型地面气候模拟试验箱、旋转半径为6米的大型离心机和直径达2米的热真空试验设备。

3. 卫星任务专委立项

1964年10月16日15时，蓝天丽日的罗布泊上空，突然一道耀眼的闪光，一团巨大的火球随即腾空而起，把一座托举着它的一百多米高的钢塔，顷刻之间化为气雾，震耳欲聋的轰鸣声似晴天霹雳，震得百十千米范围内地动山摇。日本东京的震波监测中心大约在一小时后，测出了来自中国西部地区的这一非同寻常的特殊震波，紧接着，日、美两国新闻媒体纷纷抢在中央人民广播电台之前，率先报道了中国原子弹爆炸的惊人消息。

在中国国内，除了中央政治局的领导之外，有幸最早听到这个消息的，是一群演员。罗布泊核试爆成功后两小时，毛泽东、刘少奇、周恩来等中央领导人到人民大会堂接见大型音乐舞蹈史诗《东方红》的全体演职人员。周恩来为使大家喜上加喜，乐中添乐，索性提前向大家宣布了这一消息。演员们乍一听说，一时间还没有反应过来，不知总理突然告诉他们的是怎么一回事，大厅里一时鸦雀无声，大家都呆呆地望着总理，有点茫然。直到总理又重复一遍："我们的第一颗原子弹爆炸成功啦！"大家才豁然醒悟，顿时，掌声、欢呼声，山呼海啸般地响起，连周总理也无法叫大家安静下来了，最后他只好风趣地说："你们可以忘情地高兴，但有一条，可别把大会堂的地板给震塌了。"

晚上8点钟，杨嘉墀从中央人民广播电台的新闻节目中听到了这一振奋人心的消息。与一般人比起来，他的心里除了兴奋和喜悦之外，难免还多出了一份紧张，这是因为他在近两年来主持研制的火球温度测量仪和冲击波压力测量仪，在这次试验中不知是否达到了预期的效果。第一颗原子弹试爆成功后，党和国家领导人以及中国科学院的领导举行了一系列未经新闻媒体报道的庆功活动。首先，在人民大会堂举行了盛大的庆功宴会，接着，周恩来、陈毅、聂荣臻接见了参加原子弹研制工作的主要科研人员。随后，于12月1日，中国科学院主要领导郭沫若、张劲夫、竺可桢、吴有训、严济慈等一起接见了参加第一颗原子弹试爆工作的中国科学院科研人员，郭永怀、何泽慧、贝时璋、王大珩、赵九章、杨嘉墀、陈芳允等参加了接见，郭沫若举杯共庆大家事业有成，并祝祖国科学事业突飞猛进。此时此刻，杨嘉墀与在座的科学家有着相同的心情。回国后，多少年来，哪天不在期盼它的诞生？因为它是中国让世界承认的砝码；它是中国人挺直腰杆的支柱；它是一座保家卫国的万里长城！今天它终于在中国的土地上矗立起来了，全世界都对中国刮目相看，如此盛事，怎能不叫人兴高采烈！

不久，第三届全国人民代表大会第一次会议于 1964 年 12 月 20 日至 1965 年 1 月 4 日在北京召开。杨嘉墀作为全国人大代表出席了会议。会上，周恩来总理在《政府工作报告》中提出："我们要在不太长的历史时期内，把我国建设成为一个具有现代农业、现代工业、现代国防和现代科学技术的社会主义强国，赶上和超过世界先进水平。"杨嘉墀听后按捺不住内心的激动，感到无比兴奋。他表示，作为一名科学工作者，愿尽一切力量，响应党的号召，并以此为契机，赶超当代世界的先进技术。

杨嘉墀回国后曾参与早期中国空间技术的探索活动，承担了导弹、核潜艇、原子弹爆炸测试等重大科研项目协作攻关的研究任务。他深深感到，在 1964 年这一年里，我国的尖端技术取得了重大突破。比如，6 月 29 日，我国自行研制的第一枚弹道导弹发射成功；7 月 9 日和 11 日，又连续发射了两枚导弹，全程试验均获得圆满成功。7 月 19 日，我国成功地发射并回收了第一枚生物试验火箭，飞行高度达 70 千米，依靠返回救生装置，箭头内的大、小白鼠均全部存活并安全返回地面，遥测与摄影数据获取系统工作完全正常，拍摄了大白鼠从超重过渡到失重状态下的图片，使我国迈出了宇宙生物学的第一步。更为振奋人心的是，10 月 16 日，我国第一颗原子弹爆炸成功。这些成就都充分表明了我国在新型材料，电子元器件，精密机械、仪器仪表、计量技术等诸多领域均达到了一个新的水平，中国的国防工业已经初具规模，因此，适时地研究人造卫星与洲际导弹配套发展已迫在眉睫了。

积极倡导中国要搞人造卫星的知名科学家赵九章、钱学森等信心百倍，抓住机遇，上书中央，积极建议全面规划中国人造卫星事业。在这次大会上，赵九章听完周恩来总理的报告后，心情激动，呈书总理，论述发射卫星和发射洲际导弹的关系、人造卫星直接用于国防或服务于国防的重要性、人造卫星和尖端科学及工业的关系。杨嘉墀得知赵九章的建议后，深表赞同。利用会议的间隙，二人亲切交谈，十分投机。他们均认为，如果中央领导决定了要发射人造卫星，在国防科委、国家科委的领导下，军民合作，大力协同，像发展两弹那样，“拧成一股绳”，将中国科学院、有关院校及工业部门的力量组织起来，相信一定可以提前完成国家这一项重大的科学任务，争取在建国 20 周年前放出第一颗人造卫星。赵九章告诉杨嘉墀，周恩来总理看过建议书十分高兴，希望会后他们尽快拿出切实可行的实施报告。

会议一结束，1965 年 1 月 6 日，赵九章又与吕强一起组织杨嘉墀、钱骥等人共同研究细节，并以地球物理研究所、自动化研究所的名义，给中国科学院党组递交报告，建议加快发展人造卫星事业。张劲夫、裴丽生见此报告后认为，它反映了广大科技工作者的迫切愿望，很快就批给了星际航行委员会主任竺可桢审阅处理。竺可桢阅后立即在报告上批示：“刻不容缓。”在此基础上，形成了一份中国科学院党组的建议报告，正式呈送中央。

与此同时，中国航天事业的倡导者钱学森纵观全局，分析了中国研制人造卫星的有利形势和运载火箭的发展趋势，深感中国发射人造卫星已经具备了较为可靠的基础。1965 年 1 月 8 日，他向国防科委和国防工办提出了将人造卫星及其运载火箭的研制列入国家计划，并及早开展研制工作的建议。钱学森在报告中指出：“现在我国弹道式导弹已有一定的基础，现有型号进一步发展，即能发射质量在 100 千克左右的卫星。这些工作是复杂而艰巨的，必须及早开展有关研究、研制工作，到时才能拿出东西。因此，建议国家早日制订我国人造卫星研究计划，列入国家任务，促进这项重大国防科学技术的发展。”聂荣臻副总理赞同这两个建议，并明确指示：“只要力量有可能，就要积极去搞。”

中国科学院党组书记张劲夫，根据周恩来总理于 1965 年 1 月的批示精神，提出了具体方案并进行部署，组织科学家讨论卫星发展规划。卫星上天是科技人员多年来的迫切期望，虽然经济困难，但科技工作者们为了这个共同目标，锲而不舍，孜孜不倦，埋头练兵，积聚力量，终于盼来了国家权威的决策，不禁群情激奋，热血沸腾。他们终于能在国家搭起的这一广阔舞台上，充分贡献自己的聪明才智和精湛技巧，竭诚报效祖国。

1965年3月11日，中国科学院召开研究人造卫星规划工作会议。张劲夫、竺可桢、裴丽生、谷羽、杨刚毅、吕强、赵九章、杨嘉墀、陈芳允、钱骥等出席会议。会议由秦力生副秘书长主持，赵九章在会上谈了我国卫星工作的设想，与会者一致认为，中国科学院启动第一颗人造卫星工作的时机已经成熟，要稳扎稳打，步步为营，逐步发动各研究所的专家投入这项工作，通过人造卫星带动各专业学科的发展。会后，陈芳允带领魏钟铨会同自动化研究所、地球物理研究所、紫金山天文台等单位，共同研究卫星地面测控系统的有关问题。3月13日，赵九章、钱骥在西苑“581”组办公室组织并主持了小范围的讨论会，参加会议的有秦馨菱、周炜、孙传礼、杨俊文、何正华、胡其正、蔡君勇、吴志诚等。赵九章详细介绍了人造卫星任务启动的背景，要求大家组织力量，争取多承担一些项目，全所一盘棋，促进卫星工程上马。他还指定何正华详细地做了关于卫星工作设想的报告。何正华除了介绍第一颗人造卫星的任务，总体技术指标、系统组成外，还首次提出中国第一颗人造卫星的识别信号，发送《东方红》乐音或电码方案的设想。他根据自己的预先研究成果提出：在卫星上放音乐，采用中央人民广播电台东方红音节电台呼叫声，是个政治标志，全国公认，全球公认。他还建议第一颗人造卫星叫“东方红一号”，大家听了都很兴奋，会上讨论十分热烈。赵九章很风趣地说：“开始搞设想，披头散发些都不要紧。”“探索研究工作是要逐步前进的。”钱骥亦指出：“在卫星上播放乐音在世界上未曾有过，是个新课题，也是整个卫星的有机组成部分之一，要从政治目的、意义、效果多方面考虑，提出具体方案；要进行卫星、星地系统的可行性分析。另外，大家还要结合电离层、短波遥测与跟踪测轨等方面进行研究，最终应达到卫星系统的优化设计。”3月20日，中国科学院又召开了一次人造卫星座谈会，由钱骥报告卫星本体设计及相关问题；自动化研究所屠善澄报告卫星控制问题；力学研究所眭璞如报告运载火箭问题。这些报告都是在调查研究工作的基础上提出的初步设想方案，经过一系列座谈会，集思广益，形成了中国科学院推动卫星研制工作的一套较为完整的设想。在此基础上形成了一份中国科学院党组建议报告，呈送中央专委。

1965年4月10日，国防科委根据中央专委办公室主任罗瑞卿的指示，召开了由中国科学院、七机部、四机部等有关单位参加的研究人造卫星的专题会议。会议由国防科委副主任罗舜初主持，到会的有张震寰、张劲夫、钱学森、孙俊人等领导和国家科委以及国防工办的同志。赵九章、吕强、钱骥、杨嘉墀、陈芳允等也参加了会议。罗舜初说：“今天我们的会议是研究卫星的事。去年12月，赵九章同志给周总理写的信，今年1月钱学森同志给聂老总写的信，都要求将卫星立项。聂老总批示：‘只要力量有可能，就要积极去搞。’中央专委要开会研究，我们国防科委拿出一个意见，向中央专委汇报。为此，请大家来议一下，先请赵九章同志说一说。”赵九章在介绍苏联、美国已发射卫星的情况下，着重谈了我国发射卫星的目的、意义和任务，还谈到我国目前已具备的条件，估计在国庆 20 周年，最迟 1970 年发射一颗质量在 100 千克左右的我国第一颗人造卫星是完全可能的。当然我国搞卫星还有不少困难和薄弱环节，苏、美对我国封锁禁运，我们只能依靠自力更生。钱学森接着说：“过去对卫星虽有考虑，但我们主要忙于武器的研制。而中国科学院这几年做了不少准备工作。赵所长提出了方案设想，我看现在已有条件考虑卫星问题，应该提上工作日程了。”随后，钱骥、杨嘉墀就第一颗人造卫星方案设想与卫星规划草案等方面的内容做了一些补充说明。四机部唐士吉还介绍了几种雷达的研制情况，估计要研制出能适应发射卫星的跟踪雷达，进度恐怕来不及。张劲夫在会上介绍了中国科学院有关的几个研究所就卫星研制所做的准备工作的情况，从侧面反映了有关科学家支持上马的一些看法。张劲夫认为，只要中央专委批准，中国科学院承担任务还是有工作基础的，也有信心做好。

1965 年 4 月 29 日，国防科委根据各方面的讨论意见，形成了一个《关于研制发射人造卫星的方案报告》，正式上报中央专委。建议争取在 1970 年或 1971 年发射我国第一颗人造卫星。报告明确指出：“卫星本体由中国科学院负责研制；运载火箭由七机部负责研制；地面观测跟踪、遥测系统以四机部为主，中国科学院配合研制；宇宙医学的研究由总后勤部军事医学中国科学院负责。”

1965 年 5 月，周恩来总理主持中央专委第十二次会议批准了这个报告，做出了关于人造卫星研制工作的决定。指示将这项工作纳入国家计划，并要求各部门制定长远和年度计划，同时责成中国科学院在 7 月份召开的专委会议上，提出具体安排的报告。

按照周总理的指示，在张劲夫统一领导下，由裴丽生负责具体组织工作。地球物理研究所二部、力学研究所、自动化研究所、电子研究所等均派出专家，定期召开会议，交流情况，共同考虑卫星型号和发展规划。在1965年5月31日的会议上，中国科学院新技术局舒润达副处长代表院领导宣布正式成立卫星本体组，由解肇元、杨嘉墀和方俊任组长，组员包括力学研究所的胡海昌、闵桂荣、沈以明，电子研究所的陈芳允、魏钟铨，自动化研究所的屠善澄、张翰英，"581"组的钱骥、何正华、胡其正、潘厚任。另外，地面设备组由王大珩、陈芳允负责，生物组由贝时璋负责，轨道组已经由数学研究所等单位组成。要求于6月10日拿出第一颗卫星方案设想，以及卫星系列规划的轮廓，并初步设想第一颗人造卫星应在1970年初发射。根据国防科委的报告，卫星系列按照试验卫星和应用卫星两大系列考虑，明确了方案编制的六个要点:(1)按型号编制;(2)每种型号的目的、用途及测试项目;(3)卫星本体内容(结构、仪表、质量、发射方式、轨道等);(4)关键技术;(5)重大措施条件;(6)院外协作要求。任务临时代号仍沿用"581"，定为绝密级。杨嘉墀的科研工作重心也由此开始转移，根据自动化研究所的统一部署，他将主要精力放在了人造卫星的研制方面。在规划讨论会上，杨嘉墀提出:"从美国和苏联已发射的卫星情况来看，人造卫星是直接用于国防或服务于国防的。要注意预警卫星的发展方向，它可以监视和发现弹道导弹发射，还具有探测核爆炸的功能。而且预警卫星对红外部件和各种特殊探测仪器等尖端科学的研究，也都提出了较高的要求，从而可以推动尖端科学和工业的发展。"

杨嘉墀保存了两厚本工作记录，封面上写着"1965年5月581-1，581-2"，将近200页的纸上，密密麻麻地用中、英文记录参加会议的笔录和文献摘要，这是他为中国卫星规划、创业的历史见证。现摘录工作大事日程如下:

5月10日，中国科学院召开卫星系列规划会议预备会。

5月18日，在自动化研究所，屠善澄做姿态控制报告。

5月19日，中国科学院召开卫星系列规划会议预备会，电子研究所、力学研究所、地球物理研究所等做了五个专题报告。

5月24日，在地球物理研究所，何正华做国外人造卫星概况介绍。

5月26日，在自动化研究所，张翰英：遥测遥控。

5月27日，在地球物理研究所：高空环境、电源。

5月28日，在电子研究所，魏钟铨：地面跟踪站。

5月31日，在力学研究所，胡海昌：结构考虑。

6月1日，在自动化研究所，屠善澄：姿态控制。

6月2日，在电子研究所：系统总体设计。

6月3日，在地球物理研究所，何正华：卫星规划设想。

6月4日，在电子研究所：研究第一颗人造卫星方案。

按照国防科委要求，中国科学院组织了制定卫星发展规划的工作。杨嘉墀、钱骥等为了制定规划，带人走访军用、民用有关单位，调研并征询对卫星应用的需求，掌握第一手材料。经过多次研究，提出了规划设想："以科学试验卫星作为开始和打基础；以测地卫星，特别是返回式卫星为重点，全面开展包括通信、气象、核爆炸、预警、导航等卫星的研制，组成应用卫星的完整体系，进一步在返回式卫星的基础上发展载人飞船。"他们还对各类卫星的任务、需要解决的关键技术、它们之间的相互关系等问题，进行了较全面、详细的分析，为中国卫星事业的技术发展指明了方向。

中国科学院裴丽生召集地球物理研究所、力学研究所、自动化研究所、数学研究所、电子研究所、生物物理研究所及天文台等有关单位领导、专家参加会议。经过认真深入的讨论，中国科学院党组书记张劲夫最后审定，于1965年7月1日向中央专委呈报《中国科学院关于发展我国人造卫星工作的规划方案建议》，就发展人造卫星的主要目的、十年奋斗目标和发展步骤、我国第一颗人造卫星可供选择的三个方案、卫星轨道选择和卫星观测网的建立、重要建议和措施等五个问题进行了论述。该《建议》还有三个附件，即国外空间活动及人造卫星发展概况，人造卫星六种主要本体方案设想，人造卫星轨道设计方案。报告中建议我国十年内着重发展应用卫星系列，结合进行空间科学探测。方案提出：建议国防科委设立专门机构，加强领导和组织协调；建议在中国科学院内设立一个卫星设计院，其主要任务是按照各种卫星型号的技术要求，根据已有的或将有的技术条件，制订包括卫星本体、发射方式、轨道选择、地面台站、回收方式等系统总体方案，报请领导批准，同时负责本体结构设计工作以及各种仪器技术规范的制定工作；建议在国内建立必要的地面观测网，并在今后有条件时，在海外设立观测站。

根据中央专委办公室通知，中央专委开会前，周恩来总理要听取第一颗人造卫星方案汇报。钱骥先到文津街中国科学院院部和国防科委大楼，分别向张劲夫等中国科学院领导和罗舜初等国防科委领导，对卫星总体方案做了较详细的汇报。随后钱骥携带卫星方案三图一表，来到中南海国务院会议室。当周总理知道钱骥的姓氏时，风趣地说，我们的卫星总设计师也是姓钱啊！我们搞尖端技术啊，原子弹、导弹和卫星，都离不开“钱”啊。总理平易近人，一下子打消了钱骥的紧张情绪。钱骥就发射人造卫星的主要目的、十年发展目标和发展步骤、我国第一颗人造卫星可供选择的三个方案、卫星轨道和地面观测网的建立等向总理做了简要的汇报。

1965年8月9日和10日，周恩来主持中央专委第十三次会议。会上讨论了二机部、六机部《关于研制核潜艇和核动力具体建议》；研究了建立海洋测量船问题；确立了研制战略、战术导弹的规划；原则上同意中国科学院受国防科委委托提出的《关于发展我国人造卫星工作的规划方案建议》。会议确定，我国发展人造卫星的工作，采取由简到繁、由易到难、由低级到高级、循序渐进、逐步发展的方针。整个卫星工程由国防科委负责组织协调，卫星本体和地面测控系统由中国科学院负责，运载火箭由七机部负责，卫星发射场由国防科委试验基地负责建设。会议明确提出，我国发展人造卫星以应用卫星为主。钱学森列席了会议，他对洲际导弹、人造卫星、测量船之间的相互关系做了必要的说明。他提出：洲际导弹必须通过全程飞行试验，最终实地考核其战术技术性能；人造卫星及飞船，同样必须建立相应的跟踪测量站，以保证其准确入轨和正常运行。会议期间，张劲夫与钱学森就卫星工程实施、总体队伍组织问题交换了意见，双方感到事情很多，需要通盘考虑，第一颗科学试验卫星工程是重点，应用卫星很多地方不是一家能独立完成的，还需要发挥各方面的积极性。

中央专委的正确决策，加快了中国人造卫星计划的发展进程，而杨嘉墀参与拟定的发展我国人造卫星工作的规划方案建议，为中央决策发挥了至关重要的作用。杨嘉墀感到无比欣慰，经过多年的学术和技术准备之后，卫星将转入有计划、有步骤开展工程研制的新阶段。千年的飞天梦想即将在古老的中华大地上实现！

杨嘉墀

杨嘉墀院士**传记**

Academician Yang Jiachi's Biography

第八章

新的起点　发展卫星

自力更生、自主开发。他身为自动控制、航天工程专家，参与研制东方红卫星、返回式卫星、科学试验卫星，促进卫星通信国际合作及卫星应用。

1. 首颗卫星方案论证

发展人造卫星，可算得上是我国的一件大事。早在1958年5月17日，毛泽东主席在中国共产党八大二次会议上，发出了“我们也要搞人造卫星”的号召，表达了我国人民发展航天技术、向宇宙进军的强烈愿望和决心。各有关部门在毛主席指示的鼓舞下，做了不少工作。钱学森、赵九章、杨嘉墀、钱骥、陈芳允等一批科学家，也都积极地探索这个问题，还开拓了一批新的学科领域。在三年调整时期，有的工作放慢了步伐，有的紧缩了规模，还有的停了下来。1964年以来，全国各条战线上出现了新的兴旺气象，特别是原子弹爆炸及中近程地地导弹研制成功，火箭探空、无线电技术、光学仪器、计算技术、自动化技术等都有了长足的发展，这就为发展人造卫星事业提供了最根本的保障条件。同时，从国家的政治、军事方面来说，发展人造卫星已迫切地提到了工作日程上。1965年春，国防科委及有关部门负责同志研究了开展我国人造卫星工作问题，中央专委讨论过两次，原则上批准了《中国科学院关于发展我国人造卫星工作规划方案的建议》。中央专委的这一批示，对于正式着手发展我国人造卫星事业起了很大的推动作用，对于从事卫星研制工作的同志给予了极大的鼓舞。

1965年8月17日，中国科学院裴丽生副院长主持召开会议，落实中央专委的批示。中国科学院在各个部门尚未组织起来之前，为了及早开展人造卫星研制工作，决定在组织领导方面先行一步。领导小组由谷羽任组长，杨刚毅、赵九章任副组长，共12人组成；总体设计组由赵九章、郭永怀、王大珩、杨嘉墀、陈芳允、钱骥、胡海昌、闵桂荣、张翰英、何正华、陆绶观11人组成，赵九章任组长，郭永怀、王大珩、杨嘉墀任副组长；办公室由陆绶观任主任，办理日常工作。为了保密起见，考虑到周恩来总理对赵九章的信的批示时间为1965年1月，中国科学院将此作为1965年第一号任务，故代号定为“651”。裴丽生要求总体组和办公室在9月15日以前完成以下工作，提交领导小组研究后向院党委汇报。这些工作包括：草拟第一颗人造卫星总体设计方案，提出院内外各有关单位协作分工方案，提出第一颗人造卫星发射及今后一系列卫星研制所必需的组织措施和条件保证，草拟卫星设计院的组织方案。为了开好全国性的卫星方案论证会，总体组成员白天开会，晚上计算，对涉及第一颗卫星大总体和卫星本体方面的许多问题，都做了深入而广泛的探讨。杨嘉墀除参与总体方案的讨论外，还对卫星的姿态控制及姿态测量进行了专题论证。经过两个月的工作，总体组提出了我国第一颗人造卫星的总体方案设想。

在中国研制人造卫星是首创，没有前人经验可以借鉴。而它所涉及的行业和技术，其广泛性和复杂程度也是空前的。为了促进各有关部门尽快进入人造卫星研制的实际工作，国防科委决定组织军、民有关单位对第一颗人造卫星的总体技术方案进行具体论证，集思广益，将方案确定下来，以便进入实际研制阶段。根据国防科委通知，委托中国科学院组织的“651会议”，主要任务是论证并落实第一颗人造卫星的设计方案，并同时完成国防科委规定的四项任务:(1)论证研制人造卫星的目的、要求、总体方案;(2)拟订研制计划和具体协作分工;(3)起草技术工作管理制度或办法;(4)提出研制人造卫星所需保障条件和措施。按照中央专委对卫星工程分工的意见，在会前，钱学森安排七机部八院王希季组织建立运载工具总体室；张劲夫组织中国科学院的赵九章、钱骥、王大珩、陈芳允、杨嘉墀就卫星总体与地面测控等做了充分的技术准备，许多方面均备有书面材料，这些工作都是保证会议成功的关键因素。

论证会议从1965年10月20日开始，由于内容庞杂，问题繁多，直至11月30日才结束，历时42天。参加会议的有国防工办、国防科委、国家科委、总参三部、七机部、四机部、一机部、空军、海军、炮兵、通信兵部、8120 部队、军事医学中国科学院以及中国科学院有关研究所代表共计 120 人。各单位参加会议的负责同志组成领导小组。中国科学院裴丽生副院长任领导小组组长；副组长分别由国防工办赖坚、国防科委赵濂清、国家科委章敬三、中国科学院新技术局谷羽、651 设计院及力学研究所杨刚毅担任。其成员有国家计委戴中溶、四机部唐士吉、七机部耿青和于志、8120 部队张贻祥、通信兵部陈太一、空军魏坚、海军洪惠以及中国科学院相关研究所的吕强、杨家德、赵九章、王耀华、边伯明、华寿俊、王大珩等。“651 会议”分成总体、运载工具、卫星本体、地面四个组。会上，杨嘉墀参加的活动较多，承担的任务也较为繁重，除了参加总体组、卫星本体组的讨论外，还担任了地面组的副组长。

“651 会议”于 1965 年 10 月 20 日上午在北京友谊宾馆科学会堂开幕。国防科委张震寰副主任到会做了重要讲话。他要求会议高举毛泽东思想红旗，突出政治，大力协同，充分发扬民主，贯彻领导、专家、群众三结合的原则，发扬“三敢”“三严”和勤俭办科学的精神。中国科学院裴丽生副院长就国内外政治形势和会议目的、任务，发射第一颗人造卫星的基础和条件，以及如何赶上和超过世界科学技术先进水平等问题做了报告。裴丽生在报告中强调指出，我国发射人造卫星是为社会主义革命、社会主义建设服务的。卫星上天，象征着我国喷气技术的高度发展，对人民革命战争，具有重要意义。因此，发射人造卫星的首要目的应该是军事应用。但由于我们缺乏足够的经验，还不能一下子就发射侦察卫星、通信卫星等，需要一个由低级到高级的摸索试验过程，因此我们建议第一颗人造卫星，作为科学探测卫星，通过它为以后的国防应用卫星打下基础。设想在第一颗卫星探测内容中，安排空间环境参数和卫星本体工程参数的探测，安排姿态控制和遥控等试验项目。这种为军事应用卫星做准备的科学探测卫星，可能还有一定的数量，苏联和美国卫星的发展也说明了这一点。另外，结合第一颗人造卫星的发射，一方面推动运载工具的进一步发展，另一方面建设起我国的地面观测系统，这对于我国的防空体系也有着极为深远的意义。至于时间进度，为了确保1970年发射第一颗人造卫星，初步考虑运载工具、卫星本体和卫星观测台站等工作，应争取在1968年年底以前基本完成，1969年进行调整研试工作。有了一年的调整时间，1970年发射人造卫星就有把握了。裴丽生最后指出：会议意义十分重大，只许开好，不许开坏。会议时间较长，可能影响一些其他工作，但是为了完成中央专委交给的任务，希望大家坚持到底，直至完成国防科委规定的四项议题为止。

当天下午进行了分组讨论。与会同志普遍反映，国防科委决定召开这次会议是适时的，一定要按照张副主任和裴副院长讲话的精神把会议开好。会议本着周到细致的精神，对各项方案进行了充分的论证，对措施务求具体落实。任务虽然艰巨，只要按照毛主席"大力协同"的指示办事，完成任务是有信心的。但是，有的同志由于事先思想上和业务上准备不够，表现出心中无数；有的同志认为，我们的技术力量和组织工作与这项复杂而庞大的任务还不相适应，流露出一些畏难情绪；有的同志反映，会议的领导力量很强，但多数领导同志忙于其他工作，不能经常具体指导方案论证工作，对会议能否开好，表示怀疑。

从21日上午开始，听取大会报告，赵九章介绍了《关于我国第一颗人造卫星的总体设计方案初步意见》，钱骥介绍了《我国第一颗卫星设计方案提纲（草案）》，王大珩介绍了《我国第一批卫星观测网设计方案提纲（草案）》。由于保密关系，《我国第一颗人造卫星运载工具的方案设想（草案）》没有在大会上报告。随后三天，各组分头阅读技术文件，并对方案进行一般性讨论。在各组讨论中，大家对第一颗卫星的设计原则、总体指标、能源、运载工具、地面观测网以及地面观测设备体系等广泛发表了意见。大家对总体方案中提出的第一颗人造卫星的设计原则"上得去、站得住、先进可靠"，原则上同意。但对具体技术要求，不少同志感觉方案中过分强调采用先进技术，如采用硅太阳能电池、指令控制、姿态控制、固体组件等，而对如何保证可靠性强调得不够。不少同志建议，要在可靠的基础上，力争先进，而且先进指标不一定那么多，保证一两项就行了，方案要留有余地。有的同志说，样样都先进，势必分散研制力量，到头来恐怕连起码的可靠性都难以保证。还有的同志认为，第一颗卫星发射成功与否影响极大，因此，先进首先应体现在“上得去、站得住”，而且还要“抓得住”（能及时而准确地跟踪）。因此，应集中力量保证可靠性。譬如，加大信标机功率，以便及时跟踪；信标机应该有备份，万一一个坏了，另一个马上能接替工作；为了便于及时跟踪，第三级火箭上应加装信标机，等等。与会者畅所欲言，各抒己见。

25 日下午，根据领导小组的安排，由中国科学院有关同志对方案制定过程中的一些问题做进一步说明。首先由自动化研究所曾宪波、王新民两位同志对姿态控制问题进行说明。第一颗卫星原来没有考虑姿态控制，后来考虑到第二颗和第三颗应用卫星的需要，认为有必要在第一颗卫星上把姿态控制作为试验项目加上去，为下一颗卫星做准备。因为加上这个项目能量消耗并不大，而且也不会影响它的可靠性。

对于第一颗卫星要不要姿态控制及如何控制，会上有些同志提议，第一颗卫星简单一些、可靠一些，可以不搞姿态控制，第二颗卫星或以后发射的卫星再做姿态控制的试验。针对这些问题，杨嘉墀组织姿态控制小组进行了深入研究，认为从以后一系列卫星的发射需要考虑，应该有姿态控制，姿态控制可以不采用遥控，而用自动控制来实现，比如，可以加几个小喷嘴进行修正，还可以装太阳角度敏感器。

1965 年 11 月 3 日下午，卫星本体组继续举行大组讨论会。由地球物理研究所胡其正同志和自动化研究所杨嘉墀同志，分别就能源问题和姿态控制问题做了专题发言，在他们发言之后进行了讨论。关于卫星的姿态控制、姿态测量问题，杨嘉墀同志做了新的方案介绍。

卫星的姿态控制有两种情况：一是入轨时要将旋转轴转 90° ，使其垂直轨道平面；二是卫星在轨道上运行时随时要校正旋转轴的方位，使其永远保持和轨道面垂直。与此相适应的，控制系统亦分两种：一套是太阳角计和两个大喷嘴，用来旋转 90° 的；另一套是两个与卫星赤道平面成 54° 角，且对称于赤道平面的红外扫描仪和四个小喷嘴，是用来校正轴的方位的。另外还有内装 2 千克氮 250 个大气压的气瓶和一些阀门、管道以及阻尼器等。当卫星脱离末级火箭后，大喷嘴开始喷气，用太阳角计控制喷气的时间，使转轴转过 90° ，大约 2 ~ 3 分钟。这里误差较大，可由以后的校正系统来修正。卫星在轨道上运行，当其旋转轴垂直于轨道平面时，两个红外地平扫描仪扫过地面的角度相等，故没有信号输出，小喷嘴不喷气。如果旋转轴不垂直于轨道平面，两台红外地平扫描仪扫过地面的角度不等，则有信号输出，使小喷嘴喷气，以修正旋转轴的方位。为了提高喷气效率，必须利用电子线路将比较宽的感受角信号变成窄的脉冲，这就需要消耗 2 瓦的功率。也可以在卫星赤道上另装两个小夹角的红外敏感元件，来控制脉冲的宽窄。为了测量卫星的姿态，初步的意见是采用红外地平扫描仪，太阳角计和在卫星上安装几块镜子来确定，但这种办法尚不够成熟。

接着，会议对新方案进行了讨论。曾宪波同志提到，太阳角计用做测量姿态，问题比较大。对姿态测量需要做进一步的论证。沈以明同志认为，装 1 千克氮的气瓶，结构质量是 3 千克；装 2 千克氮的气瓶，结构质量将会大大增加。是否需要那么多氮，要进一步考虑。也有的同志提出，转速小，喷气效率高，转速太大，要消耗大量气体。此外，姿态控制还要求一定的发射时间，因为所有控制元件的安装，都是按照发射时间计算好了的。

1965 年 11 月 9 日、10 日，“651 会议”领导小组分别听取卫星本体组、运载工具组和地面组对卫星论证情况的详细汇报，并讨论研究了下一阶段的论证工作。杨嘉墀按照领导小组的要求，把姿态控制的研究情况，进行归纳整理，连夜起草了一篇《关于姿态控制问题》的报告，1965 年 11 月 17 日刊载在《我国第一颗人造卫星论证会议简报》第 9 期上。全文如下：

关于姿态控制问题

我国发展人造卫星是为国防服务的，今后将要发射一系列的侦察、通信、气象、预警等军事应用卫星和载人飞船。这些卫星或飞船都要求与地球（有些尚需与太阳或其他天体）保持一定的空间关系，也就是说卫星需要保持一定的姿态。

卫星的照相机和电视摄像机的镜头要保持对准地面；卫星上的天线要保持一定位置，使卫星能够接收地面指令，也使地面能够收到卫星发出的信号；预警卫星需要侦察到地球背面的情况，还要用卫星之间的定向通信传送回来；回收卫星与载人飞船重返地球时，要求按预先确定的要求改变卫星姿态，以保证能在预定地点着陆；太阳能电池要求能对准太阳，以获得最大的能源，等等。随着人造卫星的发展，姿态控制的任务也日益繁重。在美、苏后期发射的卫星中，无论在能量的耗损，还是在设备所占质量等方面来讲，姿态控制都占了很大的比重。在我国计划发射的第一颗人造卫星上，要求保证天上、地面有可靠的无线电联系；而在第二颗、第三颗等一系列卫星上，则要求解决照相、回收技术。因此，大家认为姿态控制很重要，在确保各项指标的同时，在第一颗卫星上需要进行姿态控制试验。

卫星姿态可以采用自转进行稳定，而干扰引起的漂移可用喷气装置自动进行校正。在这种控制方案中，需要研究试制测量与地球位置关系的红外地平仪；测量与太阳位置关系的太阳敏感器；校正卫星姿态的喷气装置以及消除火箭与卫星分离时所产生扰动的阻尼器等。对姿态要求更严格的卫星则可以采用三轴稳定的方案，在这一方案里，除了需要采用前面的元件外，尚需要研究试制有关陀螺测量元件和惯性轮执行元件等。在卫星轨道高度较高，而且允许的质量又大时，则尚可采用重力场稳定的方案等。在会议讨论过程中，因考虑到第一颗卫星质量较小、轨道较低、要求姿态控制精度不高，况且姿态控制工作尚处于起步阶段，以前没有太多的基础，因而确定采用自转加校正的方案。另外，带着卫星一起进入轨道的第三级火箭也需要采用自转来稳定。因此，采用自转加校正的姿态控制系统方案是较为合适的。

自转加校正的控制方案的原理及控制过程，是当末级火箭进入轨道，将卫星弹射出来后，卫星自转轴是在轨道平面内且与地面相平行。由于卫星具有每分钟180转的旋转速度，好似陀螺一样，卫星将在宇宙空间保持稳定。但因卫星运行轨道是绕地球旋转，当运行一段距离之后，卫星的自转轴就不平行于地面了（譬如卫星沿轨道走到1/4圈时，自转轴就垂直于地面了）。因而卫星对地球而言，其姿态就时时刻刻在变化。为了使卫星对地球的姿态保持不变，则必须将卫星自转轴转动90°，使其垂直于轨道平面。这样就好像一个陀螺沿着地球在滚动，从而达到稳定姿态的目的（这样的方案只能是面轴稳定）。然而，由于受到地磁场、气动力等的影响，卫星在长期运行中，它的自转轴还会出现偏离变化的。因此，还需要进行相应的校正。不过这里应该说明的是，上述的使自转轴转动及校正，均是利用在卫星上安装的红外地平仪、太阳测角器及喷气机构等完成的，且完全是自动进行的。地面上只是通过遥测测得其姿态变化，以便了解控制系统的工作情况，作为进一步发展控制技术研究的参考。

姿态控制系统的分析和地面试验也是一项非常艰巨的工作。这是因为卫星在空间所受的干扰力矩是非常小的，因此，它必须在摩擦力矩极小的气垫试验台上进行。而这种试验台需要保持在真空、高低温以及太阳辐射等环境状态下工作。同时还要求提供测量试验台转角、转速等数据。因此，地面模拟试验设备的研制，需要进行大量细致的工作。

姿态测量计算是与姿态控制密切相关的另一项重要工作。根据从卫星上传下来的红外地平仪、太阳敏感器等信号，在地面上计算出卫星在空间的实际姿态。这对于了解姿态控制精度、解释卫星测得的数据或者摄得的相片，以及正确完成卫星使命等均具有重大意义。

为了充分发扬技术民主，贯彻群众路线，使方案论证收到集思广益之效果，同时也是为把方案修订得更为完善，11 月 25 日到 27 日，会议对总体、卫星本体、运载工具、地面系统四个技术方案进行了综合论证。

11 月 25 日召开的综合论证全体会议，由中国科学院裴丽生副院长主持。列席会议的领导有国防工办副主任李如洪，国防科委副主任罗舜初、张震寰，国家科委副主任张有萱，中国科学院副院长张劲夫，七机部副部长钱学森，一机部副部长孙友余，通信兵部副参谋长罗长波等。

会上，赵九章在《我国第一颗人造卫星总体设想方案（草案）》的说明报告中，就我国第一颗人造卫星的目的、任务、主要参数、本体设计、地面观测以及大致工作的进度做了说明。朱毅麟在《我国第一颗人造卫星的运载工具方案设想》的说明报告中，着重阐明了运载工具设计原则和组成、飞行过程、制导系统以及卫星轨道等问题，并着重说明了末级火箭自旋稳定和轨道参数选取问题。他说，由于末级火箭没有制导系统，采用自旋稳定，入轨时速度方向可能产生较大偏差，自旋速度愈高，这一偏差愈小。据初步计算，当自旋速度每分钟300转时，入轨点速度方向偏差小于3°。轨道参数的选择提出的范围是：近地点200～350千米，远地点1000～1600千米，运行寿命是60天。若考虑运载工具能力和入轨点速度方向可能出现的偏差，发射椭圆轨道把握性大；若选择近地点350千米，远地点700千米的近似圆轨道，实现起来是比较困难的。钱骥在《我国第一颗人造卫星设计方案提纲（草案）》的说明报告中，对于争议比较多的轨道参数、10厘米的信标机和5厘米的应答器、“看得见”以及可靠性等问题，做了较详细的阐述。王大珩在《卫星地面系统方案（草案）》的说明报告中，着重介绍了以有源雷达为主和以无源雷达为辅的跟踪手段，及其相应的两个布站方案。

在11月27日的论证大会上，发言的有金建中、杨嘉墀、陈芳允、黄足、王绶琯、刘易成、孙传礼、张景成等，他们从不同角度汇报了26日小组讨论的情况，对轨道参数问题、末级火箭转速问题、无线电跟踪设备中采用有源雷达还是无源雷达的问题、用多普勒测速设备或比相干涉仪解决第一圈测轨的可能性问题等发表了个人意见，并提出了一些建议。在综合论证期间，获悉法国发射了他们的第一颗卫星，对此事与会者均有所议论。大家一致表示，一定要同心协力，争取时间，使我国放卫星的名次除苏、美、法之外，能够排在其他国家的前面。

11月30日上午，召开了“651会议”的总结大会。国防科委罗舜初副主任做了总结讲话，目标是1970年发射第一颗人造卫星，要“上得去、抓得住、听得到、看得见”。“东方红一号”的命名、结构外形、主要指标等都得到了大会的肯定。

2.《东方红》星太空奏乐

在1965年的“651会议”上，与会者建议把我国第一颗人造卫星命名为“东方红一号”。之后，得到中央领导的确认。这次会议除对总体、卫星本体、运载工具、地面系统的总体方案进行论证外，对卫星本体各分系统的技术方案也做了详细的探讨，并明确了研制分工。会后，各分系统的研制工作先后展开。卫星共有9个分系统，自动化研究所承担了无线电遥测、姿态测量和姿态控制以及无线电遥控分系统的研制工作。杨嘉墀除参加卫星发展规划、卫星大总体技术协调外，还要配合吕强所长落实自动化所承担的卫星分系统的研制任务。他尤其重视分系统及各部部件的技术方案论证，关心技术队伍的组织落实，强调研制力量的配备，重视新生力量的培养。他反复强调卫星要上天，试验设备要先行，并主动研究与提出实验室建设方案。由于自动化所承担的《东方红》乐音装置、调制器和短波发射机已开始研制，为了加强卫星姿态控制的研制工作，1966年3月，自动化所对“651”任务进行了人员调整，成立了409、416两个研究室，分别负责卫星姿态控制技术方案研究和控制中心电路设计及研制。还在原406室新组建了执行机构小组，进行卫星控制冷喷气推进系统的研制工作。

按照国防科委的分工原则，张劲夫与钱学森协调后，1966年1月，651设计院成立了由11人组成的东方红一号卫星总体设计组，卫星大系统由钱骥领导。东方红一号卫星总体设计组对卫星总体方案进行了认真而细致的分析后，将卫星播送《东方红》乐曲的方式，由功能较大的含载波双边带调幅发射，改为功耗小、效率较高的双等幅波调制发射，并经过原理性试验后，表明这种方式可使地面收到优美的音乐。为了使《东方红》乐音项目能早上、快上，又将卫星的姿态控制从技术难度大、研制周期长的自转校正2轴稳定方案，改为自旋稳定加章动阻尼器的方案。在东方红一号卫星进行方案论证的同时，还开展了模样产品的研制。通过卫星各分系统从制作试验线路到装出性能样机，证明技术方案是可行的，生产是能够实现的。

1967年3月，为了加强卫星研制方面的管理工作，中央决定对从事卫星研制工作的科研单位实行军管。由于正处于与“修正主义”全面论战、国内“文革”又需要强力支持时期，因此，首要目标是必须将“政治卫星”发射上天。国防科委指令要求在1968年年底发射卫星，并由赵濂清局长在新技术局召开的“651”任务大会上正式宣布该指令，并同时传达了聂荣臻提出的“尽量简单、尽快上天、达到基本目的、掌握技术”的有关指示。651设计院闵桂荣与卫星总体组一起进行了反复研讨，鉴于进度上的需要和现实可能性之间差距过大，因此，将卫星方案做了局部简化，撤去了某些差距实在过大而无法上星的仪器项目。通过讨论，落实了《东方红一号卫星研制任务书（草案）》。在任务书中，卫星的质量从100千克变成130千克；卫星轨道倾角由42°增大至70°，使卫星能经过全世界主要人口居住地区，并使地面测控站的建设兼顾返回式卫星的要求；同时确定卫星要播送《东方红》乐曲，让全世界人民都能听到中国卫星的声音。再按照“保证《东方红》乐曲质量，且体现先进的前提下，尽量简单、可靠”的原则，对卫星本体进行了若干处的修改、简化。任务书中规定：由《东方红》乐音装置和短波遥测、跟踪、天线、结构、热控及能源系统外加姿态测量部分等组成的东方红一号卫星，在技术上要做到比苏联、美国第一颗卫星先进；卫星入轨后，要具备抓得住、测得准、预报及时，并能使全世界人民“看得见、听得到”的优势。

1967年4月，中国科学院自动化研究所讨论《东方红》乐音装置方案。经过五种方案比较后，确定采用电子线路产生《东方红》乐曲，并发送遥测信号。具体地讲，只播送《东方红》乐曲前8小节（全曲共16小节），重复播送两遍共计40秒钟，间隔5秒后发送10秒钟的遥测信号，再隔5秒钟，开始下一轮的循环。《东方红》乐音作为卫星标志信号，其实施方案是集大家智慧多次讨论之后确定的。钱骥、陈芳允、张瀚英、何正华等，经常参加研究，讨论并确定卫星乐音和遥测的具体实施方案、体制、发射功率的计算，需要多大功率才能满足《东方红》乐曲和遥测信号可靠地接收等技术问题。

东方红一号卫星在模样、试样阶段，攻克的技术难关有《东方红》乐音装置及短波遥测系统的研制、仪器舱罩的大面积镀金工艺和红外地平仪低温的适应等。红外地平仪在卫星沿轨道运动时处于 -100 ~ 50℃的温度环境中工作，低温对红外地平仪提出了极严格的要求。杨嘉墀为了解决红外地平仪的这一难题，曾组织中国科学院自动化研究所、化学研究所、上海技术物理研究所、长春光机研究所等协作攻关。

1967年12月11日至16日，国防科委在北京白石桥国防科委“651”筹备处召开东方红一号卫星研制工作落实会议。会前，由于各方面的努力推进，已经攻克了许多难关。在这次会议上，东方红一号卫星的初样星已在会场上展示，楼上、楼下的实验室和开会的会场之间，已可进行《东方红》乐音的发射和接收的实际演示了。会场四周窗户，都用红、黑双层窗帘布遮挡，室内却灯火辉煌。大家走进会场，都情不自禁地走向东方红一号卫星初样产品，仔细观看。顿时人心振奋，因为其中凝结着大家心血。会议领导小组由罗舜初、钱学森、常勇、夏冰、孙家栋等组成。会议由钱学森主持，会议主要内容是审定简化后的东方红一号卫星总体技术方案；审定东方红一号卫星研制程序，并明确分工协作关系；研究解决关键技术的办法以及落实全面研制计划。

1968年2月，国防科委接管651设计院和中国科学院承担卫星工程任务的主要研究所和工厂，正式成立空间技术研究院，由钱学森兼任院长，组建总体设计部，孙家栋任总体技术负责人。周恩来总理明确指出：“‘651’任务抓总由国防科委负责，钱学森参加。”在东方红一号卫星工程（代号“651工程”）中，钱学森实际上是负责大总体，即“星—箭—地面”系统的技术协调和组织实施工作。在“文革”动乱的日子里，钱学森协助周恩来总理，在领导人造卫星研制工作中发挥了特殊作用。

1970年3月26日，东方红一号卫星、长征一号火箭，正式由国防科委代表国家验收合格，批准出厂，运往基地实施发射。当时，国内正处于“文革”动乱时期，社会秩序很不好，国际形势对中国也不利，苏联在中国和蒙古边界陈兵百万。在这种严峻形势下，为确保“星、箭”运输绝对安全，采取了严格的保卫安全措施，运输“星、箭”的专列，除武装押运外，专列途经的几个大站，均有荷枪实弹的解放军战士实行戒严。在专列运行中，北京、大同、兰州等铁路局党的主要领导干部亲临专列随车护送。由北京出发的专列车头横挂“打倒美帝”的大幅标语，表明北京铁路局保障沿途安全。到达大同时，铁路局将专列车头横幅变成“打倒苏修”，表明由大同铁路局保障沿途的安全。专列到达兰州铁路局管界更换车头后，横幅标语改为“胜利”，表明由兰州铁路局保障沿途安全，直到顺利抵达发射场。

1970 年 4 月 1 日，装着两颗东方红一号卫星、一枚运载火箭的专用列车，到达中国西北酒泉卫星发射中心。4 月份的西北戈壁滩，一到夜间，人们尽管裹着皮大衣，也还是感到寒冷。在离地面 30 多米的龙门塔工作台上，科技人员不分白天黑夜，为了排除一切故障，一次次地测试。1970 年 4 月 24 日 15 时 50 分，周恩来总理电话告知国防科委副主任罗舜初：毛泽东主席已经批准这次发射，希望大家鼓足干劲，过细地做工作，要一次成功，为祖国争光。21 时 35 分，卫星发射时间终于来到了。东方红一号卫星随着长征一号运载火箭在发动机的轰鸣声中离开了发射台。21 时 48 分，从现场指挥所广播里传来了“星箭分离，卫星入轨”的喜讯。在发射中心观看卫星发射壮举的人们顿时沸腾起来，个个尽情地欢呼雀跃，有的甚至激动得热泪盈眶。21 时 50 分，国家广播事业局报告，收到了中国第一颗卫星播送的《东方红》乐音，声音清晰洪亮。此刻，地面上在唱，天空中也在唱！亘古未有的地面和天上的交响乐，使全世界都为之陶醉！

1970 年 4 月 25 日 18 点，新华社受权向全世界宣布：1970 年 4 月 24 日，中国成功地发射了第一颗人造卫星，卫星运行轨道的近地点高度 439 千米，远地点高度 2384 千米，绕地球一圈 114 分钟。卫星质量为 173 千克，用 20.009 兆周的频率播放《东方红》乐曲。《新闻公报》发表后，顷刻间，首都北京灯火通明，锣鼓喧天，鞭炮齐放。杨嘉墀在中关村家中从广播里听到我国第一颗人造卫星发射成功的消息时，完全沉浸在激动的情绪之中。然而，为中国第一颗人造卫星倾注了全部心血的赵九章却未能等到这一刻的到来，无端受到诬陷与迫害的他，早在一年之前已经含冤去世。还有不少早期参加卫星研制任务的领导、科学家，是在牛棚、干校中听到《东方红》乐音的。

中国第一颗人造卫星发射成功，在世界上引起强烈反响。各国报刊纷纷发表评论，指出中国第一颗人造卫星发射成功，“体现了中国一直在依靠自己的力量为人类的幸福和进步进行宇宙开发”；“表明中国的科学技术突飞猛进，达到新的高度”；“是中国在科学技术和工艺方面取得的突出成就，是中国20年来在科学技术上推向前进的新高峰，也是中国航天发展史上的新的里程碑！”

3. 返回卫星规划预研

中国的返回式卫星为低轨道、三轴稳定、返回舱可安全返回的卫星，可用作对地遥感卫星、微重力试验平台和科学技术试验卫星。在中国已发射的人造卫星中，返回式卫星占有相当大的比例。中国是继美、苏之后第三个掌握航天器返回技术的国家。卫星返回技术是一项涉及姿态控制、轨道设计、测控技术、火箭技术、气动力和气动加热、材料工艺和结构以及降落伞技术等多种技术领域的综合性技术，因此，难度相当大。中国返回式卫星是完全依靠我国自己的力量，自力更生，依靠全国大协作而研制成功的。

杨嘉墀是我国自动化与控制技术、中国返回式卫星研制的开拓者之一，为中国返回式卫星技术的发展和应用作出了重大贡献。

早在 1958 年 6 月，中国科学院召开的“大跃进”动员大会上，陆元九就曾经提出：“中国科学院应该开展人造卫星控制方面的研究，不但要把卫星放出去，而且还要用控制手段回收它。”这就为自动化学科的发展开拓了新的方向。1958 年 7 月，杨嘉墀参加了中国科学院人造卫星发展规划设想草案起草工作。在钱学森主持下，提出了三步走的规划设想：第一步发射探空火箭，第二步发射一两百千克重的卫星，第三步再发射几千千克重的卫星。会上，贝时璋、杨嘉墀、屠善澄、陈芳允等提出了发展卫星轨道控制、卫星跟踪测量以及生物实验等技术问题。

自 1959 年起，我国开始研究探空火箭回收技术，并且在再入防热技术方面取得重大突破。20 世纪 60 年代初期，钱骥在研究人造卫星的应用前景时，就提出人造卫星可对地球进行远距离拍照，然后携带胶片返回地球。同时，还可以组织技术力量对国外的空间活动及人造卫星发展状况进行跟踪研究。

1961 年至 1964 年，杨嘉墀除承担研制导弹、原子弹有关测试设备任务外，还多次参加国际自动化学术会议，并注意跟踪国外的技术发展动向并进行信息收集。他曾结合国外载人飞船、低轨道返回式卫星的有关资料，开展了卫星控制理论的研究。在钱学森主持召开的星际航行座谈会上，郭永怀做了《宇宙飞船的回地问题》的报告，陆元九做了《发射人造卫星最佳轨道》的报告，屠善澄做了《利用惯性飞轮控制卫星姿态》的报告。杨嘉墀在报告会讨论时，阐明了卫星、飞船等空间飞行器姿态控制的定义、目的和要求、原理与方法、发展概况及发展趋势，并提出将被动姿态控制、主动姿态控制及敏感器与执行机构的研究，列入星际航行发展规划之中的建议。

1965 年年初，在制定人造卫星规划草案时，杨嘉墀曾对国外开展空间活动及发射人造卫星的目的提出独特见解。他认为近十年来，苏、美开展了大量的空间活动，从表面上看，他们较多地宣传空间活动的科学意义，但实际上，卫星本身可以为国防服务，是一种重要的空间军事设施，可以进行大量的军事活动。例如，全球的气象观测、军事侦察，利用卫星可以到禁止飞机飞越的其他国家上空进行侦察。此外还可以发展载人航天器。美、苏军事卫星占所发射卫星总数的一半以上，其种类大致有侦察卫星、弹道导弹预警卫星、导航卫星、测地卫星、核爆炸探测卫星、通信卫星、气象卫星、歼击卫星八类卫星。另外，载人飞船及载人轨道站还在研制中。

杨嘉墀、钱骥、何正华等人，对 1957 年至 1964 年年底已公布的苏、美两国空间技术状况进行了统计分析与研究。他们认为，苏联人造卫星的发展有如下特点：由于苏联拥有大推力运载火箭，因此发射的卫星质量大，控制的准确度较高，而且回收技术解决得也比较好；在前几颗卫星取得一些高空环境参数之后，便将载人飞船作为其空间活动的重点，因此，载人飞船技术发展得也较早；然而，在国防上的应用却开展得迟一些，直到 1962 年才着手发射试验型的应用卫星，开始发射“宇宙”系列卫星；空间电子学方面的工作开展得差一些，尤其是元部件，还有待于进一步小型化。而美国人造卫星发展的特点如下：早期运载火箭推力小，因此卫星的质量、体积均很小，要求搭载的仪器也尽量轻、尽量小。在火箭推力解决以后，轻小型的卫星仍具有很大的优越性，例如，美国的总质量不到 1 千克的四面体研究卫星，可以很方便地附着在其他卫星上，由同一火箭搭载进入轨道，在需要发射大量卫星的情况下，轻小型的卫星具有很明显的经济效益。美国从一开始就非常重视卫星在军事上的应用，在取得初步的环境资料后，便立即发射试验型的应用卫星。当时美国的侦察卫星每天多次经过我国上空，并拍摄到核爆炸试验塔等许多军事设施的照片。美国在空间电子学方面也有较大的发展。另外，美国还与英国、加拿大、意大利等国家合作，利用美国的火箭发射卫星，用来探测高空环境参数。

1965 年是制定中国人造卫星发展战略规划的黄金时期，钱学森、钱骥、杨嘉墀等人从不同角度进行研究。他们从技术途径、发展战略等因素考虑，先后提出了应用卫星这一概念。应用卫星就是直接为国民经济和国防建设服务的卫星。应用卫星按其用途可分为通信卫星、侦察卫星、导航卫星、测地卫星、气象卫星、地球资源卫星等。按其是否专门用于军事目的，又可分为军用卫星和民用卫星，也有许多应用卫星是军民兼用的。杨嘉墀从近地轨道三轴稳定姿态控制系统发展途径、技术难度以及可靠性等方面进行了综合论证，他还多次建议，将返回式卫星列入规划，并作为重点发展项目。

经过几个月的酝酿，张劲夫、裴丽生、钱学森、赵九章、谷羽等人一起研究，责成钱骥、杨嘉墀、舒润达等人执笔，于 1965 年 7 月起草了《关于发展我国人造卫星工作的规划建议》报告。其中附录一是我国十年内拟发射的人造卫星设想表，列出了 20 颗卫星及飞船。其中科学试验卫星、通信卫星代号为“东方红”，返回式卫星代号为“解放”，气象卫星代号为“气象”，生物卫星和飞船代号为“大跃进”。

返回式卫星的第一个棘手问题是卫星的轨道选择。为了满足返回式对地观测卫星能够大范围覆盖地球表面的要求，轨道倾角由 42° 改为近 70° 。能否将倾角增大，不仅需要解决卫星入轨后短弧段测轨问题，还需考虑卫星星下点的日照条件，卫星回收再入大气层时遥测、遥控、落点技术控制等问题。1966 年年初，钱骥、潘厚任和数学研究所刘易成等，应用系统分析技术和电子计算机仿真技术做了大量综合分析。结果表明：从基地向海南岛方向发射，卫星在四川巴山一带入轨，可以获得近 70° 的运行轨道，使我国卫星能够飞经全世界主要地区，完全满足我国对地观测范围的要求。此项研究成果对我国卫星轨道的正确选择具有重大指导意义。

钱骥、杨嘉墀等还考虑了返回式卫星系统中，如何利用东方红一号卫星工程中已有的成果，也就是卫星发展的继承性问题。比如，能否以一种倾角的轨道同时满足第一颗卫星和返回式卫星系列发展的需要。这样，就可以不必再新建一个发射场，入轨段也可由一套地面站，同时满足几种卫星的测控需要，这样就可以缩短返回式卫星工程的研制时间，使返回式卫星系列可以紧跟着东方红一号卫星早日上天。杨嘉墀与陈芳允交换这些想法时，双方不谋而合。陈芳允进一步深入地对地面测控跟踪系统方案进行分析，并组织一批年轻人进行计算，仅用了很短的时间就解决了这个问题。之后，钱骥、杨嘉墀、陈芳允等人在一起连续召开了两次小范围的轨道倾角会议，又召开了技术论证会，确定了地面测控方案。

第二个问题是如何确定对地观测方案。返回式卫星对地观测的手段是靠照相机从卫星上拍摄照片，然后从照片上发现目标，并确定其地理位置。我国疆域有限，在国外不能设控制点，给精确定位造成很大困难。总体组曾酝酿采用星相机和利用天文坐标来确定卫星照片位置的方法。钱骥组织总体组到长春光机研究所进行调查研究，弄清了摄影系统方案设计的好坏，直接影响到能否获得高质量的照相胶片，因此把这项重点预先研究课题，委托给长春光机研究所。承担地物相机研制任务的科技人员，过去虽然研制过航空摄影相机，但从未接触过航天摄影相机。他们查阅了大量的国外文献资料，认真分析了我国已有的各种航空相机的使用情况，提出了地物相机的方案设想。但是，如何确定地物相机拍摄的方位，是一个全新的课题。钱骥、潘厚任和王金堂等一起研究，最后创造了采用星图相机和利用天文坐标来确定卫星照片中目标位置的方案。随后，在方案论证过程中，王大珩提出在研制地物相机的同时，也要研制星相机，后者对确定地物相机的拍摄方位和纠正摄影姿态，都是必需的。为此，钱骥与杨嘉墀进一步研究，在卫星系列规划报告中，增设了星相机的研究课题，为返回式卫星关键设备的研制确定了方向。

第三个问题是卫星回收方案研究。根据有效载荷与任务、目的不同，返回式卫星可分成许多类型。在各类返回式卫星研制中，都需要解决卫星返回技术，使卫星从轨道上安全返回地面。杨嘉墀认为，除解决一般卫星的技术问题外，还必须突破回收再入轨道与控制的难关。1966 年 1 月 11 日，钱骥、杨嘉墀等人到力学研究所请吴承康、王先林进行卫星回收方案研究，并向他们介绍了卫星规划情况、返回卫星方案总体设想，并提出了具体要求。会后，吴承康组织了王先林、邵瑞康、郑之初、关允庭、张大渠、呼和敖德、马同泽等同志，经过调研大量的国外资料之后，结合我国的具体情况，进行飞行轨道的计算、着陆准确度的估算、制动火箭估算、再入飞行器气动外形的选择、气动热和剪切力研究。经讨论提出了卫星回收方案，该方案的具体内容包括：轨道选择、姿态控制、反推火箭启动、下降轨道、再入大气层气动力外形、烧蚀防热、近地回收部分等。其中尤以下降轨道、再入气动力和防热几部分工作更为深入。这一项研究成果，为我国返回式卫星设计奠定了坚实的基础。

卫星姿态控制系统方案选择，是返回式卫星研制中的另一个关键问题。1965 年年初，杨嘉墀便开始了方案论证和预先研究工作。他首先从系统总体的角度进行研究，分析返回式卫星的姿态控制系统具有三种功能和用途：一是在入轨后消除星箭分离时对卫星产生的初始姿态干扰；二是在轨道运行阶段的姿态控制，使地物相机对准地面拍摄的区域；三是返回前，将卫星的纵轴调整到返回姿态，使制动火箭的推力方向满足设计要求。航天控制系统，是控制航天器轨道和姿态的整套设备。早期人造地球卫星大多采用自旋稳定和重力梯度稳定的被动姿态控制方法。后来逐步演变到采用既有姿态控制能力又有轨道控制能力的控制系统。姿态控制已由被动控制发展为半主动控制和主动控制。航天器三轴姿态控制，是使航天器相互垂直的三个轴在空间相对于某个参考系具有预期方向的一种姿态控制技术。姿态控制系统包括姿态敏感器、姿态控制器和姿态控制执行机构等组件。依据控制力矩产生的方法，三轴姿态控制系统可分为喷气三轴姿态控制系统和以飞轮为主的三轴姿控系统两类。杨嘉墀主持完成了方案论证，本着从实际情况出发、在可靠基础上求先进的原则，选取了主动式三轴姿态控制系统方案。为了解决卫星返回前俯仰姿态的大范围调整和偏航姿态的测量，经过调研和论证，选择了在水平陀螺仪上安装一个以恒定速度转动的程序机构。在接收到调整姿态指令后，切断红外地平仪信号，使水平陀螺仪处于自由状态，启动程序机构。这样，只要控制程序设计合理，就可以满足返回前俯仰姿态调整的要求。关于偏航姿态的测量，杨嘉墀等经过反复研究，选择了较为先进的轨道陀螺盘。

鉴于国外同类卫星在研制初期多次失败的教训，杨嘉墀提出了元件、部件要立足于我国已有的成熟技术，但在控制方法上应当采用先进技术的设计方针。为了确保系统的可靠性，必须采用最简单的系统构型。在控制系统的设计中，杨嘉墀还考虑了许多颇具特色的方案，有些方案是当时国外同类卫星尚未采用过的。例如：在红外地平仪电路中采用自动增益控制，只经过一次探空火箭试验就验证了这一方案的可行性。卫星姿态控制系统，采用两捷联陀螺和红外地平仪相结合的方案，利用稳态卡尔曼滤波方法取得三轴姿态信号，控制方式采用大小喷气推力结合的开关控制，并用伪速度增量反馈校正来减少耗气量，在陀螺仪中安装步进机构，以保证卫星返回前建立制动姿态的可靠性。

4.“红海洋”中研制卫星

1966 年 5 月 10 日至 25 日，中国科学院在国防科委、国防工办的支持下，组织召开了卫星系列规划论证会。赵九章做了《对我国卫星系列规划设想》的报告，钱骥做了《发展返回式卫星的设想》的报告。会议经过大会、小组会的讨论，最后商定卫星系列的重点和排队结果：返回式卫星、通信卫星、气象卫星、载人飞船、导航卫星。会议还研究安排了170多项预先研究课题。杨嘉墀参加了这次规划会议，并深有体会地说："以前这些经验，现在是否还适用？我觉得，从原则上说是适用的，并且还应该发扬光大。卫星事业综合性非常强，牵涉面非常广，必须统一领导，集中管理。在工作中必须根据党的群众路线，实行两个三结合，即领导、专业人员、群众三结合，研究、设计、使用三结合。人造卫星的名目繁多，我们要根据自己的需求来发展。在技术途径上，也要根据我们自己的特定条件来发展。赶超也要根据自己的需要，以解决自己的需要为标准来衡量。人造卫星事业是全党的事业，全国人民的事业，需要调动各方面的积极性，群策群力来完成这个规划。"

至于返回式卫星的重要性，钱学森早在1965年制定卫星发展规划时，就将返回式卫星、通信卫星、气象卫星等应用卫星系列，确定为卫星发展规划的重点。1966年1月国防科委副主任罗舜初在一份报告上批示："卫星设计不是一个院所能承担的，应考虑发挥七机部八院的作用，请考虑两院分工意见。"根据这一精神，在1966年5月卫星系列规划会上，张劲夫、裴丽生、钱学森又进一步明确表示，按照聂老总提出的“三家拧成一股绳”的精神，大力协同，合理分工，逐步组建队伍，积极开展应用卫星、载人飞船研制工作。钱学森风趣地说：“还是要一块招牌，两支队伍，大兵团协作。”

七机部机关长期主管卫星工作的谢昌年回忆：空间技术研究院1968年成立以前，七机部和中国科学院在卫星研制上怎么分工，是一个很大的问题。1966年5月17日，七机部党组开过一次会，专门讨论这个问题。会上，钱学森副部长做了一个很精彩的发言，他分析了七机部和中国科学院各自的优缺点，七机部有生产能力，中国科学院有研究能力，各有所长，可以进行适当分工。比如，科学卫星可由中国科学院搞，少量生产的，一个卫星一个样的，让中国科学院搞。但像返回式卫星，美国一发射就是三十几颗，那是批量生产的，中国科学院没有生产能力，七机部是比较合适的。另外，飞船那么老大个儿，需要很好的工业基础才能生产，它和返回式卫星都是回收型的，第八设计院从搞T-7探空火箭就开展了降落伞的研制工作，这是第八设计院的长处，所以这些东西还是七机部搞比较合适。七机部部长王秉璋原来考虑“八年四弹”任务非常重，担心抽不出力量来搞卫星。钱学森说，对于搞卫星，不要当作一般问题，对国家、对军事都是很重要的，后来七机部党组统一了思想，决定介入卫星研制任务，并且征得国防科委意见后，同意由第八设计院承担我国返回式卫星的研制任务。

1966 年 6 月，王希季遵照钱学森提出的要求，迅速组织总体设计队伍，由倪惠生、倪善明、李颐黎、褚桂柏、陈中青、徐良生、朱毅麟等及新分配来的一批大学生共计十多人组成，开始了返回式卫星总体方案的研究。他们首先从调研工作入手，先后到中国科学院 651 设计组、自动化研究所、力学研究所、长春光机研究所及七机部有关单位调研，先后找钱骥、杨嘉墀、王大珩、陈芳允、庄逢甘、吴承康等有关专家及科技人员，了解有关火箭气动力、返回式卫星关键技术的预研进展情况以及有关地面台站的规划设想，并查找了国外文献相关资料。经过半年的努力，于 1966 年年底，完成了卫星方案总体的初步设想。

中国第一颗返回式卫星工程的研制工作，大部分都是在“文革”动乱的年月里进行的。当“文革”疾风骤雨般地席卷而来时，杨嘉墀正率中国代表团在苏联访问，突然接到国内通过驻苏使馆传达，宣布代表团去英国参加 IFAC 世界大会的活动取消，访苏结束返回北京。回到单位首先映入眼帘的是铺天盖地的大字报，其中就有批判他“资产阶级反动学术权威”的大字报。有一份大字报写道，在 1962 年国防任务完成后，他在所内组织控制理论学习班，支持研究人员搞“小自由”，结合任务写“论文报告”，这是他腐蚀青年一代，拉拢青年走“白专”道路的“罪恶表现”；还有大字报写道，在 1962 年研究实习员升级时，他鼓励几个不到提升年限的研究实习员也参加考试，鼓吹青年人为个人名利努力，走只专不红的道路。然而，揭批杨嘉墀的大字报刚贴出不久，造反派就集中火力主攻张劲夫了。张劲夫是中国科学院党组书记，自然是中国科学院内的“头号走资派”。

“文革”中，康生、陈伯达、林彪先后插手中国科学院，把一个好端端的科学殿堂搞得乌烟瘴气，成了重灾区。1966 年 6 月，聂元梓的大字报一出来，由康生在背后操纵的造反派，每天到文津街中国科学院院部请愿，并对保卫部门派去谈判的同志实行扣押，进行刑讯逼供。当张劲夫找到分管中国科学院运动的陈伯达时，陈伯达说：“他们闹事，你们可以反击嘛！”于是中国科学院的群众抓了几个闹事的人，并和他们交换了扣押的人质。1966年6月28日，陈伯达要到地球物理研究所看大字报，裴丽生陪同前往。当裴丽生汇报按他的指示处理闹事的结果时，陈伯达竟一反常态地说：“他们做法不对，你们也不对嘛！人家扣了你们一个人，你们就扣了人家六个人！”裴丽生对陈伯达这种出尔反尔的表态深感惊讶！不久，林彪对此事也做了批示：“中国科学院镇压造反派。”原因是林彪的侄子就在自动化研究所，是一个造反派的小头头。“文革”浩劫首先冲垮中国科学院应用地球物理研究所党的领导班子，接着又冲击到原地球物理研究所分出的其他几个所以及651设计院。

作为中国科学院副院长的陈伯达，在1966年前的17年里，极少过问院里的工作，却在“文革”开始不久的7月30日，与江青一道，以“中央文革小组”的名义召集了科技界的万人大会，煽动科学界包括中国科学院的群众揪斗“走资派”。在他们的插手策划下，中国科学院的群众很快形成了相互对立的派别。

9月7日，周恩来总理亲自参加了中国科学院北京地区的万人辩论会，针对当前形势，总理指出：在这样一个大的中国科学院范围，既要进行无产阶级文化大革命，解决社会主义革命抓阶级斗争，又要抓革命促生产，抓生产斗争和科学实验。我们不能看着中国科学院的尖端科学研究和许多重点实验像现在这样放在一边，不能继续下去！我已经有很多材料证明，我们某一方面的工作推迟时间，我昨天看了这么一个紧急报告，我很不安……

在这次大会后，承担“651”任务的许多研究人员又回到了实验室，但是在不断揪斗“走资派”和“反动学术权威”以及铺天盖地的大字报的干扰下，很快政治运动又占据了绝大部分时间，中国科学院领导机关也基本处于瘫痪状态。

杨嘉墀十年前刚回国时，中国科学院分给他一套单元房。在当时“一穷二白”的中国，这已是很高的待遇了。他很满足，对组织的信任和关心感激不尽。然而“文革”开始后，在“夺权”“批判资产阶级反动学术权威”“工人阶级必须领导一切”的口号声中，他们家的住房“呼啦啦”涌进三户人家，大人叫，孩子哭，好不热闹。做饭要排队，卫生间也要轮流使用。杨嘉墀无可奈何，把长沙发竖立在墙角，拆掉床架，将铺板放在箱子上，书架立在衣柜上，小房间里挤得转身都很困难，桌上、床上、地上堆满了科技资料。室内空气难以流动，闷热得难受，让人感到窒息。要想看点书，思考些问题，只好去研究所里了。

“文革”打乱了科研、生产秩序，杨嘉墀研究的返回式卫星的控制系统，有一些关键技术问题尚未解决，他心里很不踏实。然而政治运动要求大家花大量时间去学习“革命理论”，参加“革命活动”，杨嘉墀只有等到参加完这些活动之后，才能去思考技术问题。有一段时间，他还被下放到食堂劳动，早上 4 点钟就要到食堂上班，择菜、洗菜、切菜，给厨师打下手。白天基本上没有时间，只能利用晚上和星期天的时间加班，与研究室的同志们一道进行研究工作。杨嘉墀冒着政治风险推动这项工作，带领有关人员以顽强拼搏的精神，高质量地完成了研制任务。就是在这种特殊的情况下，他们解决了红外地平仪与两个自由度陀螺相结合的姿态测量问题，大、小推力器相结合的喷气推进系统的参数选择问题，卫星返回前的姿态调整方案。

为了保护我国这支新生的空间技术队伍免受摧残，确保人造卫星工程项目按计划进行下去，周恩来总理、聂荣臻副总理采取了一系列措施，力图在尖端技术部门将动乱抑制到最低程度，尽可能降低损失。聂荣臻向周总理请示后，于1967年3月向中共中央提交了《关于军事接管和调整国防科研机构的请示报告》。周恩来同意了这个报告，并提出了对国防工业的六个部实行军管的建议。毛泽东主席批示“总理，照办”。3月17日，周恩来总理宣布对七机部等实行军事管制；中国科学院新技术局及其归口从事卫星工程研制的单位，由国防科委接管；而卫星地面观测台站的建设任务则由中国科学院调整到国防科委所属的试验基地。

1967年3月下旬，钱学森提出为了适应国际形势需要，要加速返回式卫星研制工作的进程，并邀请中国科学院有关研究所的科技人员参加方案论证。在王希季领导下，参加总体方案制定的工作人员，从国家事业出发，冲破重重阻力，对返回式卫星方案进行了论证。他们从返回式卫星整体功能出发，对卫星的有效载荷、构形布局和信息载体的回收方式等影响总体方案的内容进行了综合优选，最终形成了以三轴稳定对地定向的姿态沿近地轨道运行，用一台棱镜扫描式可见光全景相机作为对地观测相机（地物相机）和在地物相机拍照的同时，用一台星相机对天空摄影，所拍摄的星图用于事后校正摄影时刻卫星姿态误差，整个卫星分为返回舱和仪器舱两部分的返回式卫星总体方案。经过充分研究，反复论证，集思广益，终于在 1967 年 7 月提出了返回式卫星总体方案初稿。钱学森对返回式卫星的技术方案进行了细致而深入的审查，并建议返回式卫星命名为“返回式遥感卫星”。

由于历史的原因，我国第一颗人造卫星和返回式遥感卫星以及其他航天器的研制，是分散在中国科学院、七机部及其他一些部门进行的，这就给组织领导和指挥调度带来很多困难。考虑到世界航天技术的发展趋势和航天技术能为国防建设、国民经济发展以及人民物质文化生活带来巨大利益，为加速我国航天技术的发展，国家有必要建立一个专门研制人造卫星及其他航天器的机构，以便形成完整的航天工业体系。这样就可以在科学技术力量相对薄弱的情况下，适当集中人力、设备和经费，再加上全国的大协作，便能在一些比较有把握的新兴学科领域取得突破，国防部五院的实践，充分说明了这一点。

1967 年 5 月初，国防科委汪永肃通知舒润达、杨照德等人，到国防科委大楼参加空间技术体制规划研讨会。参加会议的除中国科学院新技术局之外，还有七机部八院的两名代表。在国防科委政策研究室的组织下，进行了空间技术研究院的任务与组建方案的研究。刘华清、钱学森几次到会参与讨论。经过充分讨论，大家一致认为空间技术研究院的组建工作一定要加强，比如自动化、电子技术等的研究工作，应与生产相结合并与之相配套地发展，组建若干个工厂，才能适应未来航天器的发展需求。会上还就关于组建几个总体设计部进行了论证，有人提出按照回收与不回收的方式分类，组建两类卫星总体设计部的方案。经过大家反复讨论研究，钱学森认为，在卫星工程的起步阶段，应集中力量先组建一个总体设计部，这样可以做到工程、学科技术之间的优势互补。

1967 年 5 月 29 日，国防科委《关于组建空间技术研究院的报告》上报中央军委。1967 年 6 月 27 日，中央军委第 77 次常委会议决定：遵照毛主席“鼓足干劲、力争上游、自力更生，奋发图强，树雄心，立壮志，赶超世界先进科学技术水平”的指示，把现有较分散的科学技术力量集中起来，加速空间技术的发展，同意国防科委提出的组建空间技术研究院的方案，该院属国防科委建制领导。由钱学森兼任院长，常勇任政委。随后国防科委决定先成立空间技术研究院筹备处（简称 651 筹备处）。按照国务院秘书厅通知，为组建新的国防科研机构，周恩来总理同意将中央社会主义学院的校舍划拨给国防科委 651 筹备处使用。筹备处在组建空间技术研究院的同时，履行了研究院的部门职能，它与中国科学院一起协助国防科委，组织并相继召开了返回式卫星方案论证会和第一颗人造卫星研制工作会议。

1967 年 9 月 11 日，国防科委委托七机部和国防科委 651 筹备处，共同负责召开返回式遥感卫星总体方案论证会，代号为“911”会议。主要任务是论证卫星技术方案，落实任务分工，协调研制计划。参加会议的单位有国防科委、国防工办、总参谋部、空军、海军、四机部、七机部、物资部、邮电部、中国科学院、651 筹备处等 45 个单位，共计 158 名代表。杨嘉墀接到会议邀请函后，在国防科委军管组的同志陪同下，乘坐公共汽车前往中央社会主义学院。当他进入二楼小会议室时，一眼就见到了钱学森、王大珩等人，并与他们握手问候。杨嘉墀的心情无比激动，真可谓一日不见，如隔三秋。钱学森向他介绍了身边的常勇政委，随后大家一起走进二楼小礼堂。孙家栋、王希季、闵桂荣、林华宝等也出席了这次会议。钱学森主持会议，并在开幕式上做了重要讲话，传达了国家有关研制卫星的精神，并再三强调：中央决定自行研制各种应用卫星的决策是完全正确的；返回式遥感卫星具有机密性高、技术难度大两大特点；要发展自己的返回式遥感卫星，只能依靠自己的力量，走自力更生、艰苦奋斗的道路。他还提出了航天新概念，他说："人类在宇宙空间的飞行活动，在很长时间内只限于太阳系内，将之称为宇宙航行未免有些夸大。"因此建议："人类在大气层以外的飞行活动，称为航天；而在大气层以内的活动，称为航空。"他解释说："提出航天这个名词，是受到毛主席的诗词'巡天遥看一千河'的启发，是毛主席'巡天'一词的延伸。"最后他进一步强调：返回式遥感卫星的研制工作，既要充分利用国内现有的技术基础，又要解放思想，敢于走前人没有走过的路，还要敢于攀登前人没有攀登过的高峰。大力发展新技术，带动后续型号，以只争朝夕的精神，多快好省地开展研制工作，努力实现"巡天遥看一千河"的奋斗目标。

七机部八院在大会上报告了总体方案设想，力学研究所做了卫星回收技术途径报告，自动化研究所介绍了姿态控制系统方案论证初步设想。会议讨论并审定了返回式遥感卫星的总体方案，确定了卫星研制分两步进行。第一步研制试验卫星，重点解决相机技术、三轴姿态控制技术和卫星返回技术，计划发射 3 ~ 4 颗试验卫星。第二步在基本技术过关后，再研制实用型卫星。至于研制分工问题，会议确定：国防科委 651 筹备处负责卫星大系统协调工作，七机部八院负责卫星本体结构、电源与配电、遥测、返回系统研制，中国科学院负责姿态控制、程序控制、温度控制以及相机系统研制，四机部十院负责星上遥控接收机和应答机的研制，七机部一院负责运载火箭的研制，国防科委二十基地负责发射场和地面测控系统，成果处理事宜由总参在会后确定一个单位负责。9月20日，在会议结束时，由王希季总工程师代表会议领导小组做总结发言。会后各单位纷纷按照会议精神和分工意见贯彻实行，积极开展工作。即使处于“文革”动乱时期，返回式遥感卫星的研制工作仍然艰难地向前推进。

1968年2月20日，中国空间技术研究院正式成立，中央军委授予“中国人民解放军第五研究院”的番号。1968年2月27日国防科委通知，中国科学院651设计院、自动化研究所、北京科学仪器厂正式调归中国空间技术研究院建制，在自动化研究所的基础上，成立北京控制工程研究所。在中国空间技术研究院成立后，钱学森对总体、各分系统技术力量进行了统筹安排，在返回式遥感卫星方案的基础上，由孙家栋相继主持召开了各分系统的方案协调会，使各分系统的方案基本确定，为全面开展研制工作打下了良好的基础。钱学森十分关心这支年轻的总体技术队伍的成长，赞扬他们敢于挑重担，热情肯干，并告诫大家要吸取“东风二号”的经验教训，狠抓方案试验，群策群力，攻克难关。他还进一步指出，有关返回舱的气动外形、姿态控制系统、相机系统等均要充分地做好理论分析，并安排好模拟试验。

中国空间技术研究院成立后，杨嘉墀受到了重点保护，他先在研究室里当一名普通的研究员。他没有一点怨言，和室里的同志一起，把全部的心血都扑在工作上。他对于权力从来就没有奢望，只要能让他从事他的研究事业，他就心满意足，感到充实和安然。他多次向驻所军管和卫星总装厂工人、技术员，用通俗易懂的语言介绍卫星和姿态控制方面的知识，受到了领导和工人们的欢迎和尊重。杨嘉墀还主动和研究室的同志一起，根据返回式遥感卫星总体对姿态控制系统提出的任务和要求，进一步修订系统方案。他指出合理地选择各种参数是方案设计的关键所在，牵一发而动全身，必须慎重地加以考虑。研究室只有两台 J331 电子模拟计算机，为了提高计算精度，杨嘉墀指导大家进行数学仿真。在多次数学仿真的基础上，准确地选择了系统中的各种参数值，拟定了各元部件的主要技术指标。然后开始系统的全面设计，首先为系统的初样试验、系统检测、系统物理仿真等拟订方案，并对姿态控制系统内各部分之间以及它和卫星总体及其他分系统间的接口关系，进行了协调。为了摸清返回式遥感卫星在轨道运行时的干扰力矩，杨嘉墀与孙承启一起乘公共汽车赴云岗空气动力研究所了解高空大气干扰力矩的状况，但是相关人员因不了解 200 千米高度大气层的气流情况，无法承担这项任务。没有办法，杨嘉墀就查阅大量相关资料，偶然间看到一本国外的有关资料，认为高空气流可以看作是随着地球自转由西向东流动的，他从中受到了启发。根据这一假设和高空大气密度等数据，杨嘉墀靠手写笔算，花了近一个星期的时间，把轨道上高空气动力一点一点地计算出来，并由此估算出卫星三天运行维持姿态所需要的耗气量。

1968 年，中国空间技术研究院虽然编入军队序列，采取“以正面教育为主”，不开展“四大”（大鸣、大放、大字报、大辩论），但仍难以避免“文革”

的冲击和干扰。在一段时间内，“炮打院领导”“踢开院领导闹革命”的大字报在院机关内到处可见，所、厂领导和一些有才华的科学家受到审查和批判，武斗也偶有发生，一般职工受到审查、拘禁、拷打更是司空见惯。像杨嘉墀这样的科学家也不得不考虑自己的处境。杨嘉墀身为从旧社会过来的知识分子，虽然不是“当权派”，却有成为“反动学术权威”的可能。他曾到美国留学，也曾在国民党资源委员会领导下的中央电工器材厂工作过。尽管他心里很明白自己是搞技术的，没有政治把柄可抓，可是这个时代，莫须有的罪名多的是，不知道什么时候就会被戴上一顶受用不起的“大帽子”。

进入所谓“清理阶级队伍”阶段，所内某些受极左思潮影响的人，也把杨嘉墀列入了“审查对象”，从他的祖宗三代到社会关系，从小时候到现在，从国内到国外，这些都被列为清查重点，还要被没完没了地追问。因此，杨嘉墀除了工作，还要写交代材料。从 1968 年 8 月至 12 月，他每个月都要写检查，按照审讯要求的先后，写了贯彻修正主义科研路线、留学美国时期、家庭情况和社会关系、回国后几次出国访问情况、求学时期等几方面的 20 多个问题，约 3 万字。既费时又费神，而且还要小心别让人家戴帽子、抓辫子。不爱说话却善

1969年1月，杨嘉墀全家合影

于思考，身材不高却能“力扛千斤”的杨嘉墀，以对事业执著和对祖国、对人民极端负责的精神，在极其困难的条件下，默默地承受，表现出极高的“抗压力”。他很清楚，只要说一些违心的话，自己就有可能得以解脱，但比自己生命更为重要的事业和许多好同事就都将被毁掉。他一方面实事求是地回顾人生的道路，在原则问题上毫不改口；另一方面采取灵活的态度，用有关理论对照批判自己，但在关键问题上绝不退让。他坦率的态度和对事业的忠诚终于打动了一些人，他们转变了态度，从一味地围攻批判转变到允许他共同进行科学试验。

1968 年年底，杨嘉墀等人的处境越来越险恶了。但事有凑巧，11 月初，北京礼花厂青年女工王世芬在一起意外爆炸事件中被严重烧伤。一名普通女工的命运牵动着周恩来总理的心，总理指示医院要全力抢救，还多次派他的联络员了解王世芬的伤情和救治情况。医生们为了挽救王世芬的生命，不得不对她实施截肢手术，周总理又指示，为王世芬安装假肢。为此，北京假肢厂向研究所求助。院领导常勇政委顶着逆境，不顾个人安危，不计较个人得失，为保护科学家，指示所里军管派杨嘉墀、戴汝为、胡启恒等前去帮助研制假肢。杨嘉墀对周恩来总理如此关心一位普通女工深为感动，郑重地接受了任务。他想，一个健全的人为一个伤残者解除痛苦，是一件理所当然和十分光荣的事情，必须认真做好。于是，他全心全意地去工作，每天从中关村乘公共汽车去位于东直门的假肢厂上班，利用过去从事医学电子学研究的专长，设计了一款假肢。它是利用生物电流来控制的，可以由人的大脑神经信号支配假肢的活动，而且很快就研制成功了。由于他研制的假肢既先进又实用，技术含量高，在世界上处于领先水平。杨嘉墀设计的假肢不仅解决了王世芬的实际困难，而且还走出国门，远销海外。

很快，杨嘉墀的处境有所好转，恢复了副所长职务，他在这一时期的工作，主要还是组织与领导返回式卫星的相关研究工作。经过杨嘉墀等的反复论证，选择了较为先进的轨道陀罗盘对偏航姿态进行测量。1970 年，在杨嘉墀领导下，研制人员对姿态控制系统的初样产品进行了三次大型模拟试验，利用三轴机械转台进行了半物理模拟试验，利用单轴气浮台和三轴气浮台分别进行了全物理模拟试验。通过这些大型试验，验证了系统的可靠性和正确性，选定了系统的一些参数。在方案中采用了增益自调整、参数最优选择等技术，使该系统技术性能指标达到 20 世纪 70 年代初的世界先进水平。在星上各系统中，姿态控制系统率先对元器件、部件乃至整个系统均进行了可靠性分析和评估，最早制定了元器件筛选和质量控制的各项制度，对保护产品质量起了很好的作用。

5. 卫星返回控制有功

中日邦交实现正常化后，1973 年 4 月，根据周恩来总理的指示，以中国科学院的名义组织了一个中国科学技术代表团访问日本，肩负民间科技外交的特殊任务，这也是中国在“文革”期间派出的第一个科技代表团。确定人选时，为易于通过，周总理提出两个条件：一是最好从国外回来的，又出身好的；二是在运动中比较超脱，群众能够谅解的。经中国科学院外事局局长潘纯推荐，杨嘉墀被周总理点名当了团长。代表团成员共有 7 人，除杨嘉墀外，其他成员都比较年轻。在日本期间，他们受到日本友好人士的热情接待，参观访问了集成电路、电子计算机、工业自动化等科研机构与高等学校。日本给杨嘉墀留下了深刻的印象，该国的发展速度居世界之首，他们能赶上世界潮流，超过时代水平，别人有的他们要有，别人没有的他们也要有。他们靠自动化改造传统企业，使之走在时代前列。“二战”后在制造业方面的创新，使他们的钢铁工业和电子工业遥遥领先，这些都给航天技术发展提供了优越的条件。在这次参观访问中，杨嘉墀广泛结交朋友，主动提出中日关系要以史为鉴，面向未来，要世世代代友好下去。他还疏通了中日两国在高技术领域内开展科学技术交流的渠道。杨嘉墀感觉眼前敞亮了，祖国信任他，国门也开始打开，但也深感祖国仍很落后，回国后便利用适当时机宣传高新技术对加速社会主义现代化建设的重要意义。

1974 年 9 月 8 日，第一颗返回式遥感卫星运往酒泉试验基地，并于 11 月 5 日进行了首次发射试验。当长征二号运载火箭带着卫星徐徐升起，全体参试人员热切盼望首次发射能顺利成功之际，火箭突然失控，发射指挥员不得不下达安全自毁指令。卫星连同运载火箭，顷刻之间变成一团火焰，被炸得粉碎，落在发射场附近。此时此刻，全体参试人员无不心情沉重。中央军委副主席叶剑

1970年，杨嘉墀在进行返回式卫星姿控系统半物理模拟试验

英得知发射失败后，立即打电话给发射中心的全体参试人员，勉励大家："失败是成功之母，不要颓丧，再接再厉，继续奋斗，一定要达到目的。"叶副主席的指示增强了全体研制人员排除万难、去夺取胜利的信心。事后，钱学森和大家一起查找酿成这次大祸的原因，动员科技人员和发射人员，将散落在戈壁滩上的残骸都寻找、挖掘、筛选出来，又审阅了记录着发射全过程的实况录像。录像片中再现了悲剧细节——火箭一离开地面就开始大幅度摇晃，卫星却牢牢地对接在箭上。在火箭设计中，有一个安全自毁系统，如果偏离轨道的角度大于允许值，火箭就要爆炸，这是为了避免飞入人口稠密区域和大城市，造成不可估量的损失。此次爆炸，便是火箭自毁。在录像的提示下，研制控制系统的同志开始想到有可能是自己的工作出了问题，于是在模拟试验中反复查找原因，调整参数，并利用仍旧可利用的遥测信号一个一个地模拟，逐渐发现有几个参数不正常；在更加细致的查找中，又发现控制火箭摆动角的速率陀螺没能将信号传送给平台，所以在不能纠偏的情况下越偏越大。于是，他们又按照不能传输信号的假设情形反复地模拟试验，最终获得的模拟曲线和火箭运动摆动的曲线基本吻合。到底是速率陀螺坏了，还是平台接收信号有问题？或者是中间传输系统出了毛病？这需要找到确凿的证据。在酒泉的戈壁滩上，上千人在挖掘，捡拾火箭及卫星残骸的碎片，凡肉眼能看到的一段铜丝、一片碎片都捡回摆在桌上，让各系统的人前来认领，一点点地对接成型。炸成一段段的电缆也对接

起来了，恰巧有一段2寸长的电缆，被使用电缆的技术人员认出，这就是速率陀螺连接平台的电缆！在X光的透视下，发现在完好的胶皮的包裹中，那根铜丝是断开的，用力拉一下断处立刻分离。人们终于找到了失败的根源。后来查到了生产厂家，得知由于“文革”打乱了生产秩序，工人根本未按照工艺要求生产，在火箭发射的强烈振动下，铜线被拉断了。千里之堤，溃于蚁穴，塌天大祸由“一根导线”引起。大家下决心认真总结经验教训，在确保产品质量方面狠下功夫，一定要把卫星送上天、收回来。

1974年11月28日，国防科委和第七机械工业部召开了总结经验、吸取教训、整顿质量管理的动员大会。会议要求各研制单位和全体研制人员，从返回式遥感试验卫星首次发射失败的事件中吸取教训，对每一台产品从质量上进行一次全面的大检查。会后，杨嘉墀按照研究院的统一部署，组织卫星姿态控制分系统的研制人员，投入了一次产品质量和设计质量的复查工作，针对在发射中心测试和发射中出现的各种故障，进行了全面的、彻底的复查，对存在的各种问题和隐患，提出了有效的改进措施。

1975年第二颗返回式卫星的仪器设备齐套，开始了总装测试。杨嘉墀参加了总装测试工作。他遵循周恩来总理谆谆教导的“严肃认真、周到细致、稳妥可靠、万无一失”的十六字方针，对待工作一丝不苟，哪怕是一个一闪而过的现象，也要抓住不放。例如，有一次发现姿态控制的水平陀螺测量精度有短时间的下降，再仔细观察，又一切正常。尽管精度瞬时下降值是在允许的范围内，但他以不放过任何一个疑点的工作态度，带领大家认真地查找，最终发现有一根导线松动并与陀螺外环上的配重块相碰。这个问题如果不排除，就有可能导致整个卫星发射失败。通过大家不懈的认真工作，于 1975 年 8 月完成了总装测试任务。

1975 年 10 月 16 日，第二颗返回式卫星安全抵达酒泉卫星发射中心，试验队到达基地，征尘未洗便全体动员，卸装备、产品，与基地同志一起将测试仪器就位，技术阵地现场测试随即展开。试验队的工作千头万绪，但目标只有一个，就是把大家凝聚在一起，心往一处想，劲往一处使，把卫星送上天，还要它安全返回来。

1975 年 11 月，杨嘉墀参加了试验队，按照分工，他到渭南卫星测控中心监视返回式卫星的运行情况。杨嘉墀与试验队的同志一起学习了国务院、中央军委领导的指示：“第一希望把卫星送上去，第二希望把卫星收回来，要尽最大努力，打好这场硬仗。”大家以“雄关漫道真如铁，而今迈步从头越”的精神，认真做好发射前的准备工作，决不幸负党和人民的期望，把卫星送上去、收回来。

在完成了临射前的一切准备工作之后，1975 年 11 月 26 日，中国第二颗返回式卫星从酒泉按时发射。火箭按预定程序飞行，卫星进入了预定轨道，轨道近地点高度 173 千米，远地点高度 483 千米，轨道倾角 63°，入轨精度符合设计要求。卫星入轨后，由分布在我国大陆上的卫星地面测控站对卫星进行跟踪、测轨、遥测、遥控。

卫星入轨了，研制火箭的人可以举杯庆祝了。然而承担卫星研制的孙家栋、钱骥、杨嘉墀、王希季、陈芳允等一大批科研人员，仍处于紧张状态。国防科委钱学森、马捷副主任自始至终在基地亲自指挥这次试验。卫星发射入轨固然不简单，但卫星返回地面更难。世界上第一种返回式照相侦察卫星——美国的发现者号卫星前 12 次试验都失败了，直到第 13 次飞行试验，才在轨道上接收到地面指令控制，弹射出再入密封舱并在海上回收。中国能否突破卫星返回这一难关，是全体研制人员，特别是渭南卫星测控中心的试验队人员关注的焦点。卫星运行第 10 圈的遥测数据表明，卫星工作正常，没有任何异常现象。然而卫星继续运行下去，会不会出现问题？能否按预定计划在 11 月 29 日返回地面？这些还都不能确定。为了完成“把卫星收回来”的任务，试验队开展了事故预想活动，还展开了一场激烈的争论，人们提出三种意见：第一种意见主张让卫星提前于 11 月 27 日返回，防止夜长梦多，卫星回不来；第二种意见主张让卫星提前到 11 月 28 日返回，因卫星尚未发现异常现象，应尽量避开 11 月 27 日回收着陆区条件不佳的困难；第三种意见主张按预定计划于 11 月 29 日实施卫星返回，同时做好 28 日回收的准备。钱学森组织现场的专家们进行了研究，陈芳允、祁思禹等从测控、轨道计算等方面分析，认为不应该出什么意外，坚持按时返回。杨嘉墀和试验队的科研人员一起，昼夜密切注视卫星运行期间姿态控制系统的工作情况。决策前，钱学森再次听取了杨嘉墀的意见。杨嘉墀根据遥测数据进行了计算，果断地判断卫星能按计划运行三天，为决策提供了依据。钱学森下决心按照原计划，卫星运行三天以后再回收，最后拍板定案。随后马捷向张爱萍进行电话汇报，张爱萍当即在电话中批准了这个方案。因为卫星在运行过程中一直正常工作，所以在 11 月 29 日 10 时 53 分开始按预定计划向地面返回。它的顺利返回，使曾经为之呕心沥血、日夜奋战付出了辛勤劳动的人们，终于放下了一颗颗悬着的心。

此时此刻，国防科委、第七机械工业部和空间技术研究院的领导也都在国防科委大楼内，收听渭南卫星测控中心传来的有关卫星返回的实况转播。在酒泉卫星发射中心的试验队员也在等候着佳音。

当测控指挥员下达了卫星两舱分离指令后，渭南卫星测控中心的大厅内鸦雀无声，大家的眼睛不约而同地注视着描绘预示落点的 XY 记录仪。只见记录仪的绘图笔快速地移动，描绘出一条飞向地面的返回轨道。顿时，人们心花怒放，互相握手祝贺。钱学森对站在他身边的杨嘉墀说："控制有功。"第二颗返回式卫星终于在 11 月 29 日 11 时 6 分在贵州省六枝特区六盘公社着陆，基本完成了"把卫星收回来"的任务。我国成为世界上第三个掌握卫星返回技术的国家。中共中央、国务院和中央军委致电热烈祝贺这一成就。

卫星发射成功后，杨嘉墀特别高兴，但感觉更多的是既有动力，也有压力。因此，他反复强调要认真总结经验，更要将当前遥测数据的处理工作做好，因为所得的结果还要为今后卫星设计的改进提供依据。自 1975 年至 1992 年，在连续成功发射的 13 颗返回式卫星中，姿态控制系统都圆满地完成了所承担的各项任务，从未发生任何故障，性能指标均满足使用要求。通过对遥测数据和星相机数据的处理与分析，证明姿态控制系统中的方案设计与技术设计都是正确的，所研制的各部件性能良好，整个系统运行正常。因此，在 1979 年国际自动

1990年，杨嘉墀在莫斯科参加自动控制国际会议

控制联合会第八届空间控制讨论会上，杨嘉墀、孙承启发表了论文《中国返地轨道卫星三轴稳定姿态控制系统》，受到国际同行的好评。返回式卫星姿态控制系统的研制成功，填补了我国卫星三轴姿态控制系统的空白，为其他型号卫星的研制增强了信心，亦为今后研制类似卫星提供了宝贵的经验。返回式卫星姿态控制系统获得荣誉如下：

1978 年 3 月荣获全国科学大会重大成果奖；

荣获 1978 ~ 1979 年国防科研成果一等奖；

1985 年返回式卫星和东方红一号卫星的研制与发射成功获国家科技进步奖特等奖，杨嘉墀为第四完成人。

6. 科学春天卫星总师

1975 年 1 月，杨嘉墀当选为第四届全国人民代表大会代表。1 月 13 日至 17 日，在北京出席了全国人大第一次会议。会上，周恩来总理做了《政府工作报告》，重申要在本世纪内实现农业、工业、国防和科学技术现代化。会议确定了以周恩来总理、邓小平副总理为核心的国务院领导人选，挫败了“四人帮”企图组阁的阴谋。在周总理病重期间，邓小平在毛泽东主席支持下主持中央日常工作，提出“安定团结”和“全面整顿”的治国方针。1975年春，邓小平、叶剑英、李先念等中央领导，对七机部的工作做了多次重要指示。在全面整顿的1975年里，我国连续三次成功发射卫星，实现了“三星高照”。7月26日，上海地区研制的技术试验卫星和风暴一号火箭，首次发射成功。11月26日返回式卫星的发射、回收，首次获得成功。12月17日，风暴一号火箭再次发射成功。这是我国航天战线多年来未曾出现的好形势。

1976年1月8日，中国人民永远不会忘记这个令人悲伤的日子，一直关心科研事业的周总理与世长辞。低回的哀乐在神州大地上鸣咽的时候，杨嘉墀也在痛苦地颤抖，回想往事，心痛欲碎！我国研制原子弹、氢弹、导弹、人造卫星，都是周总理领导的。“文革”期间，周总理仍然抓住不放，别的工作乱了，但“两弹一星”的工作自始至终未停。

当我国在空间技术方面取得进展，并将打开新局面之际，江青反革命集团篡党夺权的阴谋活动达到公开化、白热化。他们掀起了“批邓、反击右倾翻案风”的运动，诬蔑发展中国空间事业是“卫星上天，红旗落地”，从而使七机部刚刚形成的大好形势又一次遭到破坏。七机部系统广大群众对江青反革命集团的倒行逆施早就深恶痛绝，“反击右倾翻案风”的逆浪更加激起广大群众的愤慨。顶着压力，不畏风险，航天人积极参加了 1976 年 4 月在首都天安门广场掀起的悼念敬爱的周总理、反对“四人帮”（王洪文、张春桥、江青、姚文元）的强大抗议活动，表现了航天战线这支队伍的高度政治觉悟和无所畏惧的斗争精神。

1976 年 5 月 18 日，毛泽东主席批准了第三颗返回式卫星的飞行试验计划，这使全体研制人员受到极大鼓舞，增强了大家完成任务的信心与决心。1976 年 7 月，第三颗返回式卫星进入总装阶段。7 月 28 日，唐山发生了大地震，地震亦波及北京，人们纷纷住进了防震棚，但返回式卫星的研制工作并未因此而停止。杨嘉墀仍深入到返回式卫星生产总装的现场，与广大科研人员、工人、干部一起坚守在岗位上，冒着余震的危险，他还与钱骥、孙立言一起组织并参加卫星出厂前的综合测试。9 月 9 日，毛泽东主席逝世，杨嘉墀与科研人员化悲痛为力量，坚守岗位，团结一致，做好各项工作，以实际行动悼念伟大领袖毛主席。杨嘉墀在现场组织学习《院政治部做好返回式卫星第三颗进场试验中的思想政治工作的通知》。要求贯彻毛泽东主席关于“把质量提高到第一位”和周恩来总理关于“严肃认真、周到细致、稳妥可靠、万无一失”的指示，发扬“三老”“四严”的作风，协同作战，搞好团结，做好保卫、保密和安全工作，确保试验任务完成。全体人员齐心协力，于 10 月初完成了总装测试任务。

1976 年 10 月上旬，党中央顺应中国人民的意志，当机立断，力挽狂澜，毅然决然地粉碎了江青反革命集团，结束了“文革”这场灾难。亿万人民欣喜若狂，纷纷走上街头，敲锣打鼓，欢庆第二次解放。杨嘉墀陪同正在中国访问的荷兰控制专家艾克霍夫（Eykhoff）观看了浩浩荡荡的大游行，让国际友人也体会一下中国的民心民意。艾克霍夫晚年担任了荷中友协主席，致力于两国的友好交往与科技合作。

1976 年 10 月，在粉碎“四人帮”的大喜日子里，返回式卫星及其运载火箭运到酒泉卫星发射中心。1976 年 12 月 7 日，第三颗返回式卫星发射成功。卫星在空间正常运行 3 天后，12 月 10 日按预定计划准确安全地返回地面。1977 年 3 月 17 日，叶剑英副主席阅览了返回式卫星所获得的照片与资料以及成果分析报告后批示：返回式卫星有功。1978 年 1 月 26 日，我国又成功发射一颗返回式卫星。当天，中央军委副主席叶剑英在听到卫星发射成功的消息后，高兴地说：“这是科研工作 1978 年的开门红，祝贺同志们取得的胜利。”这颗卫星在轨运行 3 天后，完成了卫星遥感等任务，取得了大量遥感信息，于 1 月 29 日按预定计划成功返回地面。在这次试验中，还专门安排了对京（北京）津（天津）唐（唐山）等地的摄影，初步表明了卫星在国土普查领域的价值。杨嘉墀在《我国航天技术发展与技术科学》一文中指出：以返回式卫星作为研究重点，是有现实意义的。一方面在技术上通过这项任务，走完卫星发射、轨道飞行、返回等全过程，可以为今后载人飞行及从地球到轨道间的物资运输等打下基础；另一方面，就当时世界技术水平和我国电子元器件水平来看，采用返回式卫星是进行对地观测的最佳方案。10 多年来的实践证明，这类卫星为土地资源普查、地质水文调查、矿藏勘察、地震预报、铁路、水路港口建设、环境监测、大地和海洋带测绘等提供了很有价值的信息。

在科学的春天里，杨嘉墀长期受到压抑的献身精神一下子重新焕发出来，英雄又有了用武之地，他决心把十年动乱中失去的宝贵时间抢回来。1978 年 1 月，杨嘉墀当选为第五届全国人民代表大会代表，于 2 月 26 日至 3 月 5 日出席了全国人大第一次会议，听取了政府工作报告，讨论了宪法有关问题。3 月 15 日，中国空间技术研究院召开干部大会，由第五届全国人大代表杨嘉墀和第五届政协委员王照华等传达人大和政协会议精神。

1978年3月18日，来自全国各省、市、自治区、中共中央直属单位和国家机关各部门，以及中国人民解放军和国防工业部门的5586名代表，汇集北京，参加全国科学大会。杨嘉墀应邀参加了党中央主持召开的这次科学盛会。他抚今追昔，心潮澎湃，激动不已。从“文革”时期仇视知识、摧残人才、科学研究有罪，到新时期尊重人才、向科学进军，这是中国科学技术工作的伟大历史转折。他为自己得到信任和尊重而欣慰，也为中国能召开如此空前盛大的科学大会而高兴。这次大会表明了科学技术在中国受到重视，这给所有从事科学事业的人以极大的鼓舞与期望。更使杨嘉墀怦然心动的是邓小平的重要讲话。他运用马克思主义基本原理，分析了现代科学技术和经济发展的特点，总结了中国的历史经验，提出了关系到中国现代化前途的战略决策。他指出:“在20世纪内，全面实现农业、工业、国防和科学技术现代化，把我们的国家建设成为社会主义现代化强国，是我国人民肩负的伟大历史使命。”“四个现代化，关键是科学技术现代化，没有现代科学技术，就不可能建设现代农业、现代工业、现代国防。没有科学技术高速发展，也就不可能有国民经济的高速发展。”

在讲话中，邓小平明确指出“科学技术是生产力”；“科学技术正在成为越来越重要的生产力”；“当代的自然科学正以空前的规模和速度应用于生产，使社会物质生产的各个领域面貌一新”；“社会生产力有这样巨大的发展，劳动生产率有这样大幅度的提高，靠的是什么？最主要的是靠科学的力量、技术的力量”。邓小平这些重要观点，对于纠正长期以来存在的轻视科学技术倾向，对于提高全党和全国人民对科学技术重要作用的认识，从而促进社会主义现代化建设的健康发展，有着十分重要的现实意义。

在讲话中，邓小平语重心长地指出：“在科学技术方面，我国古代曾经创造过辉煌的成就，四大发明对世界文明的进步起了伟大的作用。但是我们祖先的成就，只能用来坚定我们赶超世界水平的信心，而不能用来安慰我们现实的落后。”他说：“认识落后，才能去改变落后。学习先进，才有可能赶超先进。提高我国的科学技术水平，当然必须依靠我们自己努力，必须发展我们自己的创造，必须坚持独立自主、自力更生的方针。但是，独立自主不是闭关自守，自力更生不是盲目排外。科学技术是人类共同的财富。任何一个民族、一个国家，都需要学习别的民族、别的国家的长处，学习人家的先进科学技术。”他不仅从理论上深刻地阐明了对外开放的重要意义，而且对扩大国际交流，引进国外先进技术和设备具有十分重要的指导作用。

针对“四人帮”散布的所谓“知识越多越反动”的谬论，邓小平在讲话中断言，中国的科学技术队伍“不愧是我们工人阶级自己的又红又专的科学技术队伍”；“党委的领导，主要是政治上的领导……是通过计划来领导……做好后勤保证工作，为科学技术人员创造必要的工作条件”；“科学技术的业务领导工作，应当放手让所长、副所长分工去做”。这些精辟的论述，彻底解除了“知识分子属于资产阶级范畴”的这一精神枷锁，纠正了长期以来轻视科学技术和歧视知识分子的偏向，并且在实施方法上提出了党政分工，采用岗位责任制的正确措施，奠定了搞活与改革政策的理论基础。

邓小平的讲话在代表中引起了强烈的共鸣和反响。郭沫若热情洋溢地指出：“科学的春天到来了……这是革命的春天，这是人民的春天，这是科学的春天！让我们张开双臂，热烈地拥抱这个春天吧！”这充分反映了老一辈科学家对即将来临的科学发达兴旺时代的衷心期望！杨嘉墀认为，邓小平的讲话谈出了自己多年心里想说而不敢说也说不清楚的话。他还认为：“明确了科学技术是生产力，理论联系实际的问题就从根本上解决了；明确了红专标准，保证“六分之五”就成了理所当然的起码要求，今后就可以大胆地工作了。”总之，杨嘉墀深深体会到航天任务之紧迫，肩上责任之重大！

1978 年 8 月初，邓小平副主席专门听取了七机部的工作汇报，并对我国导弹、航天技术的发展方针，做出重要指示。他指出，为了尽快地将国民经济搞上去，提高生产力，提高技术水平，改善人民生活，国家首先要把钱花在农业、煤、电、油、钢及交通运输上。我国是发展中国家，在空间技术方面，我们不参加太空竞赛。现在不必上月球，要把力量集中到急用、实用的应用卫星上来。他还指出，国防工业要军（军品）民（民品）结合，以民养军。这些重要指示，为航天工业战线随后进行调整、改革，指明了方向。杨嘉墀用战略的眼光深刻地领会这一指示，对于科研项目的安排，应该做到“不贪多求全，抓好重点，搞一个成功一个，做到真正有用”。

1978 年 12 月召开了党的十一届三中全会，重新确立了马克思主义的思想路线、政治路线和组织路线，做出了全党全国把工作重点转移到社会主义现代化建设上来的战略决策。七机部认真落实党对知识分子的政策，充分发挥科技人员在科研工作中的骨干作用：在科技人员中恢复了评定技术职称工作；恢复了型号总设计师制度，任命了重点型号的各级设计师；恢复和建立了各级科学技术委员会；发扬技术民主，发挥专家在技术决策中的作用。一大批老干部、老专家和中青年科技人员陆续进入各级领导班子。

1979 年 4 月 18 日，杨嘉墀被中共北京市委任命为中国空间技术研究院副院长、兼任北京控制工程研究所所长。他在担任研究所所长期间，为了适应工作重点转移，在管理模式、规章制度等方面做了大量工作，并针对研究所在不同程度上仍然沿用以往搞课题研究的一套组织体系和管理方法，对工程研究和制造已不相适应的现实进行了改革。按照研究院的要求，实现了从课题研究向工程研制型管理转变，加强了质量意识教育，把全所的科研生产纳入以质量管理为中心的轨道，对卫星型号研制任务实施全面质量管理，建立并健全了质量、工艺、计量、标准化、设计文件和仪器仪表等方面的管理制度。在卫星型号研制中，坚持做到按程序办事。通过一系列工作，研究所的科学化管理水平向前迈进了一大步。

1979 年 12 月，杨嘉墀学习了中共中央组织部转发的《关于 50 年代中国留美学生同美国政府进行争取回国斗争问题的调查结论》，深感党中央对他们的关怀，自此彻底摆脱了精神枷锁。结论中指出：这批留美学生为了争取回国参加新中国建设，同当时美国政府所实行的强行扣留我留学生的政策，进行了英勇不屈的斗争 ，充分体现了中华儿女的民族气节，表现了我国知识分子的骨气，表现了广大留学生对社会主义新中国的热爱。这是爱国的革命行动，是光荣的历史。当时，有些人肆意歪曲和颠倒历史，把这批爱国的留美学生诬陷为美国派来的“特务”“里通外国分子”，等等，制造了大量冤案、假案，显然是别有用心的。现在，被颠倒了的历史必须颠倒过来，恢复其本来面貌，并要为受迫害的归国留学生彻底平反。杨嘉墀在学习后，多次表示要在党的领导下，团结一致向前看，在新的长征中，继续挑起航天科技战线带头人的这副光荣重担，培养青年一代，同心同德，为实现四个现代化而努力奋斗。

1979 年春，经中共中央和国务院批准，中国科学院正式恢复了已停顿多年的学部活动，并立即增补学部委员，筹备召开第四次学部委员大会等一系列工作。中国科学院学部，自 1955 年成立至 1960 年，共召开过 3 次学部委员大会，对中国科学事业的发展曾产生过积极影响。然而，自从 1960 年 4 月第三次学部委员大会之后，学部委员的活动明显减少。十年动乱中学部委员几乎无一例外地遭到批判，各学部被宣告为“砸烂”的单位，学部活动完全停止。鉴于过去先后选聘的 190 名自然科学方面的学部委员，有三分之一以上已经去世。尚健在的 117 名学部委员的平均年龄已超过 73 岁，增补学部委员就成为恢复学部活动的先决条件。

学部的主要任务，是加强学术的组织管理工作。早在 1954 年就明确提出学部委员的三个条件：学术成就、对学科的推动作用、忠于人民事业。经各有关方面推荐，并经学部委员会议多次酝酿、评审，1980 年 11 月 26 日，学部委员会采用差额选举和无记名投票的方式选举新的学部委员。七机部杨嘉墀和任新民、金建中、庄逢甘、胡海昌、陆元九、梁守槃、蔡金涛 8 名航天科学技术专家当选为中国科学院学部委员（后改称为院士），1981 年 3 月经国务院批准正式成为中国科学院学部委员。1981 年 5 月 11 日，中国科学院第四次学部委员大会在北京隆重开幕。党和国家领导人邓小平、赵紫阳、彭真等出席了大会。相隔 21 年，老学部委员们大多已近耄耋之年，他们为能重聚京城而相互祝贺，亦为已故的老友们默哀，还为这些年来的坎坷经历互诉衷肠。新学部委员们带来了新的气象，他们为能进入中国最高学术机构而由衷地高兴，也为肩负的重任而深感责任重大。杨嘉墀满

1980年，杨嘉墀（前排右五）、金建中（前排右七）、王希季（前排右四）、钱骥（前排右三）、孙家栋（前排右二）等出席七机部五院科学技术委员会成立大会

怀热情、希望和信心参加了这次大会。5 月 20 日，中共中央书记处邀请参加这次学部委员大会的科学家到中南海座谈，祝贺这次会议的成功。中共中央总书记胡耀邦在座谈会上讲话，他希望全国的科学家们深入到四化建设的实际中去找任务，也深入到新的科学技术领域中去找课题，以主人翁的姿态干工作，把现代科学理论和新技术推向前进。中共中央书记处书记、国务院副总理姚依林在发言中表示，经济计划部门要和科学界密切合作，使今后的经济工作建立在更科学的基础上。杨嘉墀听了深受鼓舞，头脑中迸发出一串串新的火花……

在科学的春天里，杨嘉墀又被注入了新的活力，加入了中国共产党，焕发了革命的青春。

加入中国共产党是杨嘉墀早已有的愿望，1959 年 10 月他出席全国群英会后，向所党委表明要争取成为“工人阶级的一分子”，这实际上就是口头申请加入中国共产党。1962 年，他又在不少党外人士参加的思想交心会上，明确提出了要求入党的口头申请。竺可桢入党的消息，显然增强了他进一步争取入党的信心。几年来，他积极争取，努力学习党的知识，还向党组织不定期地汇报思想。然而在“文革”的十年里，他将这件事暂时搁下了。科学春天的到来，他仍然有顾虑，觉得自己写了入党申请书恐怕也入不了党，尤其是像他这样从国外留学回来的知识分子，一有政治运动就会受审查，因此，他一直将加入中国共产党的愿望埋藏在心底。后来他想应该努力工作，接受党组织的考验，然后再申请入党。随着航天事业的发展，杨嘉墀入党的愿望也越来越强烈了。

1978 年，在七机部工作会议期间，部党组副书记王纯了解到杨嘉墀的心愿，觉得他已基本上符合一个共产党员的条件了，就鼓励他写入党申请书，积极向党组织靠拢。王纯，1918 年生，比杨嘉墀大一岁，1938 年加入中国共产党，可算得上是一位老党员了。1977 年 3 月，他带领中央工作队进驻七机部机关和在京单位。他发动群众揭批“四人帮”反革命集团的罪行；促进干部、群众之间的团结；落实政策，纠正冤假错案；解放干部，配备各级领导班子；组织恢复生活秩序和科研生产秩序，建立规章制度。从而使广大科技人员政治热情高涨，要求入党的人数激增。王纯对杨嘉墀说：“知识分子有什么不好？你不是已用自己的知识为祖国的国防科技事业作出了很大的贡献吗？你应该放下‘包袱’，积极向组织靠拢。”

杨嘉墀回到所内，正式向所党委书记张树珂提出加入中国共产党的要求。张树珂热情地欢迎他入党，并告诉他：“你的历史很清白，组织上早就有结论。”至此，他从心底里打消了顾虑，政治上积极要求进步，随时随地以共产党员的标准来严格要求自己。1978 年 12 月 26 日，杨嘉墀给所办党支部写了一份入党申请书。他十分珍视地保留了这份底稿，它是杨嘉墀一生中最宝贵的一份史料，现实录如下：

亲爱的党支部：

我学习了党的十一届三中全会公报，心情非常激动。通过粉碎“四人帮”两年来的努力，党的十一大路线进一步得到贯彻，党的民主集中制原则、党的群众路线和实事求是的优良传统进一步得到发扬。党中央及时果断英明地作出全党工作重心转到社会主义现代化建设上来。这次全会将在我党的历史上放射出灿烂夺目的光辉，指引着全党和全国人民夺取新长征的伟大胜利。在这历史性的转变时刻，我申请加入伟大、光荣、正确的中国共产党，请组织上加以审查和给予考虑。

张树珂作为杨嘉墀的入党介绍人，在思想上开导他，工作上支持他，给予他很大帮助。杨嘉墀的思想解放了，性格开朗了，人也活跃了许多。他积极参

1979年，杨嘉墀在长城上留影

加组织活动，在主持所务工作中解决了许多难题。1979 年 11 月下旬，李秀辰将一份《入党志愿书》交给杨嘉墀。他心情无比激动，正式填写了《入党志愿书》。12 月初，北京工程控制研究所所办党支部召开有部分群众参加的支部大会，正式讨论杨嘉墀的入党问题。杨嘉墀讲了自己的历史，最后他激动地说："我的一生中经历了半殖民地、半封建的旧中国 28 年，经历了发达的资本主义国家美国 10 年，又在社会主义中国生活了 24 年。我坚信只有社会主义才能让我国走上繁荣富强的道路；这个伟大的事业只有在中国共产党的领导下，在马克思列宁主义、毛泽东思想的指导下，才能完成。我自愿遵守党的章程，参加党的组织并在其中积极工作，坚定不移地拥护党的路线，执行党的决议，遵守党的纪律，按时交纳党费。"张树珂代表二位介绍人发言，介绍杨嘉墀的情况及介绍人所做的工作。接着大家发言，气氛很热烈，大家对这位大科学家加入党的组织，增加党组织的新鲜血液，特别兴奋。全体党员一致同意杨嘉墀入党，也诚恳地给他提出了意见和希望。1980 年 12 月 12 日，经支部大会通过，上级批准、转正，杨嘉墀正式成为一名中国共产党党员，这一年杨嘉墀已经 62 岁了，他觉得自己焕发了革命青春。加入中国共产党，是杨嘉墀人生道路上的里程碑。1990 年，他被中央国家机关党委授予优秀党员荣誉称号，同年被航空航天部授予优秀党员荣誉称号。

在科学的春天，航天事业突飞猛进，杨嘉墀担负着航天工程型号研制的重任。1980 年 11 月 10 日，七机部政治部通知，经中共中央书记处批准，任命孙家栋、杨嘉墀、王希季、金建中等 15 人为七机部总工程师。1981 年 2 月 13 日，七机部任命杨嘉墀为实践卫星系列总设计师。

7. 实践系列开拓创新

随着我国第一颗人造卫星上天，发射一种专门用于空间物理探测与技术试验的科学试验卫星，已被提到议事日程上来，以“实践”命名的卫星系列就是肩负空间科学探测，同时兼顾航天新技术试验的卫星。

早在1965年制定人造卫星发展规划时，杨嘉墀就参与了科学卫星发展研究，他提出科学卫星除进行空间物理探测与天文观测外，还要为通信卫星、导航卫星及军用卫星服务。他还提出空间技术的新原理、新技术、新方案、新仪器设备以及新材料，均应在卫星上进行试验，试验完成后再投入使用。后来由于发展规划的调整，研制经费的不足，发射卫星的任务几经变动，加之科学技术试验卫星没有明确的用户，因而发展缓慢。

空间科学探测，不仅对认识自然界，研究发生在近地空间、日地空间和行星际空间的各种自然现象，以及这些现象同人类赖以生存的地球和大气环境的关系具有重要意义，而且同人造卫星和其他航天器的研制也有着十分密切的关系。此外，随着航天任务的日益增多，对航天器的要求越来越高，航天技术的研究试验也越来越重要。杨嘉墀通过总体分析认为，这些研究试验的主要技术系统包括：长寿命大功率的电源系统（包括太阳能电池帆板技术），高精度测轨系统，高精度和多种控制功能的飞行器姿态控制和轨道控制系统，大容量高可靠的通信、遥测、遥控、天线系统，高效能卫星温度控制系统，轻型新材料等。由于应用卫星技术比较复杂，价格比较昂贵，它的某些复杂技术会先在价格较为便宜的科学技术试验卫星上进行试验，等成功之后再用到应用卫星上，可收到事半功倍之效。特别是某些会影响整个卫星成败的关键技术，如未经空间飞行试验，直接用在应用卫星上，一旦失败，将导致整个卫星报废，损失太大。为提高我国航天技术水平，在空间进行大量的新技术研究试验是必不可少的。为此，发射科学探测和新技术试验卫星或在一些应用卫星上进行新技术项目的试验是很有必要的。

杨嘉墀在担任“实践”系列总师时，当初主管的实践二号卫星系列已进入正样生产阶段，它包含实践二号卫星、实践二号甲卫星、实践二号乙卫星。实践二号卫星是一颗空间物理探测兼新技术试验卫星。星上装载了地球辐射带粒子探测、太阳紫外线探测、X 射线探测、地球红外背景探测、磁场探测等 11 台空间物理参数探测仪。所从事的新技术试验任务，包括大面积活动的太阳能电池帆板、卫星对日定向的控制技术、一箭多星发射技术、涂层试验及肼推进系统等。实践二号甲卫星为电离层信标试验卫星，在星上装 1 台信标机，地面配 6 ~ 7 个测控站。用多普勒接收机和法拉第接收机同时接收信标机发出的信号，以便测量电离层电子密度。实践二号乙卫星为双球卫星，用于无源雷达标定试验。

其中，用直径 4 米的气球作为引导用的光学信标，直径 0.45 米的金属球作为地面雷达标定校正的对象，两球之间用 600 米长的丝绳连接。直径 4 米的球内装有升华物和少量残余气体，入轨释放后气球膨胀。直径 4 米的气球，其聚酯镀铝薄膜的表面很亮，由此引导雷达搜寻金属球。

杨嘉墀在担任实践卫星系列总设计师后，他总结了多年来参加返回式卫星工程的实践经验，分析研究了国外卫星发展所走的道路，在此基础上，提出应加强研制工作中的薄弱环节，改进科研和生产管理，积极进行技术改造，重视制定长期的预先研究规划，这些措施都是研制高质量、高可靠性、长寿命卫星所必须重视的问题。他严格地把好卫星正样产品的质量关，组织各单位技术人员对卫星及其分系统进行了多次质量复查。1980 年 11 月，各单位将“实践二号”和“实践二号甲”各分系统仪器设备交付齐套，总装测试，发现“实践二号”的双频发射机质量不符合要求，杨嘉墀果断地决定将交付的两台双频发射机退回返修，并要求承制单位另外生产两台新的双频发射机。随后他还要求各单位对自己的每一台设备、每一个元器件都进行认真的测试。上海科学仪器厂对磁芯存储器的大约 2500 个晶体管，全部进行了检查，凡不合格者均要换掉。有的星上仪器设备进行了长期考核试验。例如，电子工业部 1418 所对“实践二号”的镉镍电池，抽出一套做了两年的寿命试验；“实验二号甲”的银锌电池存放两年以后，其容量只减少了 6%。北京控制工程研究所研制的遥测视频仪在常温下累计工作时间达到 5000 小时。有的单位在质量复查中举一反三，专门查找隐患。例如，空间物理研究所在检查遥控接收机时，发现线路板边缘离机壳只有 1 毫米左右的空隙，极易因印刷线路板与外壳接触而发生短路，于是将所有的线路板都采取了绝缘措施，以确保万无一失。通过质量复查，为卫星总装、测试以及后来发射成功打下了良好的基础。

1981 年 8 月中旬，“实践”系列卫星总设计师杨嘉墀和张苏斌、赵一鹤等领导进入酒泉卫星发射场，参与领导“一箭三星”的发射任务。由于产品经过严格质量复查与把关，明确规定了岗位责任制，因而在技术阵地和发射阵地的检查测试工作进展十分顺利。发射基地指挥部和试验队对于是否会出现故障进行了预估，并提出了对策，制定了发射预案，明确了卫星、火箭、航测系统、通信系统和气象条件五个方面允许发射的最低条件，规定了临射前不同时间发生不同故障的应急措施。综合考虑后，选择最佳发射窗口。1981 年 9 月 20 日，根据天气预报，发射场区天气晴朗，风速在 4 米 / 秒以下，位于祖国南方的卫星测控站和光学观测站所在地区都属于晴到少云的天气，无雷雨。清晨 5 时 28 分 40 秒，指挥部一声令下，风暴一号运载火箭携带着“实践二号”“实践二号甲”和“实践二号乙”三颗卫星，从发射台上起飞。这时，地处祖国西北的发射场还在黎明前的夜空笼罩下，从十几里外的瞭望哨所只能看到一束长长的明亮的火焰在夜空中缓缓升起。7 秒钟后，火箭开始朝东南方向拐弯。3 分钟后，火箭从人们视野中消失。起飞后 7 分 20 秒，实践二号甲卫星、实践二号乙卫星与运载火箭分离，3 秒钟后，实践二号卫星与风暴一号运载火箭分离，3 颗卫星顺利地进入预定轨道。实践二号卫星与风暴一号运载火箭第二级分离以后，它的 4 块太阳能电池帆板便展开，与卫星顶面平齐。卫星姿态控制发动机工作，使卫星绕其自旋轴旋转起来，达到额定的转速以后，便停止工作。接着姿态控制系统的发动机使卫星的自旋轴逐步转向太阳，并保持自旋轴与太阳方向的夹角不超过 21° ，实现整星对太阳定向。卫星顶面和 4 块帆板上的太阳能电池在太阳光照射下，输出电能，根据地面接收到的卫星发送下来的遥测数据，电源系统完全符合设计要求。卫星上其他各分系统也都工作正常。12 项探测仪器性能稳定，工作状态良好，双频发射机和遥测系统都正常地工作，地面测控站频频地收到卫星发回来的大批遥测数据、延时遥测数据与调频遥测数据。地面测控站多次向卫星发送遥控指令，卫星也都能做到有令即行，一次完成，无须重发。

“一箭三星”发射成功，使中国成为继苏联、美国、欧空局之后世界上第四个用一枚火箭发射多颗卫星的国家。三颗星中的两颗为空间物理探测卫星，它使我国首次获得了比较完整的空间探测数据，而且还成功地进行了太阳电池帆板和整星对日定向、主动式温度控制等卫星新技术的试验，为提高我国人造卫星的技术水平创造了新的条件，其中许多新技术至今仍然在多颗卫星上应用，充分显示了科学与技术试验卫星在空间科学探测和空间技术等领域的作用与前景。

1981 年 12 月，七机部党组在工作会议上提出空间技术进入了一个新的历史时期。12 月 24 日，空间技术研究院召开领导干部会议，杨嘉墀出席了会议。会上，赵一鹤副院长介绍了研究院 1981 年的科研生产计划执行情况及 1982 年所面临的形势与任务。刘川诗院长对空间技术转折问题讲了两点意见：卫星技术已从试验阶段转到了应用阶段，任务也从单纯研制转向既能研制又善于管理；服务对象亦从过去着重为国防服务而转到现在强调得更多的为国民经济服务。要服从大局，一手抓当前，一手抓后劲。抓当前，就是把 1982 年任务完成好；抓后劲，就是加强预研工作，搞好技术改造，重视基础工作。杨嘉墀就加强卫星型号预研工作做了补充发言，他认为对地观测卫星系列的发展，是解决国民经济之急需，它的发展可以为军事应用卫星打下基础。并指出要注意国际卫星发展的动向，如以美国陆地卫星和法国斯波特卫星为代表的实用型地球资源卫星有了新的发展。为了加强无线电传输型对地观测卫星，解决技术贮备的薄弱环节，他建议优先安排实践三号新技术试验卫星，作为重点型号预研。

1982年年初，杨嘉墀主持召开了实践三号卫星总体方案可行性论证会。鉴于预研经费不足，研制工作难以开展，会上反映较强烈的有两个问题：一是列为型号还是仍属型号预研问题；另一个是可行性论证阶段是否已结束，并要求发会议纪要，明确列入卫星型号计划。杨嘉墀深有体会地给大家讲："航天型号研制的经验告诉我，预研先行，是型号发展的基础。预先研究、型号研制、小批量生产是三步棋，说明了预先研究的重要性。型号的技术关键要在预研阶段突破，到型号阶段是个工程问题，不是研究问题，攻关的工作在预研阶段。总结以往卫星研制的工作，卫星的研制必须实事求是，讲究科学，按程序办事。超越阶段，违反程序，以求速度的做法，其结果是欲速则不达。"他还进一步回顾在建院初期研制飞船时，由于飞船的可行性论证工作做得很不充分，违反了客观规律，当时将预研工作和型号工作齐头并进，而技术关键却又未能突破，之后发现可行性与经费均存在问题，只能中途停止，损失很大。还有某些卫星型号，当初只考虑到使用单位要求急，而论证与预研工作都做得不够充分，在测量相机无方案、技术关键尚未突破的情况下，误认为把测量相机装在返回式卫星上就可以测地定位了。但后来发现问题并非那么简单，挂上型号不等于没有问题，最终还得按客观规律办事，一步步地工作，这些深刻的教训，都应引以为戒。

在会议总结时，杨嘉墀进一步明确，实践三号卫星可行性论证还有很多工作要做，关键技术难关尚未突破，目前还不能转为型号研制。一些同志很不理解，但事后随着技术工作的深入开展，暴露出了不少问题，深感杨嘉墀总师的决策是符合客观实际的，亦证明按照管理条例办事，可使技术方案落实，尽量减少反复。

杨嘉墀为了加速实践三号卫星型号的预研工作，在院预先研究计划上安排的项目有："实践三号"新技术试验卫星总体方案研究，高分辨率全波段CCD（电荷耦合器件）相机研究，高码速率数据传输、太阳能电池阵及展开的研究，太阳同步轨道卫星的姿态控制和轨道控制的研究，星载数据管理的预先研究等项目。为了促使实践三号卫星尽快列入国家计划，杨嘉墀以精准的前瞻性眼光、独树一帜的见解，安排预研处杨照德开展卫星技术经济研究，为卫星方案可行性论证提供具有说服力的依据。杨嘉墀经常参与这方面的研究，认为方案可行性论证审定，要从系统性、先进性、经济性、现实性四个方面进行综合评估。经过多次讨论，一致认为，系统性就是整个系统最优化，整体目标要明确，各个分系统之间要有机结合，做到综合平衡，布局合理，协调一致；先进性是指技术上有一定的水平，并强调适用技术，而不是单纯追求高标准；经济性就是在科研经费的分配与使用上做到合理，并强调综合经济指标，即投资、成本、使用寿命以及效果进行比较；现实性是指方案是否有实现的可能。

1982年5月，在国务院机构改革中，第七机械工业部改名为航天工业部，张钧任部长。1983 年 6 月 3 日，航天部任命杨嘉墀为实践三号卫星总设计师，陈宜元为副总设计师。7 月 26 日至 30 日，杨嘉墀主持召开了实践三号卫星方案可行性论证复审会议。该会从航天系统工程、技术经济等方面进行审查，肯定了研制该卫星的必要性和可行性，明确了初步设计要求，协调了工作计划。为了通过实践三号卫星任务带动管理工作逐步走向科学化，杨嘉墀在会议结束时侧重讲了卫星的质量保障及其可靠性，以及卫星技术经济等问题。他根据多年来我国积累的实践经验，参考国外发展道路，认为加强研制工作中的薄弱环节、改进科研和生产管理、积极进行技术改造、制定长期预先研究规划，是研制高质量、高可靠、长寿命卫星所必须考虑的问题。他还指出，设计上的失误曾经是构成卫星失败的主要原因，例如美国戈达德航天飞行中心在 1970 年曾对他们发射的 57 颗卫星进行总结，其中有 9 颗卫星在第一天就失效或出现严重故障，其中由于设计失误而造成失效的有 5 颗，由于试验不到位而造成失效的有 2 颗。又如美国国防通信卫星，由于动力学设计失误，在消旋轴承功能失效后致使自旋轴偏转 11° 而无法遥控修复。有些问题往往不能在可靠性寿命分析或测试中发现，因此对每项研制计划的分系统和总体都要进行设计评审；而且从初步设计直至交付使用各个研制阶段，即设计发展阶段、检验阶段和生产阶段，都要进行设计评审。为了把可靠性设计到产品中去，星上仪器设计时，特别要考虑到元器件和材料的选用，元器件要严格进行筛选并考虑老化而降额使用。机械部件设计时要考虑加工工艺。应尽量选用经过空间验证过的器件和材料，避免采用冒风险的器件。新材料与新器件可先在试验卫星上经试验之后再用。在总体设计方面，为了进行详细的计算，例如结构强度分析、动力学分析和电磁干扰以及相容性分析等，在国外已经发展了计算机辅助设计，从而可以缩短设计时间。在设计时要重视故障模式效应和临界度分析，尽可能去除单点故障引起的失败。应尽量采用备份和重新组合能力，使卫星在出现异常时，还能继续执行任务，或者仍有局部工作的能力。

杨嘉墀语重心长地发表深知灼见:“特别值得重视的是遥测遥控系统必须高度可靠。遥测系统测量点和取样率的选择，除能了解卫星的工作状态外，还要在卫星异常时能找到故障源。有时不好的遥测数据并不表示星上的真实情况，因此要备有足够的诊断遥测通道。遥控通道必须畅通无阻。要注意以下几点:(1)采取措施防止静电放电;(2)外干扰引起的乱真指令;(3)地面控制人员的操作差错可能造成的误指令。”

最后，杨嘉墀介绍了实践三号卫星技术经济分析初步研究结果，指出:“任何卫星的价值都取决于性能、进度和费用这三方面的因素。三个因素相比较，过去对性能和进度这两方面比较重视，而对技术经济指标、成本核算不重视，统计资料不健全，其结果是在卫星方案设计还不十分清楚的情况下，进行卫星成本估算，确实是一件困难的事。我国这方面的工作尚处于开创阶段，从现有的财务资料来看，对已发射的卫星和正在研制的卫星逐年投资进行分析，虽然数据还不能推导出一定的数学模式，但直观经验给我们提供了理论依据，经验具有连续性，经验评估服从于统计规律。通过实践三号卫星经费估算，对投资与经济效益进行分析，可以认为实践三号卫星研制，不仅对我国空间技术发展具有促进作用，而且对国民经济发展也有良好效益。”

1984年2月，国务院科技领导小组下发了将资源卫星任务移交给航天工业部的通知。同年9月，杨嘉墀主持召开实践三号卫星第一次设计师系统会议。他指出要抓紧实践三号卫星的研制，以解决国家对资源卫星第一期工程的需要。1985年7月4日，杨嘉墀主持召开了实践三号卫星设计师系统会议，根据航天工业部领导关于调整和改进实践三号卫星方案和提高使用性能的要求，使实践三号卫星转化为实用型资源一号卫星项目。实践三号卫星进行的方案论证工作，为资源一号卫星的研制打下了良好的基础。

从1983年至1988年，以实践三号卫星需求为背景，开展了全色、多光谱CCD遥感系统，包括CCD相机、电子线路、编码器、调制器、本振源、微波通道、解调接收机、译码器、监视器、模拟磁带机等单项预研攻关，并于1986年10月圆满完成了校正试验，这项成果为资源一号卫星提供了技术储备。此外，姿态控制系统的太阳角计、红外地平仪、角动量轮、计算机等单项技术攻关课题，都完成了样机的研制任务，这些成果也被应用在以后发展的资源一号卫星中。我国于1999年10月14日和2000年9月1日先后在太原卫星发射中心用长征四号乙运载火箭发射了一颗资源一号卫星和一颗

2002年，杨嘉墀在太原卫星发射中心

资源二号卫星。卫星发射均获得成功，运行正常，揭开了中国用本国卫星获取地球资源信息的序幕。

杨嘉墀在多次总结和研究科学技术试验卫星发展途径的基础上，提出科学技术试验卫星应该成为研究当前与长远任务的结合体，也就是说，实践卫星系列的任务除进行空间环境探测及为应用卫星开展新技术试验外，还应重视空间探索任务。1985 年，杨嘉墀参加了在北京召开的联合国亚太地区空间科学和技术进步应用讨论会。他提出科学技术试验卫星应加强国际合作，共同开发，成果共享，这是加速发展的途径。进入 20 世纪 90 年代，杨嘉墀在科学技术试验卫星方面，积极倡导开展小卫星技术，重视开展月球与行星探测，为制定卫星规划提出了许多宝贵的意见。

8. 对外开放卫星通信

中国创建航天事业，富有独特的开创精神，不是事事依赖别人援助，而是靠两条腿走路，一方面争取外援，同时更强调自力更生，自主开发。20 世纪 50 年代，我国在液体导弹技术方面曾得到苏联提供的技术援助，这对于我国导弹技术的起步是有益的。1960 年以后，苏联断绝了对我国的援助，美国等西方国家继续对中国实行封锁、禁运政策，我们被迫在几乎与外界隔绝的条件下，建立和发展我国的航天事业。国际上的不利环境，虽然给我们带来了许多困难，但也激发了中国人民自力更生、奋发图强的精神。我国人民在十几年不利的国际环境中，依靠自己的力量，发展了具有中国特色的人造卫星，为人类征服宇宙、开发利用外层空间资源作出了贡献。

20 世纪 70 年代后期，随着国家的发展与强大，我国在国际上的地位与威望日益提高。加上实行了正确的对外政策，我国国际交往的条件越来越好。在粉碎“四人帮”之后，特别是在党的十一届三中全会以后，党将对外开放作为一项长期的国策，作为加速社会主义现代化建设的战略措施，为我国航天事业开展对外科技合作与交流，创造了有利的条件。

中国空间技术研究院经批准于 1978 年正式对外开放。按照七机部通知，为适应出国考察学习和参加外事交往活动的需要，部里决定出国人员和涉外活动，一律使用各单位第二名称。如中国空间技术研究院、北京空间飞行器总体设计部、北京控制工程研究所、西安无线电技术研究所、北京东方科学仪器厂等。这表明为适应空间技术对外交流的需要，中国空间技术长期封闭的状态告一段落，将对外开放，开展国际合作。为了在组织上落实，1979 年，杨嘉墀被任命为中国空间技术研究院副院长，主管空间技术外事工作。

自从 1956 年回国以来，杨嘉墀曾多次代表国家学术团体出国访问，参加各种学术会议，接待来访的各国科技专家。在各个历史时期，他都能遵照外交政策，灵活地处理外事工作中的各类难题，在国际学术界结交了许多朋友。在空间技术队伍里，他被誉为“科技外交明星”。但他不会赶时髦，随浪潮，他始终如一，坚如磐石，永不浮躁，永不颓废，遇宠不骄，蒙屈不退。所以，在浮躁者眼里，他显得“落后”；而在颓废者眼里，他又显得“激进”。他是一位有主见、有目标、能排除干扰，无论学问、技术或办事能力都已达到炉火纯青的地步。在“文革”中，尽管造反派不喜欢他，但是真正的共产党人尊重他，祖国和人民迫切需要他。

毫无疑问，杨嘉墀已自觉地将自己变成了中外科学交流的催化剂，中国空间技术研究院走向世界的先遣兵。杨嘉墀深切地体会到：“空间技术的综合性之强，几乎涉及自然科学、技术科学的各个领域；空间活动规模之大，超出了国界，涉及浩瀚的宇宙空间。空间技术事业的这些特点，决定了它的国际性。因此，开展国际间的技术合作与交流，是发展空间技术的必然趋势。”

1978 年 7 月，孙家栋、杨嘉墀等接待了美国总统科学顾问、科技政策办公室主任弗兰克·普雷斯博士率领的科技代表团，团员中有美国航空航天局局长弗罗歇。中方邀请他们参观了北京控制工程研究所、北京东方科学仪器厂，这是中国空间技术研究院首次接待外国代表团参观卫星总装厂。

1979 年 5 月，以中国空间技术研究院名义邀请美国航空航天局代表团访问我国。在杨嘉墀、钱骥、吴鹏等分别陪同下，美国航空航天局弗罗歇局

1979年10月，杨嘉墀陪同美国 Heusseman 教授游览长城

长、凯里奥副局长等 13 人，先后参观了北京控制工程研究所、北京环境试验工程研究所、北京东方科学仪器厂、兰州物理研究所、西安无线电技术研究所、上海科学仪器厂等单位。双方就中美空间技术的交流与合作进行了商讨。

法国是最早与中国建交的西方国家。早在 20 世纪 70 年代，两国航天界的专家就有来往，因此，杨嘉墀在自动化学科方面结交了许多专家学者。1978 年 12 月，孙家栋、杨嘉墀、钱骥等接待了法国空间研究中心代表团，双方议定在电视广播卫星、通信卫星、自然资源探测、发射和运载技术以及气球使用 5 个方面进行探讨。并且在北京根据《中法科技交流补充项目议定书》，签署了一项备忘录。

欧洲空间局是欧洲国家组织和协调空间科学技术活动的机构。1979 年 2 月，欧洲空间局代表团访问我国。2 月 14 日，以吉布森为团长的一行 11 人，赴中国空间技术研究院参观访问。任新民、杨嘉墀、钱骥等接待了代表团，双方就卫星通信、遥测、遥感、

1979年2月，任新民（前排右三）、杨嘉墀（二排右一）、钱骥（三排右二）等与欧洲空间局代表团合影

运载火箭、地面站、跟踪与数据传输等各方面合作的可能性，进行了初步的商讨，双方交换了备忘录。

外层空间的自然资源是人类的共同财富。它的开发利用，涉及世界各国的切身利益，是各国政府和人民共同关注的问题，需要国际组织来进行协调，建立国际法规，促进国际合作。比如，通信卫星的地球静止轨道，在空间只有唯一的一条。因此，各国要发射静止通信卫星，就有一个轨道位置的分配和占用，以及无线电频率的选择问题。气象卫星获取的气象资料，需要进行国际合作与交流。研制大型运载火箭和某些航天器，不仅耗资大，而且技术复杂，一些经济、技术力量较为薄弱的国家，往往无力承担。因此，一些国际性的空间联合组织相继成立。如欧洲空间局、阿拉伯卫星组织等，这些组织是利用国家集团的力量来发展空间技术。而在空间技术的应用方面，如国际通信业务、电视广播的传输与转播、区域气象资料的交换、空间遥感资料的利用，以及海洋船只的导航与海上营救等，都需要双边或多边的国际交流与合作。因此，实行对外开放，加强国际交流与合作，对我国空间技术的发展，具有深远的意义。

为了打开对外开放的局面，杨嘉墀在中国空间技术研究院主持外事工作期间，主要是组织专家出席国际学术会议，组织专家进行技术考察，接待外国专家来华访问等。此外，还充分利用政府间的技术合作渠道，与欧美等国家和地区的空间组织建立联系，商讨相互间进行空间技术合作的可能性。在与他国官

1987年，杨嘉墀（右一）与任新民（左二）、屠守锷（右二）等在英国参加国际宇航联合会大会

方空间组织建立关系的同时，杨嘉墀还注意开辟民间渠道，与许多国家的空间公司、从事航天科技研究的高等学校和学者们建立了广泛的联系，形成了官方、半官方和民间科技交流的大格局。经过几年的努力，中国空间技术研究院先后与美国航空航天局、法国国家空间研究中心、德国宇航研究试验院、意大利国家科研委员会、欧洲空间局等 40 多个空间机构和公司建立了友好合作的关系，广泛了解到国际空间技术发展的动向，使中国空间技术研究院在国际上的影响力日益扩大。1980 年，中国空间技术研究院成为国际宇航联合会的正式成员。在 1983 年，国际宇航联合会第 34 届大会上，杨嘉墀当选为执行局副主席，连任到 1987 年。在 1985 年第 36 届大会期间，杨嘉墀等 12 名中国航天科技专家首次当选为国际宇航科学院院士。

中国第一颗人造卫星“东方红一号”上天，使中国进入了空间国家行列，也令世界刮目相看。杨嘉墀深感中国还没有自己的通信卫星，长期落后的通信现状，仍然困扰着中国人民。

“烽火连三月，家书抵万金。”中国古代人民早就有过快速通信的殷切希望，但在那时人们只能依赖驿马、驿使远距离传递信息。20 世纪实现了无线电通信，使人类的通信效率大大提高。无线电通信是靠电波传送信号的，电波分长波、中波、短波和微波等波段。而短波与微波则具有传输信息容量大、稳定又可靠等优点。但超短波和微波只能直线传播，因此早先人们只好每隔 50 千米为

1985年，杨嘉墀在瑞典接受国际宇航科学院院士证书

它们设立一个中继通信站，使它们就像跑接力赛那样一棒一棒地传下去，使电波传到遥远的地方。后来，人们设想可在天上挂上一个“驿站”，利用超短波、微波直线传输的特性，将它们发送给天上的卫星，由卫星接收后再转发到地面的另一个地方。卫星通信是航天技术与电子技术相结合的产物，利用卫星作为中继站，实现地球上各点之间的通信，实质上是将地面微波中继站搬到了赤道上空的地球静止卫星轨道上，使地面微波视距一下扩展到 18000 千米，从而用一颗卫星即可覆盖地球面积的 40%，使用等间隔的三颗地球静止轨道卫星，就可实现全球通信。

早在 20 世纪 60 年代初期，杨嘉墀多次参加国际学术会议，曾密切关注美国的通信广播试验卫星系统的发展。美国于 1958 年 12 月 18 日发射了一颗有源通信试验卫星——斯科卫星，第一次验证了延迟转发器技术的可行性。自从 1960 年利用回声一号无源通信卫星进行首次卫星通信试验后，1962 年至

1963年又利用“电星”和“中继”有源通信卫星进行了卫星通信试验，曾建立过美、欧、亚之间的电视通信联系。1964年利用辛康-3地球静止轨道卫星向美国转播了东京奥林匹克运动会实况，在世界各国均引起巨大的反响。1965年在进行卫星规划研究时，杨嘉墀、钱骥等多次研究，提出我国通信卫星发展的构想。摘录如下：

我国的通信卫星，主要用途在传送导弹预警卫星的预警信号。在它的上面，也可进行电子侦察。通信卫星的轨道，一般比较高，卫星的寿命也就比较长，用以进行电子侦察是较为经济的。此外，还可以进行广播，直接向全世界广播语言和电视节目，以扩大政治影响，还可以构成全球通信网。通信卫星中的同步轨道，其轨道高度为35800千米，在赤道上空，运转的速度与地球自转的速度相同，对地面来说，就经常固定在一个地区上空。初步设想有3颗这样的卫星，再解决卫星间的通信问题，这样导弹预警情报便可随时传递回来，还可以构成一个全球通信网。倘若要发射这样的卫星，除了要解决卫星姿态控制、遥控、磁带记录等军用卫星中所必需的技术问题外，还需要解决卫星改变轨道、微波宽频带通信、抗干扰、长期供电的能源以及光通信一系列尖端问题。主要设备为：低噪声接收系统、量子放大器的研制；微波器件，1 ~ 10瓦地面用大功率宽频带发射管；长寿命、高可靠、耐振的卫星用1 ~ 10瓦行波管；供卫星上电子线路用的微波固体组件；光通信设备，莱塞相干光的产生、调制、放大、解调等设备的研制；能源系统，太阳能电池、化学能电池、燃料电池、同位素辐射能源以及小型反应堆的研制。

这篇简短的报告，可算得上是一篇开拓性的报告。该报告内容反映了杨嘉墀对通信卫星早期发展战略的思路：一是军民兼容，二是发展静止轨道卫星，三是安排关键技术进行预先研究。在制定卫星规划时，杨嘉墀曾设想先发射一颗从事辐射环境与通信的试验卫星，进行近地轨道信号及话音通信试验。然后再发射两颗大椭圆轨道，近地点500千米、远地点30000千米、倾角42°的通信广播试验卫星，主要从事国内及亚非地区的定点电视转播、远距离信号及话音通信试验。这是杨嘉墀勾画的第一张通信卫星规划蓝图，具有一定的时代特征。尽管后来通信卫星规划多次大变动，但他提出的关键技术预先研究课题，为我国通信卫星的发展、技术储备以及协作网的建立、人才培养等奠定了基础。

人类每一种新的通信方式的兴起，在经济、社会和文化等领域都会引起重大变革。中国第一颗人造卫星发射成功后，通信部门迫切期待我国的试验通信卫星能尽早问世，以改变我国通信技术落后的状态。他们提出利用通信卫星实现对包括边远省区在内的全国覆盖，完成对部分省会等大城市的电视广播；用通信卫星完成中央人民广播电台对内、对外的节目转播；解决军事通信任务和远洋舰船及测量船的通信。为此，1970年6月，中国空间技术研究院组织了通信卫星研制队伍，着手研制东方红二号通信卫星。由于时处“文革”的动乱年代，中国卫星通信工程的建设举步艰难，进展缓慢。杨嘉墀和许多专家一样，为之焦虑不安。一些研制人员对此也非常着急，写信给周恩来总理反映情况。1974

年5月19日凌晨，病中的周总理在一封群众来信上做了批示，要求计委、国防科委联合召开会议，先将通信卫星的制造、协作和使用方针定下来，然后再按计划分工，做出规划，督促执行。同年6月，中国空间技术研究院召开了东方红二号卫星可行性讨论会，讨论了卫星总体方案的初步设想。1975年3月31日，中央军委第八次常委会讨论通过了《关于发展我国卫星通信问题的报告》，并呈送党中央毛主席批准。1975年4月1日，中央批准了这份报告。从此，中国卫星通信工程走向正轨，东方红二号卫星开始研制。为了加快工程研制进度，1977年卫星通信工程被列为航天战线三项重点任务之一。

国际电信联盟（简称电联），是各国政府间处理电信事宜的国际组织，是联合国的专门机构之一。电联的职责是协调各国的电信业务行动，维持无线电秩序，加强国际合作，促进国际电信发展。我国是电联参加国，中国电信代表团多次出席电联会议，为争取发展中国家的权益作出了贡献。根据电联的规定，我国于1977年年初向电联提供资料。1977年3月8日，电联公布了我国试验通信卫星资料，向全世界正式宣布了我国试验通信卫星计划。相继有日本、印度尼西亚等国与我国进行了协调。在1977年的卫星广播无线电行政大会上，我国分得了3个广播卫星轨道位置，有55个频道和35个天线波束。杨嘉墀深有感触地说："太空也有个联合国席位的问题，中国不能在同步轨道上缺席！我们不能给中华民族丢脸。"从1978年至1983年我国通过国际通信卫星、德国与法国合作的交响乐卫星、意大利的天狼星卫星做了一系列卫星通信及传输试验。

1982年至1983年，根据中、意文化科技交流计划，保罗·特拉瑞格大使率领意大利第一个宇航代表团访问我国航天工业部，中、意双方签署了《中意空间科学技术合作会谈纪要》，商讨了通信卫星电波传播和卫星天线技术、遥感技术以及科学卫星三个领域合作的可能性。天狼星卫星是意大利于1977年发射的一颗K频段试验通信卫星。中国空间技术研究院与意大利国家科研委员会签订了利用意大利天狼星卫星进行联合科学试验的会谈纪要。双方商定，通过天狼星卫星进行电波传输、K 波段衰减测量、报纸传真、卫星在轨测试等试验项目。试验工作由杨嘉墀技术总负责，双方派技术专家参与工作。

1983 年 3 月 24 日，天狼星卫星从西经 15° 东移，两个月后达东经 65° 的试验位置。5 月底，意方提供的一个 3 米天线地面站运抵北京，在中国空间技术研究院院部设站，意方先后派出 18 位专家来华安装、调试。6 月 15 日下午 4 时，举行了联合试验开通仪式，航天部张钧部长、宋健副部长，外交部、对外经贸部、国防科委等单位代表，意大利驻华大使及有关专家参加了开通仪式。

杨嘉墀主持会议，他在开幕词中表示：“通过天狼星卫星进行联合试验，是中、意经济技术合作项目之一。经过中、意双方专家共同努力，实验设备已总装完毕，双方并已商订了联合试验计划，于今天正式开始试验。在这里我谨代表中国方面执行合作项目的中国空间技术研究院，向提出这项合作建议的米兰工学院卡拉莎教授，向促进这项合作顺利进行的两国有关组织表示衷心的感谢！对于两周来意大利技术专家安装地面站，并为中方技术人员在试验方面做的介绍，付出的辛勤劳动表示高度的赞赏！我相信，所有这些将为今后双方合作进行联合试验奠定良好的基础。通过共同的努力，联合试验一定会按计划顺利进行，取得丰硕成果。”张钧部长在与意大利专家通话时说：“值此两国联合试验创始之际，我为有机会在北京通过天狼星卫星与您直接通话感到非常愉快和高兴。我对中、意双方利用‘天狼星’联合试验业已取得的良好开端，谨致以热烈的祝贺，并向从事此项试验工作的两国研究单位和公司的专家们卓有成效的努力与合作，表示赞赏并致以谢意。中国和意大利都是历史悠久的文明古国，都有着光辉灿烂的文化，在天文、数学等科学技术领域都有过巨大的成就，我们两国间经济与文化交往也有悠久的历史。现代空间技术的发展已经并将继续给人类带来愈来愈大的利益。而空间技术的国际合作，会更有力地推动这一进程。现在，中、意两国在空间技术领域的合作与交往又迈出了新的可喜的一步。我深信，随着我们两国空间技术合作的深入和发展，必将开拓更加广阔的美好前景。”1983年7月16日，中国国家主席李先念与意大利总统山德罗·佩尔蒂尼通过电话，宣布两国在空间技术方面的第一次合作正式开始，并互致问候。

在一年半的时间里，杨嘉墀带领双方技术人员，一起进行了上、下行电波绝对衰减测量、数据传输、数字电话、时间同步、报纸传真、卫星测轨定位等试验。此外，意大利国家伽利略电工研究所与中国科学院西安天文台进行了原子钟同步试验；结合中国 1984 年通信展览会，演示了意大利和中国报纸的相互传送版面，传真效果非常好，深得两国新闻出版系统的好评。1984 年 3 月 26 日至 31 日，在北京召开了“天狼星”试验第二次工作会议。1984 年 12 月 9 日至 23 日，在罗马召开的“天狼星”试验第三次联合工作会议，对过去一年多的时间里，两国利用该星进行的一系列科学试验进行了总结，肯定了试验所取得的成果。与会者一致认为，试验取得圆满成功，双方均获得了许多宝贵的技术数据和技术资料。杨嘉墀在总结会上称赞：天狼星卫星已经成为连接中、意两国科技人员进行联合试验的且超过 8 万千米长的桥梁，这也是一座友谊之桥。它示范性地开拓了通信卫星的应用领域……

在负责天狼星卫星联合试验期间，杨嘉墀对我国自己的通信卫星更加关注，在东方红二号卫星研制过程中，多次参加技术讨论会，出了许多主意，解决了不少难题。特别是从可靠性、质量方面严格把关，在设计评审中将可靠性设计作为主题，把单点失效列为重点，并对地面试验中暴露出来的产品由于在设计、工艺及元器件方面的缺陷而导致的质量问题，要狠抓不放，必须采取有效措施加以解决。随着通信事业的迅速发展，国内各通信部门迫切需要国内通信卫星。杨嘉墀经过系统分析，认为目前在研的试验通信卫星，倘若不经过改进就用于国内通信是很不经济的。如果这样，不仅试验通信卫星技术成果得不到继承，而且要消耗大量的研制经费，需要很长的研制周期。倘若采用试验通信卫星改型，可扩大通信容量，既节省研制经费，又缩短研制周期，从而满足用户的急需。

杨嘉墀组织并领导规划预研处杨照德及有关单位科技人员，开展国内实用通信卫星总体方案可行性预先研究，采用分两步走的方法。第一步是利用试验通信卫星经改型后的国内实用通信卫星，第二步是发展大容量的通信卫星。国内实用通信卫星主要技术改进有：加大有效载荷通信容量，提高卫星定点精度和天线指向精度，延长卫星寿命，提高卫星可靠性，卫星本体作适当修改。为此，杨嘉墀进一步组织开展关键技术的预先研究工作，在经费不足的情况下，集中力量安排了通信卫星总体方案设计及国内波束通信卫星天线、微波直通式转发器、测控应答机四项预研课题。经过两年预研、协作攻关，完成了总体方案可行性论证，国内波束天线和微波直通式转发器样机研制，经过鉴定后提前应用于东方红二号甲实用通信卫星上。

1984 年 1 月 29 日，中国首次用长征三号运载火箭发射东方红二号试验通信卫星，由于运载火箭第三级推进系统出现故障，卫星进入一条较低的轨道。1984 年 4 月 8 日，又发射了一颗东方红二号试验通信卫星，于 4 月 16 日成功定点于东经 125° 赤道上空。卫星定点以后，工作正常，各通信广播部门通过地面站进行了通信、广播及电视等试验，均获得圆满成功。东方红二号试验通信卫星发射成功，使中国成为继美国、苏联、欧洲空间局和日本之后，世界上第五个掌握研制和发射地球静止轨道通信卫星技术的国家。1986 年 2 月，东方红二号甲通信卫星发射与定点均获得成功，投入使用，达到预定设计要求。随后，又先后于 1988 年 3 月 7 日、1988 年 12 月 22 日和 1990 年 2 月 4 日分别发射了一颗东方红二号甲实用通信卫星，它们分别定点于东经 87.5° 、110.5° 和 98° 赤道上空，它们的工作寿命均超过 5 年。先后成功地投入运行使用的东方红二号甲实用通信卫星，广泛地应用于电视、广播、长途电话、远程教育、金融、电力、水利、新闻出版等部门。它承担着中央电视台一、二套节目和 30 路对外广播节目以及 8000 多部卫星电话的传输业务。

1990 年，杨嘉墀与杨照德共同开展我国应用卫星经济效益研究，特别分析了通信卫星的效益：“东方红二号甲”三颗通信卫星共有 12 台转发器，已全部投入使用。目前租用国际通信卫星一台转发器，每年需付 150 万美元，按 5 年计算，则需要 9000 万美元，折合人民币需 4.68 亿元。按照国外有些咨询公司的估算，国际通信卫星公司的收入与其远程电信部门创收效益之比为 1 ∶ 16。由于我国卫星用于国内通信，距离较短，该收益比可考虑按照 1 ∶ 5 估算，则该项收益约为 23.4 亿元人民币。

杨嘉墀深有体会地说:“随着应用卫星投入运营，我国邮电、广播、电报、电视、农林、国土资源、文化教育等部门通过试用国内应用卫星，对应用卫星可以加快本部门现代化进程、提高工作效率增强了信心。他们纷纷对我国卫星的发展表示出极大的热情与支持，还提出了更多、更高的需求。”

从世界范围来看，卫星通信已有近 50 年的历史，随着卫星通信应用的不断发展，卫星技术水平的不断提高，中国以较短的时间研制出具有竞争力的通信卫星，不仅占领了国内通信卫星的市场，而且还打入到通信卫星的国际市场。

楊嘉墀

杨嘉墀院士传记

Academician Yang Jiachi's Biography

第九章

战略前沿　创新航天

胸怀祖国，放眼世界。他的名字和“863”紧密联系在一起。他提出了发展高技术的建议，促进了载人飞船工程立项，推动了卫星应用产业，提出了月球探测、北斗导航应用建议。

1. 倡导发展高新技术

杨嘉墀经常思考的问题不仅仅局限于自己所负责的卫星工程项目，而更多的是国家的科学技术该如何快速进步，这可是国家的大事。在竞争日益激烈的今天，如果一个科学家具有战略思考的能力，会比他的技术背景更有价值。因为他的战略眼光可以带动整个国家的科技进步，他的科学思维必将会在政府的决策中起到越来越重要的作用。

当年住在中关村的杨嘉墀与陈芳允，既是近邻，又都是中国科学院技术科学学部委员（院士），散步时经常见面，碰到一起就探讨点问题。比如，谈到长期以来受苏联影响逐步形成的科技体制与管理模式，缺乏面向市场经济的活力，因此束缚了科技人员的智慧和创造力，使科技工作远不能适应客观形势发展的需要。他们预测中国也将会有一个像美国一样的“硅谷”出现，认为这将成为解决我国科研成果转化为生产力的一条有效途径。

1982 年，党中央提出：“经济建设必须依靠科学技术，科学技术必须面向经济建设。”这是中国科技体制改革的着重点。处在北京中关村地区的科研院所和高等院校，为了加快科研成果的推广应用，纷纷建立了技术开发部或技术开发公司，主动开辟新成果的推广应用渠道，将单纯的成果推广逐步发展到知识与人才的交流，以及为成果使用单位提供技术服务和培训技术人才。科研人员纷纷下海，创建科技开发公司，北京中关村地区顿时形成了科研市场，成为了杨嘉墀他们预测的中国“硅谷”。

科技体制的改革推动，激发了科技人员的积极性与创造性。他们也为只注意短期效益的现象而忧虑，因此，他们提出在强调科技为当前经济建设服务的同时，也要注重对国家四化建设具有重要意义的基础性研究和高技术研究，为未来发展做好理论和技术储备。

在1983年第34届国际宇航联合会大会上，杨嘉墀当选为执行局副主席。为了促进科技合作与交流，他多次参加国际会议，并先后到美国、英国、瑞典、瑞士、奥地利等国家访问，打通了中国在国际上高技术领域内开展科技交流的渠道。他也在为接近世界、了解世界、站在世界科技前沿去思考中国将来的发展。

20世纪80年代伊始，世界上主要的经济、军事强国，相继迸发出一股追逐高科技的巨大洪流，风靡于世的高技术已经成为全球竞争的焦点。1983年3月23日，美国在国防顾问格雷厄姆将军提出的“高边疆战略”的基础上，正式制定了耗资1万亿美

1985年，杨嘉墀（左）与屠守锷（右）在瑞典参加国际宇航联合会大会

元的“星球大战”计划。如同20世纪60年代的“阿波罗”登月计划、70年代的航天飞机计划一样，他们试图以此带动科技和经济的全面振兴，抢占21世纪的战略制高点。1984年11月27日，日本亦提出《振兴科技的政策大纲》，确立了“科技立国”的基本国策。1985年4月17日，法国政府提出投资高达2300亿法郎的《高技术合作宪章》。3个月后，“尤里卡”——西欧高技术发展计划在巴黎诞生，西欧向世界叫响了“尤里卡计划”。

美国的战略防御计划和西欧的“尤里卡计划”，使杨嘉墀深受震动。同时他也敏锐地发觉，在高科技发展的大潮中，谁想赢得主动，谁就必须夺取时代的制高点。1986年年初，在中国科学院技术科学部主任王大珩的倡议下，杨嘉墀、陈芳允、王淦昌一起进行讨论，研究对策。他们从亲身的经历体会到，我国在20世纪50年代至60年代，国家财力有限，工业基础薄弱，但是党和国家领导人高瞻远瞩，对尖端科学技术非常重视。1956年毛泽东在

《论十大关系》的报告中，强调中国“不但要有更多的飞机和大炮，而且还要有原子弹。在今天的世界上，我们要不受人家欺负，就不能没有这个东西。”1958年在中共八大二次会议上，毛主席发出“我们也要搞人造卫星”的号召。杨嘉墀认为，我国第一代领导人的号召激起了广大科技人员的干劲，两弹及人造卫星等尖端任务的相继开展，带动了我国新技术的发展，也培养了一支攻坚克难的科技队伍。

经过几次讨论后，他们认为，考虑到我国的经济实力，即使到21世纪，我国也仍然必须考虑较长远的科技发展问题。一是为了建设社会主义强国，我们要有一个和平环境，这就需要我国在国防上具有相当的实力；二是我们必须迎接新技术革命的挑战，才能在改革开放的条件下，立足于世界，在世界高科技竞争中占有一席之地；三是高技术的发展，必将引起一场新的工业革命，它关系到国家和民族的兴衰。

杨嘉墀在《小平同志支持高技术发展计划》一文中，对1986年四位科学家联名上书邓小平，“863计划”应运而生的细节，做了纪实的描述。

我们感到高科技是投资强度大，近期又难以见到直接经济效益的领域，没有最高领导层的决心和认同，是难以办到的。于是起草了一份《关于跟踪研究外国战略性高技术发展的建议》，经过几次修改定稿。3月3日直接送到邓小平同志处。没有想到3月5日，也就是报告送上去两天之后，小平同志就看了这一报告，并在报告上批示：“这个建议十分重要”；“此事宜速做决断，不可拖延。”几天后，我们正在怀柔511招待所参加院里召开的“七五”计划讨论会。当时根据部里计划的精神，在全国科技体制改革的形势下，军品任务改变拨款体制，预先研究经费将大大压缩。我正在发愁今后空间技术的发展将会因经费不足而受到很大制约。一天晚上，得到电话通知，国务院的领导同志第二天上午要约见

1986年8月，杨嘉墀（右）和闵桂荣（左）在中国空间技术研究院计划讨论会上发言

我们四人。第二天早上赶到中南海，想不到出来接见我们的是当时的国务委员、中国科学院原来的老领导张劲夫同志。他听了我们的陈述后说，国务院准备拨专款支持这项计划，并问我们大概要多少经费。这可把我们几个很少理财的科研人员难住了。当时还是王淦昌有些数量概念，提出了每年大约一两亿元的估计。而张劲夫同志却告诉我们，国务院考虑在下面三个五年计划期间要用100亿元的额度，着实使我们吃了一惊。这些钱用来干什么？当时的确有不同的意见。4月上旬的国务院领导同志又在中南海召开了一次有100多位专家和科技领导参加的座谈会。实际上是向大家通报，邓小平同志针对选择高技术发展项目是以发展国民经济为主还是以增强军事实力为主的不同意见，做出了赞成“军民结合，以民为主”的决策。接着国家主管部门组织了200多位专家参加了论证会，经论证选择了对中国技术经济与社会发展具有重大影响的生物技术、航天技术、信息技术、先进防御技术、自动化技术、能源技术以及新材料技术的一些领域作为突破重点。1986年11月，中共中央、国务院批准了《高技术研究发展计划纲要》（简称“863计划”），于是，以发展高技术为目标，具有中国特色的“863计划”从此正式诞生。

我们提出的发展我国高技术的建议，只是表达我国广大科技工作者的一份心愿。中央领导同志的重视与决策之快是我们无论如何也预料不到的。到1991年，经过不到五年的实施，在众多科技人员的努力下，该计划已取得数百项科研成果。小平同志又及时做出了“发展高科技，实现产业化”的指示，使我国高技术的发展走上更具有生命力的轨道。

1996年4月4日，杨嘉墀等参加“863计划”十周年工作会议，受到江泽民、李鹏、刘华清等党和国家领导人的亲切接见。2001年2月19日，王大珩、杨嘉墀获国家“863计划”特殊贡献先进个人称号。杨嘉墀沉浸在喜悦中，但却谦逊地说：“‘863计划’之所以取得光辉的成果，是因为能遇到邓小平这样伟大的政治家。‘863计划’不是哪几个人的计划，而是集中了广大科技人员智慧的计划，体现了党和国家的高瞻远瞩。中国国防科技事业的发展，就是中国知识分子集体智慧的结晶。从‘两弹一星’看，每一次成功都凝聚着千百万人的奋斗与创造。同样，辉煌与光荣也不属于哪一个人，而应该属于一个个在这条战线上勤勤恳恳、埋头苦干的无名英雄。”

杨嘉墀多年来一直为“863计划”中的航天技术、信息技术、自动化技术等领域的执行献计献策。他还努力探索我国高技术产业化的道路，促进科研成果转化为生产力。“863计划”将中国一下子推到了世界高科技竞争的前沿，再一次点燃了中华民族的希望之光，必将推动中国实现几代人的强国之梦！

2. 催生载人航天工程

载人航天是密集性高、综合性强的尖端科学技术。它集合了现代科学技术众多领域的最新成就，同时又对现代科学技术的各种领域提出了新的发展需求，从而推动了整个科学技术的进步和高新技术产业的发展。

在几十年的航天生涯中，杨嘉墀始终站在航天技术、自动控制发展的前沿，积极参与我国载人航天发展规划、方案论证，对技术攻关做了大量卓有成效的工作。在曙光一号飞船研制时期，他积极组织并参与飞船控制系统的预先研究工作，其中在制导、导航和控制系统中，完成了全姿态仪和飞船用计算机样机。还成功地在返回式卫星上用圆锥式红外扫描仪等项目进行了飞行试验。此外，在他的精心培养下，一批从事飞船控制系统理论研究与设计的队伍也茁壮成长起来。

1984 年 4 月，中国试验通信卫星发射定点成功，宣告航天战线三项重点工程已经全部完成。我国航天技术将面临着从技术试验阶段向应用阶段的历史转变。此时，正值国务院召开了新技术革命与我国对策讨论会，会上将航天技术列为新技术中的重点开发项目。会议期间，应航天部刘纪原副部长邀请，在杨嘉墀的陪同下，经济学家马宾教授等一行 20 多人到航天部有关研究院、所参观访问。在座谈会上，大家热切期望发展我国载人航天。随后在国防科工委召开的航天技术发展战略、规划工作会上，杨嘉墀提出了利用返回式卫星开展载人航天关键技术试验的建议。1985 年 7 月，航天部科技委主任任新民，在秦皇岛主持召开颇具开创性意义的太空站课题研讨会。会上，庄逢甘、杨嘉墀等许多专家，探讨了载人航天的各种技术方案及应用前景。会后，任新民在出版的文集序言中写道："'太空站'迟早是要搞的，但等人家都成了常规的东西，我们才开始设想，那时候就晚了。所以，从现在起就应该有一个长远规划，对其中某些单项关键技术应立即着手研究，一旦国家下决心发展载人航天，就能及时起步。我们要争取在 21 世纪初，在地球的近地空域翱翔着中国的永久型'太空站'，在'太空站'和地球之间有中国的运输工具，装载着人员、物资、设备穿梭往来，我国的航天员、科学家和工程师，在'太空站'上紧张地进行各种各样的科学技术活动。"

1986 年 3 月，国务院批转航天部《关于加速发展航天技术的报告》中指出："航天技术是我国跻身于世界先进行列的综合技术之一，已具有比较雄厚的基础，现正处在发展关键时期，同意开展载人航天技术的论证工作。"载人航天界众多专家、学者和单位十分关注这一课题，杨嘉墀多次应邀参加国防科工委、航天部和中国科学院等组织的战略研究组召开的各种研讨会。1986 年 4 月 22 日至 24 日，中国空间技术研究院召开太空站第一次研讨会，任新民、庄逢甘、王寿云、王希季、杨嘉墀、屠善澄等出席了会议。王寿云代表国防科工委科技委，在会上传达了 1986 年 3 月 5 日邓小平对王大珩、王淦昌、陈芳允、杨嘉墀等四位科学家提出的《关于跟踪研究外国战略性高技术发展的建议》的指示精神。会上，大家经学习讨论，一致认为真正的高技术是花钱买不来的；高技术研究取得的成果是要花力气与时间的；高技术不仅可以集中现有的科技实力出成果，而且可以培养新一代高技术人才等。从此，中国航天科学技术研究发展进入了一个新阶段。

“863 计划”的实施，使中国载人航天重新列入了国家重点发展计划，100 亿元的经费中，有 40 亿元用在航天领域的项目上。航天技术领域是“863 计划”中的第二个重要的高技术领域（简称 863-2），主题项目之一为大型运载火箭和天地往返运输系统主题（简称为 204 主题项目），主要是研制能发射小型空间站的大型运载火箭和研究发展天地往返运输系统；另一个是空间站系统及其应用主题（简称为 205 主题项目），主要研究发展规模较小、性能先进、模块式的空间站系统，并从事空间科学与技术研究，以便实现载人空间飞行。

中国载人航天如何起步？由于它在科学界已成为技术概念论证的一件大事，所以这次讨论十分活跃，思想亦相当解放，视野也特别开阔。其间，“百家争鸣”的焦点是中国以载人飞船还是用小型航天飞机作为载人航天的突破口。航天飞机论证组认为：航天飞机方案大大优于多用途飞船方案。载人飞船作为天地往返运输手段已经处于衰退阶段，航天飞机可重复使用，代表了国际航天发展的潮流，中国的载人航天应当有一个高起点。搞飞船做一个扔一个，不但不能争光，还会给国家抹黑。而载人飞船方案论证组则认为：载人飞船既可搭乘航天员，又可向空间站运输物资，还能作为空间站轨道救生艇使用，且费用较低，更符合中国国情。航天飞机无论是造价还是维修费用以及发射场建设费用都相当昂贵。况且中国此时尚不具备航天飞机的生产工艺条件。1988 年 7 月，“863-2”专家委员会在哈尔滨召开了方案评审会。在会上，杨嘉墀回顾航天发展的历程，明确提出从国情出发，中国应从载人飞船起步来突破载人航天技术，这也有利于将来国际合作而走向世界！

1991 年 1 月 30 日，杨嘉墀以中国自动化学会理事长名义应邀参加中国航天高技术报告会。会议由中国宇航学会理事长任新民和中国社会中国科学院副院长刘国光主持。出席会议的有中国科学院院长周光召，国务院发展研究中心

1986年4月，杨嘉墀（左）与庄逢甘（右）参加太空站第一次研讨会

1986年4月，杨嘉墀（左）与潘厚任（中）、陈宜元（右）参加太空站第一次讨论会

1986年10月，航天部五院召开太空站第三次讨论会

1988年8月，杨嘉墀在哈尔滨参加高技术会议

顾问马宾，外交部副部长余湛，航空航天部副部长刘纪原，第一炮兵司令员杨桓、副参谋长栗前明，国家气象局副局长马鹤年，中国科学技术协会副主席庄逢甘，国务院发展研究中心副局长邓寿鹏等有关部门领导、专家和学者共100余人。会议讨论主题是：航天技术在国家战略中的地位和作用；建立以航天技术为龙头的高技术发展区的构想；抓住机遇，尽快启动中国载人航天；真正落实“科学技术是第一生产力”的政策。杨嘉墀在会上做了《加速发展我国航天事业的建议》的发言。他指出：“冷战结束以后，国与国之间的竞争已由军事、政治、经济为主转为以经济和科技为中心的综合国力竞争。在迎接新世纪到来之际，人类社会将从工业经济社会步入知识经济社会。航天等高技术是知识经济的基础。航天技术是一门综合性高技术，是知识经济社会支柱，是一个国家综合国力的象征，国际威望之后盾。在我国全面实施科教兴国战略、可持续发展战略和科技强军战略中，航天技术都起着极其重

要的作用。”他还建议：“我国航天投入在国民生产总值中所占的比例达到世界主要航天国家的平均水平。只有在适量的投入下才能保证运载火箭、应用卫星、载人航天和深空探测四个方面的均衡发展。”

1991 年 6 月，军事中国科学院和中国军事科学学会在京西宾馆召开国防发展战略座谈会，邀请科技界的知名专家与学者，座谈海湾战争对国际战略形势、我国安全环境、科技发展、国防建设、军队建设和未来作战的影响与启示，以便于开阔思路，深化海湾战争研究。江泽民总书记和中央军委领导及有关专家朱丽兰、朱光亚、杨嘉墀、王大珩、陈芳允、王淦昌、马洪、郑必坚等出席会议。会上杨嘉墀做了《海湾战争对我国国防建设的启示》的报告。他强调，以系统工程的观点看，这次战争至少包括三个层次。(1) 复杂巨系统。这场战争是综合国力的对抗，是由参战双方的政治、经济、外交、军事、科技、资源、地理和人等诸多因素构成的两个复杂巨系统的对抗。(2) 军事大系统。这场战争是作战系统与作战系统的对抗。整个作战过程，包括侦察、探测、战前准备、作战计划的制订、各类武器装备的攻防协调、作战效果判断、后勤补给等所构成的作战系统决定了作战的效果，并用指挥、控制、通信、情报系统将其联成一个有机的、协调的、完整的大系统。我们不但要看到一些新技术武器的硬件，还要看到这些武器所组成的软件。(3) 这场战争是陆、海、空、天、电磁五位一体的立体战争，是全天候的战争。空间资源在整个战争中发挥了重要作用。多国部队运用了照相侦察、电子侦察、海洋监视、导弹预警、数据中继、导航定位、军事气象等卫星。这些卫星本来都是为全球战略服务的，这次大量用于局部战争，可以说是杀鸡用了牛刀。杨嘉墀指出我国经济力量有限，为了研究高技术武器的发展道路，提出了以下五点基本经验：有限目标、突出重点；独立自主，自力更生；大力协同，统一领导；精心组织，精心指挥；做好政治思想工作。我们必须坚持一个中心、两个基本点的党的基本路线，研究国防科研和工业体制改革问题，使我国在20世纪内国防实力能有进一步提高，并为21世纪进入国际先进国家的行列而努力。

杨嘉墀在谈到高技术研究计划的军民两用性时，重点讲了航天领域。他指出："航天技术中载人航天是衡量一个国家的经济、科技发展水平和军事实力的重要标志，是国防综合实力的一种体现。中国应当尽可能在本世纪内突破载人航天的第一步。载人航天本身不是目的，而是一种手段。有了这种手段，就可以提高利用空间环境的深度与广度，更好地促进科学技术进步和高技术产业的发展；载人航天可以增强空间军事应用的有效性，进一步发展军事应用的潜力。当我国在下一个世纪建立了空间站后，才能解决具有较大规模、长期有人照料的空间应用问题。我国发展载人航天是一项长期的任务，但千里之行，始于足下。从发展的眼光、从竞争的观点、从载人航天和空间应用相互促进的作用与需求来看，我们都不应该错过2000年前这段良好的时机。"

座谈会结束后，主持人邀请大家去京西宾馆的小餐厅共进午餐。杨嘉墀被安排在江泽民总书记座位的右侧，同桌用餐的还有王大珩、陈芳允、王淦昌等。席间，江泽民总书记和杨嘉墀亲切地交谈，问他："杨嘉墀同志，你是哪一个学校毕业的？"杨嘉墀回答："我1941年毕业于交通大学。"江泽民亲切地说："好啊！你是学长。我还有很多问题需要和你探讨啊！"杨嘉墀有些腼腆，也有些激动地说："你是领导，我应该向你汇报。"接着杨嘉墀就海、陆、空、天、信息一体化，载人飞船，智能机器人等军民用技术问题提出了一些建议。江泽民总书记的信任和嘱托，令杨嘉墀感到分外温暖与激动！

载人航天工程上马，航天系统承担了运载火箭和飞船的研制任务。经过半年时间的深入研究，各有关单位都进行了可行性论证，并提出了多种实施方案，以便于择优选用。1991年，航空航天部组织有关专家进行了综合论证与评审。会议由庄逢甘主持，杨嘉墀应邀出席了会议。会上，参与飞船方案论证的三家总体单位分别提交了《载人飞船工程可行性论证报告》。中国运载火箭技术研究院提供的方案是黄皮书，上海航天技术研究院提交的是蓝皮书，中国空间技术研究院呈送的是绿皮书。会议气氛十分活跃，各单位的专家纷纷抢着发言，都想着为载人航天工程多做一点工作。

讨论中对载人飞船的总体分工存在分歧，意见一时难以统一。为了争取尽快立项，杨嘉墀等多次提出建议，供大家讨论与领导决策。杨嘉墀认为，中国空间技术研究院长期从事空间飞行器研制工作，有着十几年研制返回式卫星的经验和人才队伍，在结构、热控、控制、回收着陆等专业方面有坚实的基础。载人飞船是一种返回式载人空间飞行器，其技术和返回式卫星有相近之处。近几年在“863 计划”论证时，已安排一批同志在从事载人飞船方案论证及相关试验。因此，杨嘉墀建议，载人飞船工程总体设计和总装工作，应由中国空间技术研究院承担。

还有一个分歧是飞船的制导、导航与控制分系统，简称 GNC 分系统。因它承担着飞船从起飞到返回的全程控制任务，所以它称得上是工作量最大、责任也最大、技术难度最高的一个分系统，属于飞船的五大攻关项目之一。因此，它再次成为会议讨论的热门话题，尤其是对惯性导航发展途径及研制单位的安排，展开了热烈的争论。中国运载火箭技术研究院的专家认为，采用平台式惯性导航系统方案较好，因在运载火箭研制中已有相当好的基础，该院完全可以承担这项任务。杨嘉墀与陈祖贵、孙承启、王南华等人研究后，提出了载人飞船应采用捷联式惯性导航的设计思想，惯性测量元件（陀螺仪和加速度计）直接安装在飞船上，利用计算机将测量信号变换为导航参数。这样可省去惯性平台，从而达到体积小、质量轻、成本低、维护方便的目的。为了提高其可靠性，杨嘉墀还建议采用冗余技术。经过大家畅所欲言，大多数同志很快统一了意见。航空航天部对这次会议评价很高，1992 年 1 月 20 日，航空航天部党组 6 号文件决定，将载人飞船工程总体设计和总装工作交给中国空间技术研究院，并责成该院汇集各种方案的精华，进一步完善飞船总体设计方案。

1992 年 1 月 8 日中央专委第五次会议后，国防科工委和航空航天部很快组织并健全了论证队伍，成立了论证组和评审组。王永志任论证组组长。任新民任评审组组长，副组长为王大珩、屠善澄；评审组成员有庄逢甘、杨嘉墀、王希季、闵桂荣、张履谦、谢光选、童铠等。杨嘉墀深感评审组这副担子很重，既有技术上的难度，又有组织协调上的困难。中央专委明确提交论证报告和评审报告，是批准载人飞船工程立项的必要条件。1992 年 9 月 21

日，对中国载人航天工程来说，是一个具有决定意义的日子。中共中央政治局十三届常委会第195次会议讨论同意了中央专委《关于开展我国载人飞船工程研制的请示》，正式批准我国载人飞船工程上马，自此，我国载人航天工程正式立项实施。根据中央领导指示，载人飞船工程是一项大型的保密工程，应贯彻“要静静地、坚持不懈地、锲而不舍地去搞”，“多干、少说”，“只干、不说”的原则，不报道、不宣传。因此，自1992年年末，载人航天工程就在全国各有关单位中悄无声息地全面开展起来。

1999年11月20日，我国成功发射了第一艘无人试验飞船神舟一号，考核了飞船舱段的连接与分离、调姿与制动、升力控制、防热、回收着陆等五项关键技术。作为飞船关键分系统的GNC系统（制导、导航和控制系统），从起飞到返回全过程中，都出色地完成了全部控制任务，保证了此次飞行试验的圆满成功。

光阴似箭，转眼到了2003年10月15日，这一天，我国成功地将自主研

2003年10月22日，杨嘉墀与航天员合影

制的载人飞船和第一位航天员杨利伟送入太空，返回舱于10月16日安全返回地面。2003年10月22日，杨嘉墀在航天城会见了中国航天员杨利伟，很赞同杨利伟平安着陆出舱后说的一句话：“我为祖国骄傲！”中国载人航天由此掀开了崭新的一页，中华民族的飞天梦想终于变成了现实。杨嘉墀深深感到，只有将自己的事业同祖国、同人民紧密相连在一起，才能大有作为。

3. 促进航天产业发展

杨嘉墀是一位极具创新意识和创新能力的科学家，对计算机的发展与应用尤为重视。他从事航天技术，研究的是自动化、自动控制。计算机和自动化是天生的一对盟友，注定要结伴而行。

杨嘉墀早在美国的时候，就参加过电子模拟计算机的研制。回国后，在电子计算机的研制、使用和推广方面，更是不遗余力。他不仅为中国核潜艇反应堆控制系统研制模拟计算机，还为中国科技大学的学生讲授这门课。他曾经提出了以计算机控制为中心的工业化试点项目，并亲自为兰州炼油厂、兰州化工厂以及上海发电厂等单位制订自动化方案，从而推动了电子计算机在过程控制中的应用。

1975年，杨嘉墀率团赴美国波士顿参加国际自动控制联合会第六次大会。会议期间，王安请杨嘉墀参观了自己的电脑公司，此时王安电脑公司正处于辉煌时期。王安是杨嘉墀哈佛大学的同学，又是信得过的朋友。当年杨嘉墀研制的快速记录吸收光谱仪，获得了美国的发明专利。杨嘉墀回国后，王安一直为他保存着快速记录吸收光谱仪的专利费。截至这种仪器停产，已经积累 2000 美元了。这次两位老朋友相见，感慨颇多。王安本想将那 2000 美元专利费交给他，可是考虑到中国的外汇管理极严，而且“文革”还没有结束，本是劳动所得的专利费，有可能被看成非法所得，甚至被怀疑成“特务经费”。王安不想给朋友添麻烦，就把这笔钱折成了一台电脑。这台电脑的存储量虽然只有 4KB，但已经可以用 BASIC 语言来编程了，算是很先进的。经过一番周折，杨嘉墀将计算机随身带回中国，安装在实验室里，同事们都把它当成了稀罕物，大家一起使用。“王安电脑”的先进性引起了大家的浓厚兴趣，也给研究工作带来了很多方便。杨嘉墀亲自参与用计算机设计航天器控制系统的工作，对卫星进行数值计算、模拟试验等。他指导科技人员开展计算机在科研管理方面的应用研究，还开展了科技档案、财务管理、信息管理等计算机系统的开发。他为航天系统实施计算机信息管理开了先河，同时也在这方面培养了不少的技术骨干。

1982 年，杨嘉墀担任航天工业部总工程师。他针对以往航天器测控系统一个型号一套系统的做法，提出采用标准模块组成计算机测控系统的建议。他领导并参与课题组的论证工作，参照欧空局的经验，决定采用 CAMAC 系统，确定卫星、导弹、通用计算机自动测量和检测系统工程标准化、模块化、通用化、系列化总体方案设计体制。这项工作得到了航天部副部长宋健的大力支持。杨嘉墀和梁思礼院士一起协助部机关组织航天部内各单位，开展 CAMAC 系统硬件与软件的研制，并解决在研制过程中出现的疑难问题，从而研制成功上百种功能模块和近 10 种系统软件的 CAMAC 系统，在技术上处于国内领先水平。该系统于 1986 年年初完成，1987 年获得国家科技进步二等奖。

从1983年开始，杨嘉墀参与了设在中国科学院的自然科学基金委员会的工作。1983年他倡导组织了由全国15个高等院校和科研单位合作开展的控制系统计算机辅助设计工作。他希望通过这项工作，将我国的自动控制理论和系统设计提高到一个新的水平。这一课题于1986年完成，所取得的成果已通过鉴定，并开始推广应用。

为了适应社会主义现代化建设的需要，开创空间技术发展的新局面，为振兴国民经济作出贡献，中国空间技术研究院决定有计划、有步骤地进行技术改造，全面推行计算机应用工作。1984年6月，杨嘉墀被任命为院计算机推广与应用工程总设计师。他领导总体组进行全面规划，在卫星总体部推行计算机辅助设计，首先对比较成熟的返回式卫星进行试点，建立数据库，其效果非常明显。如对卫星的改型设计，因使用了计算机，设计速度明显加快，设计人员可以从许多设计方案中筛选出最佳设计方案，不仅提高了设计精度，减少了错误，而且还缩短了研制周期，提高了工作效率。又如，在卫星制造厂推行计算机辅助制造，既能改善对产品设计和品种多变的适应能力，又能提高加工速度和生产自动化的水平，还能提高产品质量，可谓一举多得。此外，因在卫星地面环境试验中推行了计算机数据采集系统，加之全院建立了计算机网络，采用通信线路将地理上分散的计算机系统、工作站、终端群和外部设备互连，实现了数据通信和资源共享，大大提高了整体效益。在工作中，杨嘉墀认真细致的工作态度和严谨务实的工作作风，给大家留下了深刻的印象。

1986年，国家自然科学基金委员会正式成立。计算机已由小型机进入微型机阶段，软、硬件也有很大的改进，在杨嘉墀的推动下，中国控制系统计算机辅助设计工程化软件系统于1988年被国家列为重大科技项目。在他的关心与积极支持下，该项目更具完整性与工程化，所取得的成果于1991年进行了国家级鉴定，鉴定委员会认为，该系统已达到国际先进水平。

1987年10月，杨嘉墀在英国参加国际宇航联合会第38届大会，会后被邀请参加国际空间技术产业研讨会。会议在英格兰西南部小城市巴斯附近的一座豪华宾馆举行，为期两天。会议组织者是美国华盛顿的一个私人科研教育组织——太平洋研究所。承办人中有一位著名作家坦普尔，著作有《中国：发明与发现的国度》，后译成中文出版，为中国科学界所熟知。这次研讨会邀集了20多位国际航天界知名人士，其中有国际宇航联合会的几任主席、美国航空航天局的几位官员，以及少数教授、企业家和英国国会议员。

会议原定主题是空间技术的下一步重大决策，谈来谈去话题集中到了空间技术产业化的问题上。这时由于卫星通信已经产业化，所以可讨论的话题不多。但人类空间活动涉及面很宽，除应用卫星外，还有空间天文、探测太阳系等空间科学。虽然由此开发的技术有可能转为商业应用，但此时的商业界尚未对此产生兴趣。因此，会上较多地讨论了这个问题。而这些，正是杨嘉墀近些年十分关注的。在会议发言中，多数专家认为国家政府计划应当是空间科学和技术的主要推动力。国家应当制定一个长远的发展蓝图，而不是推动一个个独立的计划，因为空间计划是相互联系的整体，必须避免重复建设、重复投资，这样才有可能提高整体效益。航天事业的发展，关键是形成政府、大学和航天工业间的合作网。大家认为，空间技术的应用涉及政府的很多部门，如国防部门、经济部门、科技部门、气象环境部门、国土资源部门、救灾减灾部门等。因此，政府总的领导作用是非常关键的，长期强有力的组织工作是使企业参与空间计划的先决条件。

杨嘉墀除在讨论中不时地发表看法外，还做了两次系统发言。一次是关于航天技术商业化问题，他说："中国航天工业部设立了长城工业公司，为国外用户提供发射服务；多次提供返回式卫星的搭载服务，比如，为国外用户提供微重力试验服务，在1987年8月发射的卫星上就有法国的有效载荷试验。"第二次发言的内容是关于新中国成立以来，政府如何重视科技发展的情况。他介绍道："从1956年开始，中国就从无到有、独立自主地发展航天技

杨嘉墀在工作

术，建立了一系列制造工厂和测试用的基础设施。20世纪80年代初改革开放后，中国加强了与国外的交流与合作，同时将航天技术转向民用。1986年，我与其他三位科学家一起提出了制定高科技发展计划（“863计划”）的建议，得到政府的高度重视和推动执行，航天技术是其中的一个项目。由于中国还属于发展中国家，我们一方面要注重研究和开发新项目，同时也要注意经济上的效益。因此，我们必须非常重视航天技术的产业化问题。”杨嘉墀的发言，引起了与会专家们的浓厚兴趣。他们不时地询问，杨嘉墀如数家珍地一一做出回答。高科技产业化一直是杨嘉墀这些年来竭力思考和求索的问题。今日得以与各国同行们共同切磋与探讨，自然令他那颗思维敏捷的大脑愈加活跃起来。他深切地感受到，一个国家高科技产业的发展水平，是其在国际科技与经济竞争中综合实力的表征。若要形成实力和竞争能力，高技术就必须转化为产业，而且还必须是规模生产的，既能满足国内需要，又能打入国际市场，是具有持续创新能力的产业。

在国家跟踪世界高技术发展的重大决策指引下，王希季、杨嘉墀、闵桂荣等策划利用返回式卫星搭载，开展微重力科学实验研究。在1987年8月5日、9月7日，先后发射的两颗返回式卫星上，共有80个微重力搭载项目，其中包括法国马特拉公司的藻类培植和微加速度测量两项，国内材料加工半导体砷化镓晶体生长等10项，其他还有植物种子、微生物、昆虫卵等68项。所有搭载项目，经过5天或8天的空间飞行，全部完好无损地返回地面。许多科学家都是第一次参加卫星搭载试验，知道从天外归来的试验样品的价值，大家都极认真地在实验室进行分析、测试；在温室内用汗水浇灌着每一粒经过搭载的种子，让它发芽、生长。经过三个月的紧张工作，取得了初步成果，不仅获得了许多有价值的数据，还验证了不少具有特色的科学思想。尤其是在微重力环境下，砷化镓单晶生长是很有特色的，空间生长的单晶无杂质条纹，而地面生长的样品杂质条纹清晰可见，这就说明空间生长的单晶掺杂均匀性有所改善；还发现空间单晶具有较高的完整性和均匀性，证实了空间材料的可用性。经过空间飞行后的石刁柏种子，分别在实验室和田间种植，其结果是：无论是种子的萌发速度，还是发芽率、耐寒性以及药用性能，都有所改善。

为了推进我国空间微重力科学的发展，1987 年 11 月 11 日至 14 日，中国首届微重力科学与空间试验学术讨论会在北京召开。出席会议的有朱光亚、孙家栋、杨嘉墀、王希季、林兰英、闵桂荣、达道安、陈信等一百多位科学家与学者。会上总结交流了我国近年来通过国际合作以及首次利用我国返回式卫星，开展微重力科学与空间试验等工作成果，并对今后工作提出了意见与建议。会前国家科委主任宋健在听取林兰英院士汇报时，看到空间归来的火炬形砷化镓单晶，他充分肯定了返回式卫星技术水平，指出这是军转民、自力更生、大协作的结晶，对开创空间微重力科学有着深远的意义。

杨嘉墀在大会上做了报告，他指出："尽管我国 1984 年通信卫星发射成功，返回式卫星一个个地按期返回，但是直到 1986 年，我国在利用航天器进行空间微重力科学研究方面仍处于空白，与先进国家的差距越拉越大。面对空间资源

1987年11月，杨嘉墀在中国首届微重力科学与空间试验学术讨论会上做报告

的竞争，若一个国家高技术不发展、不强盛，就不会有相应的国际地位。我们在参加一些国际空间微重力学术会议时，只能听，却没有发言权，更谈不上平等合作。不过，这些能激发起我们的民族自尊自强的精神，只有下决心以我为主、开拓创新、迎头赶上，尽快地缩小与发达国家间的差距，才是唯一的也是必然的选择。”

会前，在钱学森系统工程科学思想指导下，512所熊延岭（原名熊延龄）进行了微重力科学情报研究，完成了《空间材料加工的发展及其分析》《空间生命科学实验系统工程》等研究报告，为各单位进一步开展空间科学技术研究，适时地提供了信息。

中国返回式卫星首次搭载试验成果对外报道后，引起了国内外的广泛关注与兴趣。1987 年 12 月，杨嘉墀在北京参加中西德空间科学合作会议，会上，中国专家拿出一份份试验报告、一张张图片，许多成果为世界首创。返回式卫星搭载试验，受到西德专家们的赞扬，他们主动提出与中国进行空间合作。1988 年 2 月，在联合国空间大会上播放了中国空间微重力试验录像资料。中国惊人的速度与成就，引起各国同行们的称赞。随后，杨嘉墀又分别与美国、德国专家进行交流，与一些友好国家探讨合作。杨嘉墀深有感触：“空间科学实验不仅投资很大，而且技术要求也很高，所以，国际合作交流就显得十分重要。全世界的微重力科学和空间应用尚处于发展阶段，新技术将层出不穷，我国必须不断地开拓创新，让空间资源造福于人类。”

1990 年，杨嘉墀与师昌绪、王大珩、陈芳允等科学家一起，进行了关于发展我国高技术产业的若干战略问题的研究。他们从建立和发展我国高技术产业着眼，侧重讨论有关的科技政策以及相应的体制与机制等问题。他们选择了卫星通信、光纤通信、激光加工和激光医疗仪器、计算机软件、钕铁硼永磁材料等领域，进行了较深入的调查与分析。他们认为：产业化需要解决技术、生产要素、生产、使用、市场、服务间的组合；调整传统产业的产品结构和技术结构是发展高技术产业的重要途径；需要充分运用市场机制，减少行政干预；需要政府的支持与协调。据此，他们向主管部门提出了建议。

与此同时，杨嘉墀还承担了中国科学院技术科学部咨询课题，组织杨照德、包妙琴、闵长宁、陈英才、刘耀东、张照炎、朱丹英等进行卫星通信产业化问题研究。杨嘉墀指出：“通信是国民经济发展的战略重点之一，必须加快发展，使通信产业适应现代化建设的需要。参照世界各国发展的经验，通信产业必须先行，其发展速度宜高于国民经济的发展速度。要使通信产业持续稳定协调发展，不仅要求发展速度和提高技术水平，而且迫切要求调整产业结构，使之合理化。当前，我国的卫星通信手段，已难以适应国民经济和社会发展的需要，供需矛盾十分突出，卫星通信还未形成一个真正的产业，所以使卫星通信真正形成一个高技术的产业、实现产业化已迫在眉睫。经过一年时间对我国卫星通信现状与作用的调查，并认真地进行了卫星通信国内外市场的预测研究，为加速我国卫星通信产业化，提出如下建议：在研制开发阶段，对卫星通信建设投资实行倾斜政策，给予优惠、扶持，使其加快发展；在应用起步阶段，实行保护政策，为卫星通信产业的发展创造一个良好的外部环境，以增强自我发展的活力，逐步建立企业化的卫星通信产业，从而适应国民经济发展的需要。”

航天技术是典型的军民两用技术，对国民经济及其他部门有很大的带动作用。为了贯彻党中央“军民结合”的战略方针和中国航天工业总公司“发展航天、加强民品、提高效益、走向世界”的发展方针，促进航天科技工业军转民工作以及民品产业的发展，1995 年中国航天工业总公司党组决定，成立航天军转民科学技术委员会。杨嘉墀被任命为科技委主任，于景元、王雨生为副主任，领导全体成员为航天产业化献计献策，促进航天民品产业的发展。对于航天技术军转民这一问题，杨嘉墀认为：“在过去的年代里，航天技术的发展是伴随着国防建设而发展的，航天科技工业的大量技术成果是伴随着导弹武器的研制、生产而产生的，航天科技工业的投资大部分是国家财政拨款，因此，大家总是把航天技术那一套当作军品。现在要把航天技术用于国民经济建设，故称之为军转民。但实际上，是还其航天技术的本来面貌，因为它本身就是为国家建设和经济建设服务的。只不过，过去比较多地应用于国防建设，造成了人们认识上的误区。为此，航天人应该把航天技术为国民经济建设服务作为己任，而且这项任务同样是极其艰巨、极为光荣的。我们要处理好航天技术、国防建设、经济建设三者之间相互促进的关系，把航天技术为国民经济建设服务作为保持航天事业发展势头的重要组成部分。”他还指出：“航天部门作为一个高科技部门，学术气氛应该很浓，对学术问题要有一个‘百花齐放，百家争鸣’的环境。”

杨嘉墀向来是一位不慕虚名、坚持名至实归的人。几年来，他所领导的航天军转民科技委全体成员，积极为航天技术产业化建设建言献策，促进航天民品产业发展，促进航天军民两用技术发展。航天军转民科技委副主任王雨生在工作报告中指出：“杨嘉墀主任工作繁忙，身体有病，但他总是亲自主持办公会议，决定军转民科技委的重要问题；即使在参加国际会议期间，他仍不忘记扩大航天军转民科技委的影响。杨主任的敬业、奉献精神，为我们做出了榜样。”中国航天工业总公司副总经理夏国洪，在军转民科技委成立一周年纪念会上说：“军转民科技委成立一周年来，在杨嘉墀主任，于景元、王雨生副主任的领导下，在全体人员的共同努力下，取得了较大的成绩，得到了航天广大职工的认可和支持。”王礼恒副总经理在军转民科技委成立两周年纪念会上说：“两年来的实践证明，总公司党组关于成立军转民科技委的决定是正确的。两年来，军转民科技委对总公司领导的重要决策，对推动总公司军转民事业的发展和民品企业的工作，都起到了非常重要的作用，取得了可喜的成绩。应该在现有的基础

1997年7月，航天军转民科技委主任杨嘉墀视察航天育种实验基地

上，进一步总结提高，为航天事业，为总公司的发展，更好地发挥军转民科技委的积极作用。”中国航天工业总公司的各级领导对军转民科技委的积极评价，正说明了军转民科技委在杨嘉墀的正确领导下所取得的成绩。杨嘉墀对航天军转民事业功不可没。

1998年10月，中国航天工业总公司军转民科技委、中国宇航学会和全国地方遥感应用协会，联合主办了航天卫星应用产业技术与经济发展学术研讨会，旨在推动航天卫星应用产业的发展，以学术启动，向全社会开放，广泛宣传改革开放以来中国航天工业总公司在卫星应用及军转民方面的技术成果，进行卫星应用产业技术经济发展的学术交流，研讨应用卫星产业发展方向，加强与社会各界的信息交流与合作，共同开拓卫星应用产业的国内外市场，更好地为国民经济信息化服务。杨嘉墀主持了这次会议，并做了《卫星应用必须统一领导协调组织》的专题报告。他指出："卫星应用是涉及国家信息化建设的一个重要组成部分。卫星应用涉及通信、遥感、导航和空间环境利用等领域，按照商业化程度来看，卫星通信应用已成为具有相当规模的产业，卫星遥感正在逐步形成产业，卫星导航几乎已被美国GPS的有关系统和用户机所垄断，空间环境利用尚处于研究开发阶段。由于我国应用卫星的发展滞后于世界空间大国，卫星应用无论从技术上来看，还是从社会效益上来看，都大大落后于世界先进水平。随着国际上近几年航天技术的迅猛进步和投资规模的增幅扩大，展望未来，我国卫星应用的发展，面临着十分严峻的形势。”接着，杨嘉墀对国内外卫星应用发展进行了深入的分析，强调卫星通信是信息化建设的一个重要环节，卫星遥感是信息获取的重要手段。报告结束前，杨嘉墀提出：“随着社会信息化时代的到来，作为跨部门的国家重大基础信息设施，卫星应用必须由国家统一领导、统筹规划，从事这一行业的有关部门也必须加强联合，精诚协作。商业性航天活动越发展，越需要加强国家的宏观调控。目前，国内众多部门相互竞争，参与航天服务项目的引进经营，这对我国卫星应用的发展有一定的促进作用，但容易造成资源分配和利用不合理，造成资源浪费和市场流失，影响我国航天事业的发展。为此，建议国家有关部门组织制定卫星通信和卫星遥感的总体规划、对外合作的方针政策。设立几个研究开发中心，在统一布局下合理分工，使宝贵的资金、技术设备、人力资源得到有效利用，开发先进应用技术，为国民经济建设作出更大的贡献。”杨嘉墀的报告引起了到会专家们的兴趣，大家从不同的角度对卫星应用产业调整与发展问题，进行了多方位、多层次的研究和探讨，提出了一些有价值的观点和建议，为中国航天工业总公司有关部门的决策提供了背景材料和参考依据，为中国航天在新世纪发展卫星应用产业起了促进作用。

当今世界，知识已成为经济发展战略的最重要的资源，知识产权成为获取竞争优势的重要基础。知识产权制度已成为激励科技创新、推动技术进步、促进科技成果产业化的有力保障，已受到世界各国的普遍重视。在工业发达国家，知识产权制度已经成为保持科技优势、提高国际竞争力的有效手段。杨嘉墀站在自己所研究领域的前沿，时刻把握着我国与世界航天产业发展的脉搏与动向，要将我国的航天科技产业与世界该领域的科技产业成功地实现对接。2003 年，杨嘉墀在中国高科技产业化研究会上，做了《奔小康与具有自主知识产权的高技术产业化》报告。他指出：“由于我国建立知识产权制度的时间不长，知识产权的意识还比较淡薄，在科技计划、科技成果等的科技管理工作中，因缺乏知识产权内涵，而严重影响了我国科技创新机制的形成和良性运转。在当前形势下，加强与科技有关的知识产权保护和管理已迫在眉睫，从而提高我国知识产权的总量与质量。它既是增强我国科技持续创新能力的迫切要求，也是高新技术产业在我国加入世贸组织后，应对国际竞争、变压力为动力的必然选择。”杨

2002年，杨嘉墀在知识产权座谈会上发言

嘉墀强调:“只有科学家的创新和政府相结合，才能成为国家发展战略的有力保障。随着全球性高技术产业竞争日趋激烈，我国如何利用知识产权制度，将技术优势转化成经济效益？仅从专利数量上来竞争还是不够的，必须继续探索有利于发展高技术产业的各种政策，如投资、税收、法制、开放引进、奖励等全面协调，使知识产权战略真正能为我国经济建设服务，为全面建设小康社会服务。”

4. 指引深空探测战略

中国航天已走过50多年的发展历程。我国空间技术已初具规模，某些方面已接近世界先进水平。航天事业能有今天的成就，与一批富有创造力的老专家的辛勤工作是分不开的。杨嘉墀是空间事业的开拓者，是自动控制技术的带头人。短短的半个世纪，山河巨变，万物更新，换了人间，不仅再现了中华民族发展史上最辉煌的一页，也融入了每个人的历史情感。当新世纪的门槛一天天临近的时候，杨嘉墀的紧迫感愈来愈强烈了。一种忧患意识、一种以天下为己的责任感、一种自强不息的精神，不时流露出来。杨嘉墀的脚步依然急匆匆，思维依然敏捷，作风依然严谨，工作节奏依然有条不紊。他仍在密切关注、追踪国际上先进的科学技术……

杨嘉墀驰骋国际论坛，深感开发宇宙空间是全人类共同的愿望。正如1996年江泽民主席在国际宇航联合会第47届大会上的讲话中所指出:“推进航天的宏图大业，需要不断地加强国际合作。从人类的生存、发展和进步事业出发，这种国际合作应是广泛和密切的。世界各国尤其是掌握空间技术的国家应为此作出更大的努力。”

早在20世纪六七十年代，钱学森、张钰哲、钱骥、杨嘉墀、陈芳允等老一辈科学家，就在跟踪国外的深空探测动向，重点领域有月球探测、火星探测、水星探测、金星探测、巨行星及其卫星探测、小行星与彗星探测，并且将月球探测作为深空探测的起点进行论证。美国、苏联在20世纪50年代至70年代中期，开展了一系列月球探测活动，取得了划时代的成就，但耗费的人力、物力巨大，1976年后月球探测进入了宁静期。通过对前期工作的总结和提高，科学家们提出了进一步从事月球探测所应解决的科学问题与应用问题。特别是月球能源、资源与特殊环境的开发利用，展现出广阔诱人的前景，这将对地球的可持续发展作出重大贡献。新技术的进步，尤其是航天技术、信息技术、微机电技术等的发展，可使月球探测的成本大幅度降低，效率和质量却能大大提高。随着地球资源的逐渐匮乏，开发月球资源将成为人类的共同愿望。

1991年，我国航天专家提出探月工程建议，在国际空间年活动期间，即1992年6月22日，宋健为《太空·地球·人类》题词："大力开发空间资源，为发展经济、保护环境和社会进步服务。"宋健、孙家栋、陈芳允、杨嘉墀等有关专家，曾多次进行有关探月问题的研究，探讨如何运用大型运载火箭发射试验的机会，进行搭载发射月球卫星，将探月作为深空探测的起点。杨嘉墀、陈芳允安排与指导512所熊延岭开展月球探测工程系统及月球资源开发利用的情报课题研究，为月球探测项目进行可行性论证提供了有价值的资料。

在国家“863计划”航天领域专家委员会首席科学家闵桂荣倡议下，成立了“863探月课题组”，该组由中国空间技术研究院褚桂柏、杨维廉、姜昌、杨照德和中国空间科学学会欧阳自远、都亨、陈康文、叶自立、项仁杰等23人组成，进行我国开展月球探测的必要性和可行性研究。经过一年多的工作，调查并分析了国外月球探测活动发展状况，研究分析了国外月球探测的结果，提出了我国月球探测的项目任务、目标选择，论述了我国开展月球探测活动已具备的条件，提出了开展月球探测发展阶段设想与第一阶段月球探测的科学目标，第一颗月球卫星总体设想、关键技术、研制进度和经费估算，月球探测的国际合作建议等。1994年11月，闵桂荣主持会议，向王大珩、陈芳允、王永志、孙家栋、杨嘉墀、王希季、陈述彭等十多位院士做了阶段性研究成果汇报，得到了他们的指导、支持与帮助。课题组力图从必要性、可行性、经济性以及现实性四个方面进行综合研究，从而提出符合我国国情并具有现实意义的月球探测发展战略及第一颗卫星的方案设想，供领导决策参考。

1996年12月，杨嘉墀应邀出席21世纪初我国航天高技术发展研讨会。在会上，他做了《月球探测和开发》的专题报告。根据多年的研究，深思熟虑地对我国21世纪的月球探测和开发做了深入的探讨，并运用系统观念、战略创新思维，从组织领导、计划管理、经费投入、经济效益等各个方面考虑问题，提出了既鼓舞人心又切实可行的建议。

在报告中，杨嘉墀指出："十年前我们在制定'863计划'有关空间技术领域研究内容时，由于当时国力的限制，只能考虑到离地球36000千米内的领域。近几年来，随着世界政治、经济形势的变化，国际上空间技术的发展计划有了很大的调整。由于经费的制约，各国在制定空间政策时，已经不再是单纯从政治和军事意义上考虑，而是更加侧重于未来任务的经济意义和开发前景。"

杨嘉墀进一步强调："对于深空探测而言，目前各国都忙于各自的探测活动，目的是发展自身的科学技术，争夺领先地位。由于微电子、微机械技术的发展，自动自主探测对运载工具的要求可以比过去少得多，经费也就可以被压缩。针对这种形势，我们在制定21世纪空间技术领域发展规划时，考虑开展月球探测和开发活动，应该说既是一种挑战，又是一个机遇。我们应该考虑一些具有长远应用前景的技术基础项目，力争取得一些在国际上处于领先地位的科研成果，才有可能参加国际合作，以便在空间技术领域占有一席之地。"不久，他还建议："我们必须根据国情，尽快制定一个发展蓝图，为21世纪初我国在月球上建立一个月球站提出切实可行的方案，以便于将来很多空间科学技术研究开发工作可在月球站上完成。"

1997年4月7日，在北京香山举行了香山科学会议第71次学术讨论会，会议主题为"面向21世纪的空间科学与探测技术"。会议由王大珩和杨嘉墀担任执行主席。参加讨论的有陈芳允、任新民、闵桂荣、王希季、欧阳自远、艾国祥、叶叔华、刘振兴、苏定强、姜文汉等12位院士及来自空间天文、空间物理、空间技术等领域的近40位专家、学者，并特邀国际空间局专家贺其治出席会议。会上就空间环境探测、月球探测、行星探测与空间天文、深空探测、有效载荷与平台技术等中心议题，进行了广泛而深入的讨论。

在会上，杨嘉墀强调："空间科学与技术共同发展，是我国发展航天事业、提高综合国力、促进国民经济发展的有效途径。在航天事业发展的过程中，应注意科学与技术的结合、民用与军用的结合，以及在自力更生的基础上开展国际合作；在空间科学研究方面，要集中力量研究日地系统与空间环境监测、月球和近地小行星的形成、太阳系行星探测、空间天文观测；在空间技术方面，应着眼于深空、地面测控与通信、深空探测器的轨道优化设计、轨道控制、航天器自主导航、精密指向、航天器数据管理与传输、探测器小型化以及电推进器等技术。这些空间科学与技术的发展，将会使航天事业在国民经济建设中，尤其是在国防建设中发挥重要而广泛的作用。"

在会上，王希季院士指出："载人航天和低轨道空间站将是空间科学试验研究和空间技术发展的基础设施，我国应尽快突破载人航天入轨、在轨和返回三项基本技术，并利用公用平台或公用舱组成空间实验室，为我国今后的空间科学与技术发展奠定基础。"艾国祥院士论述了空间太阳磁场望远镜将会在空间环境预报中起重大作用。欧阳自远院士针对开发月球资源的目的，较详细地介绍了人类目前可以利用的月球资源。刘振兴院士介绍了当前火星研究的现状及未来发展趋势。陈芳允院士、叶叔华院士等就深空测控问题发表了看法。

会上一项项建议令人心驰神往，一个个奇思妙想令人拍案叫绝，一幅幅壮丽画卷令人目不暇接。任新民院士结合自己多年从事航天工程工作的经验，中肯地指出："航天技术不是简单的技术，而是高技术，要过硬、可靠。发展工程项目谁先谁后，国家应有个计划。我们国家的天文卫星还没有起步，空间科学研究方面怎么才能搞出一个突出的东西来，是值得认真探讨的。在高科技领域，中国必须占有一席之地，要认真地干，时间短了不行，钱少了也不行。"王大珩院士指出："在 2010 年前后，我国可能成为经济大国，到时能否成为科技大国并继续保持空间大国的地位，对我们国家来说是至关重要的。鉴于发展深空探测的重要意义，我们必须有雄心壮志，更要实事求是，踏踏实实地为推动月球探测做好准备工作。”

学术讨论会形成了一份颇有创新的建议，这是集体智慧的结晶。杨嘉墀召集杨照德、潘厚任、王旭东、褚桂柏等人一同研究，起草建议报告，一稿、二稿、三稿，反复修改，字斟句酌的痕迹历历可辨。报告中有关月球探测的建议如下：

我们认为，在继导弹、卫星上天，中国人进入太空之后，中国有能力发射月球探测卫星，登上月球，开创我国科技发展的第三个里程碑。

空间高科技可以把科学发现与科技突破很好地结合起来，带动我国高新科技向现实的生产力和军事优势转化。

月球探测是一个国家空间科技高度发展的重要标志，是综合国力的具体表现。对增强全国人民和海外华夏子孙的自信心和自豪感，培养下一代的开拓、奉献、创新精神，有着不可估量的深远影响。

我们认为，登月工程的目标要高起点，但实施时要分阶段、分层次，逐步推进。建议将探测月球作为一个重大的国家高科技项目，列入21世纪初我国航天发展远景计划，在近几年内制定一个规划，利用“863计划”和基础研究计划经费，研究发展蓝图、技术途径和关键技术，其中测控和数控要先行。有关深空探测地面测控站的建设，应尽可能早日付诸实施，一方面可参与国际合作，另一方面可从事射电天文学等的基础研究。

初步估计，2000年至2010年如能投入30 ~ 40亿元经费，即可完成月球探测的绕月飞行、软着陆、月球取样以及返回地球等项任务。载人月球飞行的运载器及开发月球等计划，可以到21世纪初再启动。

1998年，面对国际航天领域激烈竞争和国内外市场的严峻挑战，杨嘉墀提出:“中国航天技术面临严峻的形势，作为航天科技工作者，我们能置若罔闻、无动于衷吗？”他反复地思考，在迎接新世纪到来之际，人类将从工业经济社会步入知识经济社会，航天高科技是知识经济的基础。航天技术是一门综合性高技术，是知识经济社会的支柱，是一个国家综合国力的象征和国际威望的后盾。在我国全面实施科教兴国战略、可持续发展战略和科技强军战略的过程中，航天技术始终起着极其重要的作用。

危机感与使命感时刻在鞭策和激励着人们，杨嘉墀再次提出《关于加强发展我国航天事业的建议》。其内容是：希望建立含有国家高层领导的航天决策机构，进行宏观协调、控制；希望增加对航天事业的投入；希望制定国家航天法和国家航天政策。他提出以法律手段保护和促进我国航天事业稳步、持续、健康地发展，以法律手段或国家政策规范长远发展目标与方向。

在航天发展新跨越的重要历史关头，杨嘉墀在2000年4月出席中国科学院技术科学部召开的“技术科学发展战略研讨会”，在会上，杨嘉墀又一次发表了独特的见解。他对航天科学技术进行分析，认为航天技术科学应包括两方面的内容：一是航天技术的基础技术，其中有航天动力学与控制、航天器材料与结构、微重力科学、空间能源、空间推进系统、小型卫星和微型卫星技术、测控系统等几大类；二是航天应用系统，其中有空间运输系统、对地观测系统、卫星通信系统、空间探测、空间站等几大类。杨嘉墀还强调，由于航天技术是一门综合性的科学技术，其发展必须依赖于未来航天工程的实施，但绝对不能仅局限于现有型号任务中的技术问题，而是要将未来的市场需求和技术驱动结合起来，进行关键技术的研究，促进技术的创新，从而使其在工程实施中降低成本，提高性能，增强可靠性；倘若忽视这一方面的预先研究工作，只在一些型号工程立项后再进行技术攻关，其结果就会由于一至两个关键问题没有解决好，而使工程在实施中拖延进度，甚至影响质量。当然，这一方面是由于投入人力不足，另一方面是缺少先行且完整的发展战略研究。杨嘉墀还提出，根据国民经济建设与国家安全的迫切需要，要有战略性地重点突破。航天关键技术的领域有：研究开发可重复使用的航天运输平台，重点突破大推力、高可靠、低成本和无毒无污染等方面的关键技术；以通信、对地观测、数据中继及导航定位等卫星的天基信息平台以及空、地基信息平台，一同组成平台网络，建立军、民共用的天地一体化信息综合应用系统，以便提高空间信息资源综合利用率和应用水平，形成具有功能综合化、信息集成化、平台通用化的应用体系；深空探测技术，为空间开发和空间资源的和平利用提供手段。重点开展月球探

2001年，杨嘉墀（右四）与王希季（右三）、屠善澄（右五）、吴宏鑫（左三）等在空间控制实验室

测器和着陆探测技术、深空测控技术研究，以便为火星等远程星球探测提供技术储备；空间站技术，在我国载人飞船技术的基础上，适度开展空间站总体与基础技术研究，如空间站交会对接技术、遥科学与空间机器人技术、生命保障技术等的研究，这些将对进一步发展载人航天具有战略性意义。通过这些关键技术研究，推动我国 21 世纪航天技术跨越性发展。杨嘉墀最后提出了一些措施与建议：学科建设要根据航天任务要求制定发展规划；要做到全国一盘棋，充分发挥科研院、所和高等院校的力量；建设一批国内开放的重点实验室；加强学术交流，一些基础性的研究可进行国际合作，平等互利，成果共享。

2000 年 11 月 22 日，中华人民共和国国务院新闻办公室发表了题为《中国的航天》白皮书。这是中国政府首次发布关于中国航天发展政策的政府公告，是面向新世纪的航天宣言。白皮书明确指出我国未来的发展目标，将“开展以月球探测为主的深空探测的预先研究”。中国向国际庄严宣告了向深空探测的进军号令！

2001 年至 2002 年间，孙家栋受国防科工委的委托，组织全国各方面的力量，开展我国探月卫星科学目标与有效载荷配置的研究，对我国探月关键技术的解决途径、对探月工程的综合立项进行反复论证。杨嘉墀与欧阳自远通过深入研究，于 2001 年 12 月发表了《21 世纪月球探测和开发利用》的研究报告，简要介绍了月球探测开发利用的科学价值、地月系统的形成、月球的地质特性和资源分析等。他们进一步指出：对月球进行探测所采用的技术可进一步为探测火星、小行星或其他行星的卫星提供基本经验。此外，人类再次登月和建造在月球上居住的必备条件时，完全可以采用机器人和月球车等先进的手段进行。机器人还可以遥控，进一步对月球进行环境考察、资源分析、基础设施建设等先期工作，为人类建设月球基地提供可靠的支撑。他们认为："经过先期研究后，已可初步确定月球探测的目标。根据我国现有的技术、人力和财力等条件，基本上可以满足早日进行月球卫星探测的要求。我国进行月球探测的科学目标应该是科学地选择项目，并且具有特色，不能完全重复其他空间国家已做过的工作，只有这样，才能做到既填补我国月球探测的空白，又为建立月球基地增添新的科学依据。"

2003 年 2 月 28 日，国防科工委在北京召开了 200 余人参加的 2003 年民用航天工作会暨探月工程筹备会。国防科工委邀请孙家栋、欧阳自远、杨嘉墀等 20 名院士作为正式代表参加会议。会上，国防科工委副主任栾恩杰做了题为《与时俱进，开拓进取，谱写航天新篇章》的报告。报告中提出了"正式启动探月工程筹备工作"。中国国家航天局宣布，2003 年我国将启动探月工程的论证和关键技术攻关。

2003年3月28日,《科技日报》发表了《探月,不是梦——中国科学院院士杨嘉墀谈月球探测》的记者专题访问报道。杨嘉墀重点谈了:“谁先占有谁先得益、月球探测分三步走、月球探测的意义和目的四个问题。并重点指出,时间紧迫,我国作为联合国常任理事国和重要的空间国家,应该像进军南极和进入海底先驱投资者行列那样,及时进入‘月球国家’行列,而且越早越有利于选择合格的登月和建立中国月球站的地点。”

杨嘉墀建议我国月球探测计划分为四个阶段来实施:第一阶段的任务主要是对月球进行遥感探测与成像分析,并将图像与数据发回地面。第二阶段实现取样返回。本阶段需要解决的问题是掌握将资源与样品通过登陆器与飞船返回地球的技术,同时还要为未来的月球站的选址打下基础。第三阶段实施载人登月计划。在月球上建立短期的工作站,由航天员在月球上进行各种科学试验,尤其是进行各种生保试验,创造人类在月球上生活的必要条件。在这一阶段登月工作应该进行多次,为下一阶段人类在月球上定居打下良好基础。第四阶段的任务是人类在月球上定居。要具有足够的人数在月球上活动,一方面可以继续深入研究月球,另一方面还可利用月球的资源和条件,制造地球上不能实现或当时已经接近于枯竭的人类生活必需品以及获得相应的资源。

最后，杨嘉墀高兴地说："经过两年的努力，我国第一个月球探测卫星的科学目标已经确定，很有特色，既能填补我国月球探测的空白，又能为未来月球资源的开发利用打下良好的基础。虽然我国在这方面起步晚些，但起点很高，况且第一阶段工作花钱不多。不难看出，随着航天技术日臻成熟，中国开展月球探测已经不再是一个梦，而是具备了实实在在的能力。"

2004年1月23日，国务院批准了绕月探测一期工程立项。2月，国防科工委召开绕月探测工程第一次领导小组会议，建立组织指挥体系，确定研制总要求，并将一期工程命名为"嫦娥工程"，第一颗绕月卫星命名为"嫦娥一号"。4月，温家宝总理批示："绕月探测工程是一项复杂的多学科高技术集成的系统工程。要统筹规划，合理确定科学和工程目标。要充分调动和整合各方面科研资源，加大重大关键技术的攻关力度。各部门要精心组织，团结协作，高标准、高质量、高效率地完成绕月探测工程任务。"

月球探测工程是我国第一次对地球以外的星体进行近距离探测，是迈向深空探测的第一步。为此，杨嘉墀对卫星姿态控制的三矢量控制问题进行了研究，他指出："在环月飞行期间，卫星姿态要一直保持对月、地、日三个天体定向，各种探测器要保持对准月面，以便完成科学探测任务；卫星发射和接收天线要保持对地定向，以便于将科学数据传回地球，供地面应用系统研究；卫星的太阳能电池帆板要保持对日定向，为了使电池帆板尽量获得日照，需要采用正飞和侧飞两种姿态，以便获得正常所需的电力，但也增加了姿态控制的附加要求和能量要求。在卫星运行期间，月、地、日三个天体都是相对运动的，因此，姿态控制是三矢量的控制过程，需要在卫星整体布局、质量分布、多轴控制跟踪等方面进行很多新的理论研究，同时也带来了许多工程实践上的挑战。"在这些难点上，杨嘉墀对年轻人寄予很大希望，他经常鼓励大家说："这些问题既是工程难点，也是工程的技术创新点，工程要取得成功，对所涉及的相关科学、技术难题，我们就必须设法去攻克它们。还因为这一系列问题涉及许多科学的前沿领域，倘若我们攻克了它们，我国在这些领域就会有跨越式的发展，同时这样的科学探索工程对科技的发展也会起到拉动作用。”

月球探测工程是我国航天领域重要的标志性工程，对于凝聚中华民族精神，推动国民经济发展，促进科学技术进步，增强我国的综合国力，都具有重大的现实意义和深远的历史意义。2007 年 10 月 24 日，长征三号甲运载火箭将嫦娥一号卫星送入太空。10 月 30 日 17 时 40 分，嫦娥一号卫星飞行到距离地球约 11.98 万千米的距离，突破了我国航天器到达的最远距离纪录。10 月 31 日 17 时 28 分，卫星按预定的时间、位置、速度，成功地进入地月转移轨道，标志着嫦娥一号卫星开始进入奔月之旅。

2007 年 11 月 7 日 8 时 34 分，嫦娥一号卫星成功实施了第三次近月制动。带着中国人的奔月梦想，成功经过月球南北两极，周期为 127 分钟的圆轨道。至此，嫦娥一号经过 326 小时的飞行，顺利地实施了 4 次地球轨道加速、1 次中途轨道修正、3 次近月制动共 8 次变轨，总飞行距离约 180 万千米，成功进入环月工作轨道。2007 年 11 月 26 日，国家正式公布了嫦娥一号卫星传回并制作完成的第一幅月面图。

2007 年 12 月 12 日上午，中共中央、国务院、中央军委在人民大会堂举行大会，隆重庆祝我国首次月球探测工程圆满成功。胡锦涛、温家宝、贾庆林、李长春、习近平、李克强、贺国强等党和国家领导人出席大会。胡锦涛总书记发表重要讲话。他讲道：“我国首次月球探测工程的成功，是继人造地球卫星、载人航天飞行取得成功之后，我国航天事业发展的又一座里程碑，实现了中华民族的千年奔月梦想，开启了中国人走向深空探索宇宙奥秘的时代，标志着我国已进入世界具有深空探测能力的国家行列。这是我国推进自主创新、建设创新型国家取得的又一标志性成果，是中华民族在攀登世界科技高峰征程上实现的又一历史性跨越，是中华民族为人类开发利用外层空间作出的又一重大贡献。全体中华儿女都为我们伟大祖国取得的这一辉煌成就感到骄傲和自豪！”

2013 年 12 月 2 日，嫦娥三号探测器由长征三号乙运载火箭顺利发射升空；14 日，在月球虹湾实现软着陆；15 日，成功进行着陆器与巡视器互拍成像；之后顺利开展月面就位探测与巡视勘察。这是我国航天器首次实现地外天体软着陆，实现了探月工程从“绕”到“落”的跨越，为第三步“回”打下了坚实基础。由此，我国成为世界上第三个成功实现航天器地外天体软着陆的国家。2014 年 1 月 6 日，中共中央总书记、国家主席、中央军委主席习近平在北京人民大会堂会见探月工程“嫦娥三号”任务的参研参试人员代表。习近平强调，探月工程连续成功，创造了世界月球探测史的中国纪录。这一成就，凝结的是几代航天人的智慧和心血，依靠的是我们国家的综合实力，汇聚的是中国人民的整体力量，体现出的最重要的意义就是进一步增强了全国各族人民坚持和发展中国特色社会主义的决心和自信。习近平总书记指出，创新是一个民族进步的灵魂，是一个国家兴旺发达的不竭源泉，也是中华民族最鲜明的民族禀赋。“嫦娥三号”任务是我国航天领域迄今最复杂、难度最大的任务之一，是货真价实、名副其实的中国创造。取得这样的成就，最根本的一点，就是中国航天事业始终坚持自力更生、自主创新。习近平总书记希望广大科技工作者、航天工作者再接再厉，向着探月工程总目标继续前进，为实现中华民族伟大复兴的中国梦作出新的更大贡献。

5. 积极推动卫星应用

人类的活动范围，经历了从陆地到海洋、从海洋到大气层、从大气层到外层空间的逐步拓展过程。2000 年 12 月初，杨嘉墀应邀在国防科工委召开的航天政策座谈会上，做了题为《中国航天世界瞩目》的热情洋溢的讲话。随后在科学技术部召开的国际合作座谈会上，又做了《迎接国际航天合作的新世纪》的专题报告。他畅谈了学习《中国的航天》白皮书的体会。《中国的航天》白皮书对中国发展航天事业的宗旨、原则、发展现状、未来发展和国际合作等作了简要介绍。白皮书根据中国的现状和国际惯例，将航天活动分为三个领域。一是空间技术。包括航天器和运载工具、发射、测控技术、载人航天等。二是空间应用。包括卫星遥感、卫星通信、卫星导航定位等为国民经济建设和国防建设服务的项目，已经并将继续取得明显的社会效益和经济效益。三是空间科学。包括空间环境探测、空间物理学、空间天文学、微重力科学和空间生命科学等领域，可以为人类提供新科学知识，为利用外层空间创造条件，使外层空间的资源造福于全人类。这种全局的发展战略，有利于使我国航天事业在国家实施科教兴国战略和可持续发展战略时起支撑作用，从而在经济建设、国家安全、科技发展和社会进步中发挥应有的作用。

杨嘉墀深有体会地说："这是值得我们搞航天技术的人庆贺的一件大事，充分说明国家已对整个航天发展有了整体考虑，这对中国航天事业的全面协调发展有着重要的意义。白皮书明确了21世纪初我国航天事业的发展蓝图，提出了今后十年要建立卫星对地观测和全国卫星遥感应用两大体系；建成中国卫星通信和卫星导航定位应用两大产业；开发新一代无毒、大推力火箭；载人航天；探测月球等。这个宏伟目标将激励航天人的斗志，十分振奋人心。此外，还提出了今后20年或稍后一个时期，将使空间技术和空间应用实现产业化与市场化；按照国家的整体规划，建成多功能和多种轨道的、由多种卫星系统组成的空间基础设施；建立中国载人航天体系；在空间科学方面取得众多成果，在世界空间科学领域占有较重要的地位；开展具有特色的深空探测研究。这是切合实际的，也是有远见的。我们要以先进的科学技术和现代管理手段来进行工作，才能更好、更快、更省地完成未来的任务，走出一条具有中国特色的发展航天之路。当前特别要抓好'十五计划'的制定和实施工作，使我国航天事业在21世纪初有一个良好的开端。"

杨嘉墀在谈到中、意利用天狼星卫星进行通信试验合作，以及中巴（巴西）联合研制资源一号卫星所取得的成果时，指出："由于人类居住在同一个地球上，不仅关注地球的环境变化，而且更注重开发和利用空间资源，因此，进行空间科学研究是全人类共同奋斗的目标。过去20多年来，中国开展了双边合作、区域合作、多边合作，以及商业发展服务等多种形式的国际合作，取得了广泛而丰硕的成果。今后，随着网络与通信技术向超高速和多功能发展，信息的传输、处理和交换更加快捷、方便和经济，这就为国际合作与交流提供了物质基础。进入 21 世纪后，全球经济一体化的进程将加快推进，航天技术将处于一个既有合作又有竞争的历史阶段。我们必须把握时机，推动并加强多层次的国际交流与合作，与此同时，我们更要努力加强我国在航天三个领域（空间技术、空间应用和空间科学）的科技实力，才能为全人类作出中国人民应有的贡献。”

随着新世纪的到来，杨嘉墀深入研究航天技术在科教兴国、科教强国方面的发展战略。他不是高层领导人，但从国家、民族利益出发，他看问题站得高、看得远；他不是思想家，但总能眼观六路，耳听八方，审时度势，提出切合国情的真知灼见；他无权决策，但其意见、建议常常在党和国家一些重大

2001年，杨嘉墀（右二）与孙家栋（左一）、屠善澄（左二）、戚发轫（右一）在巴西参加中巴资源一号卫星评审工作

决策中得到反映。他是科教兴国战略的真心认同者，积极推进者，同时也是身体力行者。

杨嘉墀对卫星应用一直非常重视，早在我国卫星研制初期，他便基于对全球航天科技事业发展的考虑，对我国卫星应用予以极大的关注，在各种场合积极宣传。有关卫星应用的会议，他想尽办法出席，而且每逢出席，必讲卫星应用的重要性，特别强调要加强国际合作。为了推动航天技术在国民经济中的应用，杨嘉墀多次参与中国航天工业总公司发起、与有关部门联合召开的“加速发展中国航天事业研讨会”“应用卫星与卫星应用研讨会”“航天技术与国民经济建设研讨会”，促进了我国应用卫星与卫星应用事业的发展，为制定我国空间技术产业发展规划做了准备工作。

1993 年 5 月 3 日，杨嘉墀与陈芳允、陈述彭一起在给中国航天工业总公司卫星应用情报网创办的《卫星应用》刊物创刊贺词中指出：“90 年代始于群星灿烂的信息时代。卫星技术不仅广泛应用于通信广播、导航定位、气象预报、资源勘测、环境监测等经济建设部门，而且又是军事侦察、空间探测、全球变化研究、自然灾害预报和灾情评估等当代高新科学技术的前沿。”他们还进一步指出：“卫星应用已涉及人类日常生活，成为不可缺少的信息服务系统；又可为国家（或地区）经济的协调和持续发展提供规划与决策的科学依据。因此，广泛地报道我国众多卫星应用领域的研究工作、实践成果、技术进步、系统开发以及未来发展，及时报道国际卫星应用的动向和趋势，对于我国卫星应用系统的开发、管理、效益评估、前景预测等宏观调控与决策，形成具有我国特色的应用卫星技术体系，坚持航天技术为社会主义现代化建设服务，坚持深化改革、开放，积极参与国际市场竞争，都是至关重要的。”

1994 年 7 月，杨嘉墀应邀出席国家计委、国防科工委召开的第一次全国卫星应用工作会议。会上，杨嘉墀仔细研究了《关于加强我国卫星应用工作宏观管理的意见》（征求意见稿）和《我国 2000 年前卫星应用技术发展指南》（讨论稿）。在通信广播、对地观测、导航定位、空间科学专题研究组讨论会上，做了题为《加速空间技术产业化》的发言。他强调指出：“空间技术的成就，带动了高新技术群体的发展，有力地推动了传统工业的技术进步和改造，空间技术的应用已形成一定规模，并取得了明显的社会、经济和军事效益。”他认为：“经过多年的实践，经验与教训使我们对空间技术产业有了一些新的认识。空间技术产业的综合效益十分显著，空间技术主要通过卫星应用转化为生产力，从而产生巨大的经济效益和社会效益。卫星应用系统是空间技术工程系统的组成部分，同时也渗透到众多的应用部门，发展成为应用部门的新技术系统。应用卫星与卫星应用的紧密结合，是提高空间技术综合效益的必由之路。这是因为它有利于整个卫星系统总体性能水平的提高；有利于建立长期稳定运行的卫星应用系统；有利于开拓新的应用领域，扩大应用范围；有利于综合利用，节省人力、物力，使应用水平得以提高；有利于国际合作，开拓国际市场，并参与竞争。”

在谈到开拓卫星应用的问题时，杨嘉墀说：“经过多年来的实践，我们与应用部门紧密结合，技术上互补，在应用卫星系统设计上，不仅要考虑卫星本体的设计要求，而且更重视整个卫星系统的总体优化。在卫星应用地面设备的研制过程中，深深体会到，一个地面系统从建设到运营需要耗费大量的投资，还要开展大量的地面研究工作，用以探索规律，一旦进入业务应用阶段，就得长期投入运营，而不能像科学研究那样总是在探索。这样就必须考虑卫星的系列化、高可靠性、长寿命的问题，还要有一定的批量，以确保空间的信息不间断，才能有利于地面系统稳定运营，也才能使应用部门下决心投资用于地面建设。”

纵观世界各国空间技术发展的总趋势，在载人航天和在轨技术成熟之前，高轨道资源的开发利用仍为焦点，其中通信、导航定位是经济效益最高的领域，而对地观测（含气象）主要体现在社会效益上。因此，杨嘉墀建议国家将空间技术产业作为一个新兴产业加以重点发展，并列入国家“九五计划”，这样就可以加快空间技术产业化的进程。

6. 提出北斗导航建议

杨嘉墀多年来积极推动我国卫星应用工作的开展。2001 年年初，为了推进卫星应用产业的形成和发展，根据刘纪原理事长的指示，中国宇航学会计划组建卫星应用工作委员会。作为中国宇航学会第一届和第二届常务理事，杨嘉墀对此项工作非常积极，与工作人员谈论倡议书的具体内容和写法，并对倡议书进行认真负责地修改，带头在倡议书上签字。他对工作人员说：“早就应该有这样一个组织，也只有组建这样一个组织，才能使卫星应用的各个部门形成合力，真正推动卫星应用事业的发展。”在他的带动下，我国著名航天科技专家任新民、梁思礼、张履谦、崔国良、沈辛荪、王雨生都在倡议书上签了字。在 2 月初举行的中国宇航学会第四届第二次常务理事会上，此倡议得到一致通过。随后，卫星应用工作委员会进入筹建阶段。在筹建期间，筹备委员会进行了一些卫星应用的推广工作，其中最重要的是举办了三届“中国北斗导航系统应用论坛”。

2000 年 10 月 31 日，长征三号甲运载火箭将第一颗北斗导航试验卫星送入地球同步轨道。仅仅相隔 50 天，12 月 21 日，长征三号甲运载火箭又将第二颗北斗导航试验卫星送入地球同步轨道，标志着我国已拥有了自主研制的第一代卫星导航系统。北斗导航系统是全天候、全天时提供卫星导航信息的区域导航系统。这一系统建成后，主要在公路交通、铁路运输、海上作业等领域提供导航服务。这个系统投入使用后，不仅可以满足国内卫星导航的需求，对于我国的经济建设起到积极的推动作用，而且使我国在继美俄之后成为世界上第三个拥有自主卫星导航系统的国家。2003 年 5 月 25 日，第三颗北斗导航试验卫星发射升空，作为备份星，与前两颗工作星组成中国完整的第一代卫星导航系统。

2003年7月20日，杨嘉墀致信中国航天科技集团公司总经理张庆伟，提出关于北斗卫星导航系统进入国际市场的建议。他在信中指出："北斗卫星导航系统是我国在世界上第一个建成并投入运行的区域性导航、通信系统，建议把卫星、运载、中心站以及用户机一同作为产品进入国际市场，预计这一套系统的产值可达到数亿美元。为了更好地进行市场调查，建议可乘机在今年10月德国举行的国际宇航联合会的展览会上，和11月在土耳其举行的'空间技术的最近进展'讨论会上进行宣传。为此，必须要求制造、使用和应用三个方面联合准备可以公开发表的资料。"

2003年9月25日，在国家有关部门的大力支持下，中国宇航学会卫星应用工作委员会在北京举办了"2003年中国北斗卫星导航系统应用论坛"。这次会议从筹备到召开都获得了杨嘉墀的指导与帮助。会议期间，杨嘉墀走上讲台，发表了热情洋溢的讲话，他说："双星定位系统，我稍微讲一讲历史根源。1983年美国科学家G.K.Oneil首先提出双星定位问题，并取得了美国专利。我国科学家陈芳允先生几乎在同时也想到了这个主意，但由于中国当时还没有建立起申请专利的这种制度，所以到现在为止，他的这一创新思想还是停留在内部人员认同这一步。”杨嘉墀在讲话中明确指出：“北斗双星定位系统现在成为世界上唯一建成的系统。这个系统建成后，能不能走入国际市场？目前，美国的GPS、俄罗斯的GLONASS已经建成，欧洲的GALILEO刚刚启动，这是一个时机。利用北斗卫星上的资源，可以使用户机存在的问题尽快解决，北斗卫星导航系统进入世界市场还是有可能的。”他大声疾呼：“要引起有关方面的关注，就要在一定的会议上进行宣传。20世纪80年代我们的运载火箭进入国际发射市场时，就是先在宇航国际会议上介绍了中国运载火箭的成就。所以，北斗卫星导航系统也要在国际宇航联合会会议或其他国际会议上进行宣传，有了宣传就可以推动市场的开拓。”

卫星导航的基本作用是向各类用户和运动平台实时地提供准确、连续的位置、速度和时间信息。卫星导航定位技术目前已基本取代了无线电导航、天文测量、传统大地测量技术，并推动了全新的导航定位领域，成为人类活动中普遍采用的导航定位技术，并且在精度、实时性、全天候等方面对这一领域产生了革命性的影响。世界主要大国和国家集团不惜斥巨资发展全球卫星导航系统。中国已建设的区域卫星导航系统，解决了自主卫星导航系统的有无问题。中国民用卫星导航市场广阔，潜在的经济效益巨大，是今后可持续发展的重要因素。

2004 年 11 月 24 日至 25 日，中国宇航学会卫星应用工作委员会在海南省海口市举办了“2004 年中国北斗导航系统应用论坛”。此时杨嘉墀已是 85 岁高龄，仍然风尘仆仆地赶赴数千里之遥的海口市出席会议，并在会上发表了题为《发展导航卫星及应用要启动一个完整的广益增强系统》的学术报告。杨嘉墀在报告中指出：“我国已成功地发射布置于地球同步轨道上三颗北斗导航卫星，现在正在发展二代导航系统中的中高度圆轨道（MEO）卫星星座，形成亚太地区区域性导航系统，可以为军、民两用的用户机服务。将来还要考虑能覆盖全球的导航系统的问题。为此，目前先建立一个亚太区域增强系统（APANOS），作为近期至远期的一个仿真和信息融合的系统是非常必要的。该系统主要包括计算机和网络、地面站及有关通信设备，可提供一个纵贯产品开发、系统集成运营和应用整个产业链的交流平台，这在制定我国导航卫星应用系统规划和计划时，将起到主要作用。”报告一结束，就引起与会各界的强烈关注。会议期间，杨嘉墀与王礼恒院士等人考察在海南建设卫星发射基地的事宜，为我国卫星事业提出了宝贵的意见。

论坛结束之后，杨嘉墀根据论坛上反映的情况，认为有必要向中央领导同志反映有关北斗卫星导航系统目前的实际情况。经过慎重考虑之后，他先后与屠善澄、童铠、王礼恒、戚发轫、张履谦五位院士交换意见。经集体讨论后，起草了向国务院总理温家宝提交的《关于促进北斗导航系统应用的建议》。在报告中，六位院士就发展我国独立自主的卫星导航系统提出了如下建议：实施典型示范工程；组织北斗用户机的元部件攻关，二代卫星导航体系要从大总体上统筹考虑天、地和用户机一体，以及将地面应用系统扩展到全球关键地区使用；设立中国卫星应用协会，推动中国卫星应用在国民经济各领域更好地应用。报告草稿拟就后，杨嘉墀等六位院士又进行了反复的讨论与修改，于2005年2月2日定稿，2月3日发出后，2月4日就得到了温家宝总理的批示和有关部门领导的重视，国家发展和改革委员会有关司、局积极落实温总理的批示。政府不但将北斗卫星导航系统建设列为国家基础设施规划，而且还解决了资金投入的渠道问题，为中国北斗卫星导航系统应用的自主创新创造了十分有利的条件。

现今中国社会、经济、国防、科技等各行各业的发展，都离不开卫星导航。2012年12月27日，国务院新闻办公室召开北斗卫星导航系统新闻发布会，宣告：北斗卫星导航系统是中国自主建设、独立运行，与世界其他卫星导航系统兼容共用的全球卫星导航系统，可在全球范围内全天候、全天时，为各类用户提供高精度、高可靠的定位、导航、授时服务。尤其是2012年一年内实施了4次发射，将6颗卫星布局在茫茫太空，扩大了系统覆盖范围，增强了星座稳健性，提高了系统服务精度。目前，在轨卫星和地面系统工作稳定，通过各类用户终端测试与评估，系统的服务性能均满足设计指标要求。从现在起，北斗卫星导航系统在继续保留北斗卫星导航试验系统有源定位、双向授时和短报文通信服务的基础上，开始向亚太大部分地区正式提供连续无源定位、导航、授时等服务，其位置精度为平面10米、高程10米，测速精度为0.2米/秒，授时精度为单向50纳秒。

2012年12月28日，中共中央、国务院、中央军委对北斗二号卫星导航系统开通服务发出贺电。贺电中指出，建设我国独立自主的卫星导航系统，是党中央、国务院、中央军委着眼国家安全和发展作出的重大决策。北斗二号卫星导航系统研制建设，凝聚了广大工程技术人员的聪明才智，体现了自主创新、团结协作、攻坚克难、追求卓越的北斗精神。该系统建成并投入使用，是国家和军队信息化建设的重要里程碑，是对我国经济社会发展的重要贡献，标志着我国卫星导航发展三步走战略的第二步取得了全面胜利，标志着我国在建立自主可控的卫星导航系统进程中又迈出了一大步，意义重大，影响深远。

中国航天事业靠着一代又一代航天人的勇气和智慧铸造了今日卫星导航的辉煌。北斗卫星导航系统为亚太地区的人民群众带来福音，使他们拥有了文明和美好生活的新选择！

楊嘉墀

杨嘉墀院士传记

Academician Yang Jiachi's Biography

第十章

“杨嘉墀星” 照耀后人

力扛千斤，甘为人梯。他获“两弹一星”功勋奖章，认为功劳归大家。平凡人生，不倦的领跑者，感人的亲和力。“杨嘉墀星”闪闪发光，航天强国后继有人。

1. 爱国情怀最高奖赏

遨游太空是人类自古就有的愿望。千百年来，祖辈的路，父辈的路，我们的路……世界上共有多少路？数也数不清。但人们知道有一条通向太空的路，很长，很宽，很险，也很坎坷。然而，爱国情怀却是杨嘉墀推动工作与事业等前进与发展的动力，因此，他能够将个人的理想和人生目标与民族利益、国家安危紧密联系在一起，始终将热爱祖国和人民以及为人民服务作为自己人生的最高目标。为了国家的强盛和人民的幸福，甘愿鞠躬尽瘁，死而后已。

从 20 世纪 20 年代起，在实业救国、教育救国和科学救国的呼声中，杨嘉墀参加了学生的一系列抗日救亡活动，加入到爱国主义的大潮，并从中受到了锻炼。为了寻求报国的先进思想和科学技术，他赴美留学，在学术研究领域，受到了良好的理论培养和严格的技能锻炼，走在了当时的世界前沿。在留学期间，杨嘉墀孜孜以求、不断开拓创新的不竭动力源泉，就是为了祖国的崛起。在面对利与义的同时，杨嘉墀心怀祖国，毅然决然地放弃了国外优越的物质条件，坚决回到相对落后的祖国，将毕生精力和才华献给祖国的科技、教育和国防事业，功绩卓著。与杨嘉墀相处 50 年之久，也是 1956 年从美国回国的屠善澄院士回忆说：“在认识他不久后，给我印象最深的是他是出了名的好说话，接任务从不推三阻四，也不说‘不’。最令我佩服的是，因为国家的需要，杨嘉墀几次改行，攻研了多个专业。大的转行就有两次，在国外他读的是应用物理，但回国后，却长期致力于我国自动化技术和航天技术的研究发展，这期间他的钻研也一下就从仪器仪表跨到了自动化控制，而由于研发的需要，他也曾不断给自己增添新的任务。诸如原子能控制测量、核潜艇反应堆控制等他都从事过研究，并做出了成绩。”

1999 年 9 月 18 日，杨嘉墀乘坐的一辆黑色红旗牌轿车，从中关村那座 20 世纪 50 年代修建的科学家大院缓缓驶出，驶过电子一条街，途经科学会堂、中国空间技术研究院、国家图书馆、钓鱼台，直向天安门广场驶去。他隔窗眺望宽广的大道、纵横交错的立交桥、各具特色的高楼大厦、色彩缤纷的鲜花，突然间心中抑制不住一阵阵的兴奋，历尽沧桑的祖国终于繁荣富强了。

金碧辉煌的天安门到了，轿车在人民大会堂东门前停下。杨嘉墀手持红色请柬，缓步跨出。他稍稍整理了一下衣服、领带，顺势抬起手腕，看了看那块纪念北京控制工程研究所 40 周年而特制的手表，然后，一步步地走向人民大会堂。他拾级聚足而上，站在第 18 级台阶上，回首望去：宏伟壮丽的天安门，是中国历史的见证；丰富多彩的中国历史博物馆，记载着中华民族上下五千年的科技变化；澳门回归倒计时牌，一时一刻字字醒目，令国人扬眉吐气；庄严雄伟的毛主席纪念堂、人民英雄纪念碑，是共和国铺路者的丰碑。

抬头望去，人民大会堂正中檐下的国徽，熠熠生辉。1959年，杨嘉墀出席全国群英会，第一次步入人民大会堂。40年的探索，40年的风雨，40年的辉煌。原子弹爆炸的蘑菇云腾空而起，火箭飞向太平洋，试验通信卫星定点……他一次又一次地到这里参加庆功会。作为第三、四、五届全国人大代表，他也曾多次身带《政府工作报告》来到这里。1978年，科学的春天来了，杨嘉墀精神焕发，被特邀到人民大会堂，出席全国科学大会。邓小平一字一句的报告，打动了他的心，科学技术是第一生产力，指引他后半生攀登新高峰。他积极跟踪世界高技术研究为祖国献宏图；在促进卫星应用产业技术与经济发展中，为祖国的高科技描绘出了更新更美的画卷。

今天，人民大会堂灯火辉煌，乐曲嘹亮，气氛极为热烈。中共中央、国务院、中央军委联合召开的“表彰为研制‘两弹一星’作出突出贡献的科技专家大会”在这里隆重举行。新修整过的人民大会堂显得更加雄伟壮观。大礼堂主席台台口上方悬挂着大会会标，主席台后方竖立着10面红旗，主席台前摆放着鲜花绿草。大礼堂二楼和三楼眺台上分别悬挂着巨型横幅：“高举邓小平理论伟大旗帜，把建设有中国特色社会主义事业全面推向二十一世纪”和“热爱祖国、无私奉献、自力更生、艰苦奋斗、大力协同、勇于登攀”。

下午3时，大会在嘹亮的《国歌》声中开幕。中共中央政治局常委、国务院总理朱镕基宣读了《中共中央、国务院、中央军委关于表彰为研制“两弹一星”作出突出贡献的科技专家并授予“两弹一星”功勋奖章的决定》。决定中说，在新中国50年的光辉历程中，“两弹一星”的研制成功，是中华民族为之自豪的伟大成就……“两弹一星”的研制成功，成为新中国社会主义建设伟大成就的重要标志，充分显示了中华民族的创造能力，在国内外产生了巨大而深远的影响……为了在新的形势下大力弘扬研制“两弹一星”的革命精神和优良传统，动员广大科技工作者和全党、全军、全国各族人民，抓住机遇，迎接挑战，加快实施科教兴国和科技强军战略，在庆祝中华人民共和国成立50周年之际，党中央、国务院、中央军委决定，对当年为研制“两弹一星”作出突出贡献的23位科技专家予以表彰，并授予于敏、王大珩、王希季、朱光亚、孙家栋、任新民、吴自良、陈芳允、陈能宽、杨嘉墀、周光召、钱学森、屠守锷、黄纬禄、程开甲、彭桓武“两弹一星”功勋奖章，追授王淦昌、邓稼先、赵九章、姚桐斌、钱骥、钱三强、郭永怀“两弹一星”功勋奖章……党中央、国务院、中央军委号召，全党、全军和全国各族人民向为研制“两弹一星”作出突出贡献的科技专家学习，大力弘扬研制“两弹一星”的伟大精神，在以江泽民为核心的党中央领导下，高举邓小平理论伟大旗帜，万众一心，艰苦奋斗，顽强拼搏，开拓创新，为夺取我国改革开放和社会主义现代化建设新的伟大胜利而努力奋斗。

在欢快的乐曲声中，中共中央总书记、国家主席、中央军委主席江泽民将金光闪闪的“两弹一星”功勋奖章挂在了杨嘉墀的脖子上，并与他紧紧握手，向他表示热烈的祝贺。杨嘉墀为中国“两弹一星”作出的贡献，将永远铭记在

2002年，杨嘉墀在“两弹一星”功勋奖章获得者油画前留影

中华民族的光辉史册上。

奖章图案以五星、长城、橄榄枝和光芒组成主体形态。中心五星象征国家；长城象征民族精神，又象征国防长城坚不可摧，众志成城，捍卫祖国的主权；橄榄枝象征我国研制“两弹一星”是为了维护世界和平。“两弹一星”的内容体现在奖章背板上，原子弹爆炸蘑菇云、火箭发射架、东方红一号卫星和研制人员欢呼雀跃场面的组合，将奖章与背板图案自然地融为一体，充分地体现了奖章的设计思想与意义。奖章体现了中共中央、国务院、中央军委最高奖的特征，展示了我国人民自力更生、艰苦奋斗、奋发图强、科技强国的伟大民族精神，表达了我国研制“两弹一星”是为了维护世界和平的深远意义。获此殊荣的其他 22 位科技专家，有的被杨嘉墀奉为师长，多数则是他的同事或挚友。他为他们获奖而感到高兴并表示祝贺。但当他听到王淦昌、邓稼先、赵九章、姚桐斌、钱骥、钱三强、郭永怀这些先逝者的名字时，一种沉重的感觉蓦然袭上心头。

在热烈的掌声中，江泽民发表重要讲话。他代表党中央、国务院、中央军委，向荣获“两弹一星”功勋奖章的科技专家，表示衷心的祝贺，向为“两弹一星”事业作出贡献的所有科学家、科研人员、工程技术人员、广大干部、工人和解放军指战员，表示诚挚的慰问，向全力支持“两弹一星”事业发展的全国各族人民，致以崇高的敬意。他说，此时此刻，我们特别要向毛泽东同志、邓小平同志等老一辈党和国家领导人，向已经过世的为“两弹一星”事业作出卓越贡献的老一代科学家和领导者、组织者，向在研制过程中献出了宝贵生命的烈士们，表示最深切的怀念。他们的英名和功绩，将永远与“两弹一星”事业的丰功伟绩融为一体，记载在中华民族的光辉史册上。

面对最高荣誉，杨嘉墀万分感激党和政府的信任，万分感激人民的厚爱。他在多次谈话中始终认为，“两弹一星”的成功，是一曲爱国主义、集体主义的凯歌，是团结协作、群策群力、前赴后继、艰苦创业精神的集中体现，绝不能仅仅将功劳记在个人或少数人的头上，自己作为 23 名受表彰代表的一员，是无比幸运的。遗憾的是，由于名额有限，大批的科学技术人员，甚至不少和自己一起并肩战斗、协力攻关的专家却榜上无名。面对祝贺、赞誉，杨嘉墀总是说：“没什么，没什么。事情是大家干的，我赶上了好时候……”“一滴水，只有放进大海，才永不干涸；一个人，只有和集体融合在一起，才最有力量。”因此，杨嘉墀的使命感愈加强烈。他认为，功勋只能说明过去，不能代表未来，自己绝无陶醉的理由。他常说：“争名当争国家名，计利当计人民利。倘若要为人民建立新的勋业，就必须以这次受勋为新的起点。面临国际竞争日趋激烈的当今社会，每一步都如逆水行舟，不进则退。必须抓住每一天，利用机遇，迎接挑战，将国家的航天事业推向一个新阶段。”

2. 亲情、情趣，故乡深情

杨嘉墀处事低调，又不善言辞，因此，在媒体上很少露面。千万不要以为少言的人冷漠，恰恰相反，杨嘉墀是一位感情丰富、心思细腻的人，尤其是对待家人，感情深厚而细致入微。早期他工作还没有那么忙的时候，常在周末带着全家一同去颐和园游玩，并且总是安排在下午去。这是杨嘉墀精心挑选的时间段，因为这时候颐和园的游客已开始返回，园内比较清静，他可以让小船载着一家人尽情地欢笑，在波光潋滟的昆明湖上荡漾。可惜的是遇到了十年“动乱”，再加上杨嘉墀又担任了繁重的卫星研制任务，使他再也没有机会享受这种融融的天伦之乐了。现在儿女们还会回忆起那段幸福愉快的儿时时光。

与杨嘉墀为邻的边东子，在《风干的记忆》一书中回忆：1956 年杨嘉墀一家归国时，和许多归国学者一样，卖掉了汽车和钢琴等家产，但是他还是买回了国内需要的示波器等科研器材。更加令人称奇的是，他还带回了一台 20 英寸黑白电视机。当时国内不仅连一个电视台也没有，就连电子管收音机都属高档消费品。在中国老百姓的心目中，电视机是除了美国、苏联，就只有神仙才有的玩意儿了。很多人都认为，带这样硕大且娇贵的东西回国也太超前了。谁想仅仅过了两年，北京就开始试播电视节目了。而那时的电视机，只有苏联产的 14 英寸“记录牌”和 15 英寸“宝石牌”两种，不仅样式、质量都差强人意，还只限内部供应，普通人即使有钱都买不到。这时，杨嘉墀的大屏幕电视机就闪亮登场了。不过，让杨嘉墀一家“不得安宁”的也是这台电视机。那时，一有精彩节目，许多人都挤到他家来看大电视，这些观众不管是相识的，还是不相识的，往往只点点头，就当“门票”了，徐斐教授还得用免费茶水招待观众。这种情景，在 1961 年第 26 届世界乒乓球锦标赛中，曾经达到人满为患的程度。那时他家放电视机的屋子挤得是里三层外三层，虽然这些观众大都是知书达理的、斯文有加的知识分子，可是在观看比赛时，也会情不自禁地大呼小叫，甚至连蹦带跳，杨嘉墀含笑看着这一切，虽然他是个喜欢沉思、喜欢安静的人。从这件小事可以看出他的前瞻性。正因为他对新中国的飞速发展有准确的预见，才会不远万里带回被一般人认为是累赘的电视机。

杨嘉墀一贯尊重人、理解人，对他人充满了关爱。1969 年 1 月，他的女儿杨西和邻居的孩子都要去插队。他住的中关村 13 楼 2 单元（当时称乙门），有六户老邻居，其中有著名的声学家汪德昭，著名的化工冶金专家陈家镛，著名力学家、后来被追授“两弹一星”功勋奖章的郭永怀，著名化工冶金学家郭慕孙……邻里关系都非常好，在中关村堪称典范。可此时，正值“文革”时期，加之郭永怀又因飞机失事牺牲不久，大家没有想到在这个时候应当留个影。是杨嘉墀出面亲切招呼邻居出来，在 13 号楼前为大家拍照留影。他亲自按动快门，为大家摄下了一张张珍贵的照片。那时谁也无法预知，分别的亲人何时再团圆。这些照片中，有的竟成了亲人最后的合影。现在，当年照片中的孩子也都年过半百了。再看看这些照片，他们不仅能回忆起当年的情景，更感谢杨嘉墀在那动荡不安的年代里，能想到为大家留影，这也从一个侧面反映了他对人的关爱。

在“文革”期间，他的女儿杨西到陕北插队。那时，中小学被停课，大学

1969年1月，杨嘉墀与女儿杨西合影

被“砸烂”，教授被赶到农村去劳动，“知识分子”前面硬加了个“臭”字，教育完全处于停顿状态。对于许多人来说，别说上大学是想也不敢想的事，就连看书都成了大难题。书店里除了“红宝书”外，其他书很少。杨嘉墀一直坚信，中国一定会走向稳定，一定会发展。如果到那时，就会需要大量搞建设的专门人才。因此，他要求杨西在农村坚持学习数理化和英语，可是杨西却买不到教科书和参考书，无从学起。幸运的是，那时的旧书店里倒有堆积如山的书，不是“造反派”抄家来的，就是被迫下放农村的知识分子卖掉的。杨嘉墀就亲自到旧书店为女儿挑书。他还要杨西认真做习题，并要求将做完的作业寄给他，由他批改后，再寄还给女儿。他还在信中详细地答疑解惑，既当严父，又做良师。陕北条件差，邮路不畅，信件往返一次经常要一个来月。可是这种“函授”从来没有断过。之后，他的儿子杨瑞也去插队，他也用这种方法，教儿子学习物理、化学、数学、英语。当“文革”结束，恢复高考时，他的女儿和儿子都顺利地考入了大学。这件事不仅证明了他的远见卓识，更说明了他对祖国前途充满了信心。

上了岁数的杨嘉墀坚持将整个白天的时间都花在办公室里，忙于工作。他身体瘦小，但精力充沛。平时喜欢散步，还爱爬山，香山、黄山、五台山、张家界……都曾博得过他的青睐。有一年中秋节，工会组织研究院里的院士、专家出去休闲半天，在电视塔附近一个鱼池钓鱼。其实大家都不会钓鱼，也就是姜太公钓鱼，愿者上钩罢了。忙活了半天，谁也没钓到一条鱼。突然间，杨嘉墀乐呵呵地喊道：“我钓到了！”只见他的鱼竿被鱼拖着晃动，工作人员忙去帮他把鱼弄上来，老人家高兴得合不拢嘴。

1999 年深秋，杨嘉墀与夫人徐斐利用出差机会回乡探亲，到震泽观光，应镇领导的邀请，就经济发展、社会协调问题进行了交流，并在水织成网、宅桥相映、风光清幽、渔舟唱晚的古镇上停留了两天。吴江近年来两个文明建设取得了很大成绩，正如费孝通先生所概括的：“经济总量迅速扩大，城镇面貌明显变化，社会事业有大发展，人民生活有大改善。”杨嘉墀回乡探亲访友、走马观花的印象是，农村、城市都很整洁，亲朋邻里关系和睦，民心稳定，社会风气宽容祥和。尤得人心的是这几年吴江抓了农村改厕和改水两件大事。水乡居民由千百年来一直饮用河水改为饮用自来水，全市 90% 的居民已经喝上自来水，管道供水的方式又为改造厕所创造了条件，用了几千年的老式马桶现在已很少见到，全市 80% 以上的居民用上了抽水马桶。如今的震泽，借改革开放的春风，抢抓机遇，乘势而上：农业结构调整初见成效；工业经济发展态势强劲；民营开发区与外商投资区已有几十家企业落地生根。杨嘉墀感慨地说：“震泽肥沃的水土，曾经养育了我，先贤好学的精神一直鼓舞着我。路是人走出来的，而

1998年6月，杨嘉墀在江苏吴江老宅与堂兄杨嘉箴等家人相会

人生之路的起点总是故乡。”寻古访幽，与震泽历代名人“会面”，在赞叹震泽镇人才辈出的同时，也进一步感受到“灵区”之“灵”了。

3. 师生情谊呼唤创新

创新是一个民族发展的灵魂、前进的动力。一个国家、一个民族要想强盛、要想前进，就一刻也不能停止创新。杨嘉墀深感，只有求创新、求发展，中华民族才能屹立于世界民族之林！21世纪是一个以知识和技术不断创新、高新技术迅速成为产业化动力的经济时代。而知识和技术创新的源泉，归根结底是人的创造性，而人的创造能力虽有先天因素的作用，但主要在于后天的培育。

杨嘉墀在《空间与教育》一文中指出：“中国有句成语，即‘十年树木，百年树人’，说明教育是一个长期的战略性措施，需要几代人的努力。随着生产技术的不断发展，人类在劳动中，智力劳动在整个劳动中所占的比例越来越高，因此，教育的重要性与迫切性已为大多数人所认识。”杨嘉墀在该文中还提到：“讨论空间科学技术与教育的关系包括三个方面的内容：一是利用空间技术的成就，如卫星通信，可用它进行大范围的普及教育、技术培训和继续教育；二是空间技术的应用，它将改变传统的教育内容，如遥感技术在农作物、地理学方面的应用；三是空间科学技术知识的普及，可以吸引更多的青少年，以探索并了解自然和改造自然为动力，立志于学习科学技术，终身致力于科学事业。”

多年来，凡是去过杨嘉墀办公室的人都有一个共同的感觉，那就是书多。每当走进他的办公室，首先映入眼帘的就是书。那间极简朴的办公室，被书籍资料充填得满满当当，从墙角、地上到接待客人的沙发上，层层叠叠，密密麻麻，有中文的、英文的、俄文的、德文的、日文的……

杨嘉墀最热爱的就是工作。时至晚年，他仍然是每天必到办公室，总是以“秀才不出门，全知天下事”的方式，打开电脑，一干就是几个小时。他的精神状态极佳，不知老之将至的他并没有感到自己年事已高，而是觉得自己的生活很充实。他依然天天上班；照旧参加各种会议、活动；总是不停地读、写或托腮思考；常常步履匆匆，三步并作两步，三言合成一语。这充分表现了他十分珍惜时时刻刻、分分秒秒。科研讲究的是创新，工作每天都能给予他新的信息，新的感觉，为他的生命注入新的活力，使他觉得自己仍远离衰老，津津有味地潜心于航天事业。他常常鼓励自己，认为人类就是要不断超越自己。他全身心地投入到科技事业中，总是干劲十足，满怀热情地去实现自己的目标。

跟随杨嘉墀20多年的助手张学会敬佩地说：“杨先生国外朋友多，消息灵通，在世界航天技术领域，不论有什么风吹草动，都躲不过他的眼睛。杨先生不断地产生新想法、新见解。有了新建议，他就随手写成纸条。他提出的重大建议多是在纸条基础上形成的。”

如果没有人才，创新就是一句空话。对于人才的重视与培养，本身就是创新的一部分，而且是最为重要的部分。如果没有创新的新生力量，那么各个科学领域的发展都只能是暂时的。人才的培养是国家创新能力的持续，杨嘉墀在这方面所作出的积极贡献则是承前启后的。他指导与培养了一些顶尖的人才，有孟执中、叶培建、吴宏鑫、王南华、李铁寿等，培养出来的院士、教授等都成了空间技术一线的主力军。他对于晚辈或是资历不如自己的同事提出的问题或意见，总是虚心地解答。正是这种新、老之间的传承才使中国空间技术呈现出欣欣向荣的景象。

2006 年 6 月 19 日《科学时报》记者王莉萍在《一位伟大科学家的平凡人生》一文中，对杨嘉墀与吴宏鑫院士的患难之交做了扼要叙述，其中“改变我半生的‘难友’”一段如下：

在那个纷乱、异常的年代里，不少人从杨嘉墀默默的身影里看到了另一种力量。

“当‘文革’席卷全国，我也被关起来审查。但是，就是这次被审查的经历，成为我人生的一个转折点，可以说让我受益终生。隔离审查时，我们俩成为‘室友’，当时杨先生已经是502所副所长，是我心目中的大科学家。”吴宏鑫院士说，他与杨嘉墀院士渊源很深，而且正是这位良师的二次点拨，改变了他的人生轨迹。

当年大学毕业没几年，年轻气盛，平白无故被关起来审查，吴宏鑫十分不服气，满腹的牢骚，一心想争个明白。“我和杨先生是患难之交，但杨师母（杨嘉墀夫人）一直都不知道这段渊源，还是前两年有一次聊天时，她才知道缘由。原来被关起来审查的事，杨先生多年来一直没有告诉家人。”

吴宏鑫回忆道：杨先生异常平静，准备了一份交代材料，叫他出去交待问题就出去，把那份材料念一遍。回到房间，就又埋头看书。这期间，他竟一直在做卫星方案。这时候，杨嘉墀对吴宏鑫说了一句话：“只要你自己认为自己没有错，别的就不要去管他，该做什么就做什么。”听了杨嘉墀的话，吴宏鑫平静下来，在以后的时间里，他潜心学习了现代控制理论和计算机控制等新知识，并且自学了英语和日语两门语言。

“1978年，我终于恢复了正常的工作，面临着选择工作岗位的问题。这时杨先生也早放出来了，他建议我去搞航天器自适应控制这一国内无人涉足的新领域。之后，杨先生还对我说：‘搞这个工作要做好两个心理准备。第一，至少要准备坐10年冷板凳，这10年独自研究没有人理你，单位也不会重视你；第二，你搞这个研究，搞航天工程的人会认为你是搞理论的，而搞数学理论的学者又会认为你是搞工程应用的，虽然暂时得不到足够的认同，但这方面的研究是未来的航天控制所需要的。’”后来吴宏鑫成功踏上了自适应控制的研究之路，成为航天系统研究领域相当独特的“冷板凳”学者。

还有件小事吴宏鑫认为必须要说。“2003年我被选为院士，按常理，大家知道了都会祝贺，但杨先生没有，他把我叫去了，拿出一份报纸，指着一篇题为《院士要做遵纪守法自律的典范》的文章让我回去好好读读。”吴宏鑫至今还清晰记得杨先生的这次教导。杨先生还说：“你当院士了，以后找你的人和事也多了，你要考虑清楚，哪些可以参与，哪些不可以，分清该接受与否。你对国家负责，有什么想法要及时对领导说，但是你不要去追问结果，因为领导处的位置不同，看的、想的角度有差别，你只负责建议，不应追问决定。”

杨嘉墀头脑清晰，了解天下大势，对于年青一代的专家也是独具慧眼，给予很多有学术潜力的青年以发展空间。据叶培建院士回忆：“1978 年，我考取北京控制工程研究所研究生，接着又考取了出国读研的资格。那时绝大部分人都希望去美国读书，杨先生根据当时国际大环境和美国对敏感专业的限制，建议我去欧洲学习。我听从了他的建议，又改学法语去瑞士学习。从现在结果来看，杨先生这一建议对我非常有益。我在国外读书 5 年，在这 5 年，杨先生因工作之故来看过我。1984 年，杨先生来日内瓦开会，那时他已是 60 多岁的人了，以航天部总工程师的身份，独自一人乘火车来到我所在的纳沙泰尔，来研究所听取我的工作、学习汇报，还到实验室看了现场演示，并给予了鼓励。那天，他没有时间游览一下这座美丽的城市，就匆匆乘火车返回了日内瓦，令我十分感动，所里其他国家的留学生都因我有这样的好师长而感到羡慕。1985 年回国后，我调到北京控制工程研究所担任计算机室主任，得知我所第一台计算机——‘王安机’是杨先生在美国时的同窗好友王安先生赠送的，而且机器中的内存贮装置正是杨先生的发明专利。”

杨嘉墀以敏锐的目光，审视着国际科技发展新趋势，思考着中国科技发展的战略方向。他对航天技术的发展提出了一系列新思路。据王南华回忆：“1987年，我参与研制的第二代返回式卫星发射成功并安全回收。一天，杨先生找我，说：‘智能控制和故障诊断将是未来航天技术的发展方向，希望你利用负责卫星控制系统的系统试验和测试工作这个有利条件，开展故障方面的研究工作，还可以带一些研究生，争取一些预研课题。’我当时虽然没有完全理解杨先生的话，但还是很快地行动了，开始带研究生，申请国家自然科学基金课题。在杨先生的指导与关注下，基金课题获得批准。课题组在实时专家系统知识表示方法上取得重要突破，并建造了一个‘卫星控制系统实时故障诊断专家系统’，1992年获部级科技进步二等奖。但在进行课题研究时，深感与当前型号的研究工作有冲突，同时还苦恼预先研究得不到领导的支持。1993年的一天傍晚，我在中关村北区小花园中散步，正好杨先生和夫人也到小花园来散步。先生见到我，主动邀我在长椅上坐下，亲切地询问了所里的情况。我向先生汇报了故障诊断方面的工作进展，也吐露了预研工作的艰难和困惑。先生用他那低沉而平静的声音对我说：‘要耐得住寂寞！’此后，我先后带了十几名研究生，全都是围绕故障诊断这一方向，连续申请了院、所发展项目研究课题，1997年‘航天控制系统实时故障诊断专家系统通用框架’研究成果，获部级科技进步三等奖。”

杨嘉墀还十分重视青年技术骨干和研究生培养，他对年轻人的关心、帮助无微不至。20世纪70年代末，国门开放，人们如饥似渴地学习外语和国外的先进技术。他作为研究所的领导，亲自走上讲台给全所同志开英语课。国家派遣科技人员出国进修，他积极支持、推荐。据李铁寿回忆：“当时屠善澄先生给我写了推荐信，但在后来与外方联系过程中，还需自己写信，正好屠先生出差了，就请教杨先生。杨先生逐字逐句修改我的草稿，亲切而又耐心地教我如何才能用英语清晰地表达自己的意思。到 20 世纪 90 年代，我也带研究生了，每逢所内研究生开题或工作汇报，杨先生总是要到会发表意见。有一次我的研究生讲完后，杨先生说他有一篇文章可供参考。第二天有人捎来一个大信封，内有最新的国际会议文章，并附杨先生亲笔便笺：‘李铁寿同志，请阅后退回，我将交 512 所保存，杨嘉墀。’杨先生这样认真收集、有效利用文献资料，是为了我们队伍能够掌握技术发展动态，进而跟踪和赶超国际先进水平。这是对研究生的要求，也是对导师的要求。培养研究生实际上也是在培养导师。”

在科学的春天，航天事业腾飞的大好形势下，杨嘉墀身兼数职，除担任七机部总工程师、“实践”系列卫星总设计师、自动化学会副理事长之外，还当选为中国科学院学部委员。在肩负繁重任务的情况下，还非常重视对学生的培养。1981 年 11 月 3 日，国务院学位委员会授予北京控制工程研究博士学位授予单位，专业为自动控制理论及应用，导师为杨嘉墀、屠善澄。

20 多年来，杨嘉墀培养了一批博士生，但他更侧重于关心研究生与博士生导师的培养与成长。屠善澄说：“我们的研究生发表论文时，我们不会让他署我们的名字，我和杨嘉墀的观点一样，作为老师指导学生是分内之责，学生在写论文时做了大量研究工作，应该尊重他的劳动成果。”

有一年，杨嘉墀认为一位博士生的论文不够好。他把这位学生找来，苦口婆心地劝说了一番：“你做博士生一生就这么一次，如果毕业论文写不好，那将是你一生的遗憾呀！”在杨嘉墀的几次劝勉下，这位博士生重新做了毕业论文。

杨嘉墀的博士生倪茂林回忆说：“我第一次见到杨先生是 1988 年夏天的一天，当时我到 502 所参加博士生入学考试。虽然杨先生是一位大科学家，但他给我的第一印象是平易近人。杨先生用英文提出的问题很难回答，但他的神态、语气却是那样的和蔼可亲。入学后，杨先生希望我能够利用攻读博士学位的宝贵时光，努力完成一些有价值的学术研究。在接下来的三年里，尽管他老人家肩负着国家那么多重任，但每个月他都会抽时间见我一次。若是白天就在他办公室，晚上就在他家。每次听完我的课题进展汇报后，杨先生总是客观地给予评价，并指出下一步的研究方向。在我后来的博士课题研究中，杨先生和副导师吴宏鑫院士一直激励我大胆开拓、勇于创新，而且他们在百忙之中抽时间给予了许多具体指导和帮助。”吴宏鑫院士亦回忆：“杨先生曾请我协助带学生，我问他怎么能够带好研究生，他告诉我这很简单，你就记住一条：用父母对子女的爱心。杨先生认为水平不够可以不断学习提高，但爱心很重要。另外，他认为一个人的知识有局限性，因此建议成立了一个博士生导师组，也请没有带博士生资格的专家参与，每个星期进行一次学术讨论，每场杨先生必到，而且清楚地记得上次你说的内容，如果这次修改了一个数据，他马上就会问为什么修改。在杨先生面前没有人敢打马虎眼，他不光听汇报，如果是现场测试，他还会在实验室里坐三天。”

创新思维的关键是在教育过程中塑造受教育主题的创新品质。杨嘉墀通过多年实践深深感到：“创新的积极作用，不仅在于接受和存储知识，而且是将已有的知识作为进一步创新的阶梯；对于知识的吸纳和积累是为了建构一个知识更新的平台。应当

杨嘉墀在办公室欣赏《吴江枇杷颂》国画

引导学生的思维向新的方向发展，使他们具有新的独特的见解。”2000年，杨嘉墀在一次研究生工作会上说：“研究生培养不仅是研究生的问题，更是全院的基础教育问题。”他曾多次建议在中国空间技术研究院成立一个研究生院（部），将研究院各专业所的研究生集中在院培养一段公共课程，然后分到各所进行专业培养和论文撰写工作。将创新和科技发明作为神圣使命，培养具有探索、研究、创新素质的复合型航天人才。

在人们的心目中，杨嘉墀是一位以探索未知、发展航天为己任，注重教育实践，平易近人，严谨务实的好院士。

4.“杨嘉墀星”闪闪发光

1996年2月16日，在科技日报《院士·科海甘辛》专栏中，刊登了记者刘梦瑶以《杨嘉墀——开发宇宙之梦》为题采访的文章，作者将这样一位谦逊的老人与轰轰烈烈的航天事业联系在一起，对

1999年，杨嘉墀80岁生日

他是怎样与航天控制领域结缘，进行了专题采访。文章提到杨嘉墀讲了这样一段经历：“1941 年日本军队打到了上海，刚考进大学的我躲在了租界里，才避免了炮火的轰击。然而，飞机轰炸连绵不绝的声响和战争的混乱，仍然给我留下了强烈的印象。从那时候起，我就意识到科学技术对一个国家是多么的重要。”1947 年，杨嘉墀有机会去美国哈佛大学工程科学和应用物理系留学。作为半工半读学生，他开始了仪器仪表的研制工作。1956 年回国后不久，正逢新中国开始“两弹一星”的研制工作，已具有相当研究经验的杨嘉墀受命领导并参与研制成功热应力加热加载测试系统和核爆炸试验用测试仪器。1964 年 10 月，中国第一颗原子弹爆炸成功震撼了世人。这一惊世之举，也包含了杨嘉墀的一份功劳。1965 年开始，杨嘉墀参与拟定我国人造卫星发展规划。“我最高兴的事，莫过于看到卫星被成功地送上天。”杨嘉墀这样说，“但是，搞航天技术要冒的风险也很大。”谈话中，我们提及 1970 年登月未果的美国阿波罗 13 号飞船。那是一次不幸中又大幸的航天经历。氧气罐在太空爆炸，而 3 名航天员却终于安然无恙地返回地球。登月飞天是人类的梦想，但人们真值得付出那么高昂的代价去实现这个梦想吗？杨嘉墀对此做了肯定的回答。他说：“月球表面有大量的氦 -3 同位素，可以用作核聚变的材料。氘 - 氦 -3 核聚变所产生的放射性物质会比氘 - 氚聚变少得多。人类一旦真的有了大量的氦 -3 同位素可以利用，就不用再担心石油和煤等能源的枯竭了。”杨嘉墀接着说：“目前世界上正在准备将中止了20多年的登月计划再度实施。把这件事做好，是对人类的一大贡献。”

现将武云生先生为《杨嘉墀——开发宇宙之梦》一文的配词（调寄《卜算子》）如下：

志当存高远
心系宇宙间
硝烟化作强国梦
科技兴无前
红云冲天起
卫星飞广寒
廉颇不老犹当年
再把高峰攀

1998年9月，杨嘉墀研究了跨世纪空间科学技术的一些课题。为了认识宇宙，开发和利用太空，揭开太阳系的形成和生命起源之谜，人类将进入21世纪行星探测的新高潮。他总结出的探索领域包括：探索重点天体及其起源。可通

2003年，杨嘉墀在办公室工作

过探索相距甚远的不同区域的但具有代表性的天体，研究形成行星的各种不同物质；探索太阳系外层前期生命化学，证明在木卫三和木卫六卫星上存在水或有机物质；探测类似地球行星的形成及其动力学现象；探测类似地球环境的变化。将以火星为目标，查证该行星上水的演化过程，并核查金星气候变化失控的温室效应之演化过程，查证是否曾一度有水存在的可能；太阳系可视为大型实验室加以利用等。杨嘉墀指出："作为发展中国家，中国近期不可能全面开展空间科学技术有关领域的研究工作。但我们应当结合中国的实际情况，在现有人力、物力的基础上，'有所为，有所不为'，积极地建立我国空间科学技术的创新体系，增强在国际上的竞争能力，以便加强国际合作。在新世纪之初，随着综合国力的增强，应增加投入，力争在空间科学技术的一些重要领域，能使我国占有一席之地。"

杨嘉墀脚踏祖国大地，胸怀人民期盼，谱写无愧于人民的绚烂多彩的航天新篇章。1999 年，杨嘉墀荣获"何梁何利基金科学与技术进步奖"。何梁何利基金是香港爱国金融家何善衡、梁銶琚、何添、利国伟先生于 1994 年 3 月 30 日依据香港普通法捐资创立的，以奖励中华人民共和国杰出科技工作者为宗旨的科技奖励基金。依据《评选章程》规定的"公平、公正、公开"评选原则，经过提名推荐、专业评审、考察听证，经终评审定的既定程序，评选委员会全体评选决定，授予为我国科技进步与创新作出贡献的杰出科技工作者杨嘉墀“何梁何利基金科学与技术进步奖”，授予奖牌及奖金 20 万港元。

2000 年，杨嘉墀获得国际电气和电子工程师学会（IEEE）授予的“千年勋章”。IEEE 是一个国际性的电子技术与信息科学工程师的协会，在世界上有五十多万会员。这次是对学会所在地区、分会、专业学会或有关技术领域的工作中，作出重要贡献的会员授予“千年勋章”。在全世界约有 3000 名会员获奖，中国地区有 11 人获奖。2001 年 9 月 14 日，该会主席史耐特博士专程来北京颁奖。

作为一位战略科学家，杨嘉墀非常关心我国科技事业的发展，他曾多次从战略高度向国家和政府提出重大建议，这也是他一生科技实践活动的一个重要方面。他在提出每一项建议之前，总是先要认真地做好调查研究，广泛地听取各方面的意见，还很重视所提建议的科学性与可行性，这是他一贯严谨的科学与工作作风。2000 年，王大珩、杨嘉墀等 11 位院士向国务院领导建议，采取措施振兴仪表工业。院士们指出，当今世界已经进入信息时代，信息技术成为推动科学技术和国民经济高速发展的关键技术。信息技术包括测量技术、计算机技术和通信技术。测量技术是关键和基础。仪器仪表是对物

1992年9月，杨嘉墀与原 IFAC 主席 Steve Kaeme 进行学术交流

质世界的信息进行测量与控制的基础手段和设备，是信息产业的源头和组成部分。在当今现代化大生产中，仪器仪表是“倍增器”；在高新技术和科研领域，仪器仪表是“催化剂”。我国航天科技发展神速的一个重要原因，就是抓住并解决了测量与控制这个关键技术。我们要加快高新技术及产业的发展，仪器仪表必须先行。

院士们强调，由于缺乏统一规划，仪器仪表的基础性研究得不到应有的重视，国家投入的科研经费严重不足。仪器仪表企业规模小且分散经营，开展科技创新缺乏力度。我国仪器仪表行业技术水平同发达国家的差距越来越大，急需国家加强统一规划和宏观调控，并在“十五”规划中加以体现。

李岚清、吴邦国、温家宝三位副总理高度重视院士们的建议，并作了重要批示，批转科技部、国家计委和经贸委研究处理。为了进一步阐明书面报告的实质和探讨实施方案，王大珩、杨嘉墀、金国藩三位院士还分别专程来到科技部、国家计委和国家经贸委，拜会了这一部两委的领导人。这三个部门的领导同志对三位院士的亲自登门拜访，表示了莫大的热情和由衷的感谢。院士们真诚地表示，我们向国家提出我们的建议，正是为了尽快振兴我国的仪表工业，现代仪表工业应当视同信息产业。我国的仪器仪表需要国家给予支持与扶植，而这种支持与扶植不只是战术性的，必须是战略性的。杨嘉墀有关航天仪表科学创新发展的许多重要思想，在《振兴我国仪器仪表产业的对策和建议》中得到了充分体现，这对于促进我国仪器仪表产业发展发挥了重要作用。

汽车计算平台不仅是未来世界最大的移动计算平台，而且也是未来世界三大计算平台（生产控制、因特网、汽车计算平台）之一，为了能够抢占未来世界汽车计算平台与移动计算平台的制高点，杨嘉墀与王大珩等院士一起，向中央提出“关于尽快启动汽车集成电脑项目”的建议。李岚清副总理作了专门批示，特别指出解决此问题应有新思想、新机制。2002 年 1 月 20 日，王大珩、杨嘉墀、罗沛霖、叶培大等院士联名给江苏省人民政府写了专函，建议江苏省迅速联合国家信息产业部、国家经贸委、国家公安部、国家交通部、国家计委、中国科学院、中国工程院共同组织国家计算平台工程，进行论证，提出立项报告，变“地方行为”为“国家行为”。信中指出：“国家汽车计算平台工程的成功组织实施，不仅会对国家的科技、经济（产业）、社会发展产生重大影响，而且在科技方面会使江苏省成为世界汽车电子信息方面的研究开发基地和人才培养基地，经济效益巨大。汽车计算平台工程的成功实施，会极大地促进交通问题的缓解，以交通伤亡为例，如果该项工程每年减少 50% 的交通伤亡，那么全世界每年就可因此而减少交通伤亡 800 万～3000 万人，仅此一项，就足以令全世界刮目相看。”

2003 年 2 月 18 日，《科技时报》的“院士视窗”专栏刊载了杨嘉墀访谈录，摘录如下：

问题一：今后十年，您将从事什么问题的研究？

答：我将继续参加我国空间科学技术及其应用发展战略研究，这些研究涉及面宽，应用范围广，是我国今后科技发展的一个重要方面。

问题二：这些发展对我们的生活将产生怎样的影响？

答：空间技术发展到今天，已经从试验阶段到了实用阶段。卫星通信大大延伸了人类信息传输的距离；卫星遥感使我们清楚地看到地球环境及其变化，为气象预报、作物生长和资源开发提供了科学依据；天文观测和行星际探测使我们能够深入了解宇宙的历史和预测未来；空间飞行器上的微重力环境有利于新的晶体、合金、药物和作物研究；人类的空间活动，将不断地认识、利用和改造太空，改善和扩大人类的生存空间和环境，为人类创造更加美好的未来。

问题三：您认为今后十年什么是阻碍中国科学发展的主要因素？

答：科技的投入当然是一个值得关注的因素。但我认为如何提高国家有限投入的使用率，科技管理工作更值得重视。由于部门分割，因而重复建设、重复引进、重复研发等现象还相当严重。目前，世界各科技先进国家的科技交流和合作研究日益增多，而我工作的航天和自动控制两个领域中，国际学术交流活动却未见增多，合作研究项目就更少了。

问题四：到2012年您，希望取得什么样的成就？

答：我希望我国最近计划的各项航天工程能够如期完成，到2012年能够建成空间实验室，实现月球探测，为进一步做好空间站和建立月球基地做好规划。这些工作，要建立在先进的科技工作和管理工作的基础上，使我国更好、更快、更省地完成这些任务。

2003年4月18日,《中国航天报》“科技隧道”栏目专题报道了《航天卫星专家杨嘉墀院士呼吁——我国天基建设亟待快跑》。对于伊拉克战争中卫星的广泛应用，杨嘉墀院士认为，此次战争是美国有史以来应用卫星最多、最广泛的一次，动用了侦察卫星、通信卫星、导航定位卫星、遥感卫星、气象卫星等。这表明空间力量正成为新型战争的核心支持力量，空天战场开始确立自己的主导地位。当谈到广泛应用于所引发的现在战争新动向时，杨嘉墀院士说:“美国如此强大的天基系统，使联军能快速发现对方刚发射的导弹，并准备好进行拦截；还可以收集数据进行分析，利用太空分发情报，为其武器做导引并进行导航。航天设施保证了美军在战场上处于有利地位。目前这一趋势也正在逐渐为人们所认识，国外已有军事家瞄准世界军事发展的这一新趋势，着手进行军事航天学的研究，探索空间力量的建设，发展并做好空间作战的准备。”

联系中国的航天发展现状，杨嘉墀院士表示:“相比之下，中国的天基建设存在明显不足：首先是中国的卫星品种不齐全，其次是我国红外、微波等高分辨率卫星与先进国家相比存在较大的差距。中国在这些方面需要加大投入，加强研究工作，迎头赶上。”加强天基建设成为杨嘉墀在许多场合多次呼吁的问题。此外，杨嘉墀还曾谈到在伊拉克战争中，美国的气象卫星、通信卫星、遥感卫星以及导航卫星等“十八般兵器”齐上阵，不论是军用卫星还是商用卫星，都被美国军方统筹规划、结合利用。现在军方与卫星公司之间的联系比以往任何时候都要多。虽然美国的军用卫星是由国防部负责，民用卫星由国家航天局负责，但两者之间是密切合作的。军方依赖卫星公司在监视和精确技术方面的不断提高和创新，同时商业航天需要依赖于不断拓展业务而生存下去。相比之下，中国在这方面没有先例，也没有一个卫星综合应用管理机构。因此，杨嘉墀建议我国有关部门应注意这方面的问题。在加速自身发展的前提下，应综合利用我国现有的卫星资源。

杨嘉墀是一位杰出的中国航天科学家。他将科学理论和工程实践结合起来，强调理科与工科结合、科学与技术结合、军用与民用结合。他最多、最大的贡献，不仅是一个个航天具体的工程项目的成果，而更为重要的贡献是为国家航天未来的发展，特别是高科技的发展做出了规划，制定了方向。他还培养了一批博士、硕士，不断地把自己获得的新的学术思想传授给中青年科技人员，带动他们去钻研、去开拓，而他自己却甘当铺路石。杨嘉墀不仅思索着21世纪中国航天的发展方向，而且还为我国高技术产业的发展献计献策。他把自己的智慧和生命，不仅奉献给了祖国的今天，而且还要奉献给祖国的明天。他认为：“开发空间是全人类共同的愿望。”“航天技术为人类服务有很好的前景。虽然征途布满艰险，但人类的愿望将不再受诞生我们的这颗小行星的限制，人类要走出地球村，向太空进军，创造出新财富，造福全人类。”

小行星是太阳系中重要的天体，小行星的探索、发现与研究，对于人类认识宇宙、探索太阳系的起源演化，以及宇宙航行和宇宙资源的开发和利用，都具有十分重要的意义。中国科学院国家天文台王绶琯院士率领一批行星专家，经过40多年的观测研究，发现了一批新小行星，他们的科研丰富了人类认识宇宙的知识宝库。他们发现的小行星陆续用我国一些省市的地方名字或者当代知名人士的名字命名，使我们的华夏大地和优秀炎黄子孙的名字进入宇宙星空，光耀星汉，亿万斯年！

2001年5月21日，中国科学院国家天文台致杨嘉墀专函（国天函字[2001]1号）：

“杨嘉墀先生：近几年，我台发现一批小行星进行命名。我们拟以您的名字命名一颗我们发现的小行星，并已得到中国科学院的批准。为选择适应的小行星编号以及报经国际小行星组织批准，请您提供本人基本情况简历。”

随后国家天文台向国际小行星中心提出命名申报，经由世界著名科学家组成的国际小行星命名委员会通过后，国际小行星中心于2003年将该星的命名正式刊布于世，随后通知世界各国天文台。其内容如下：“（11637）杨嘉墀星。中国科学院国家天文台兴隆观测站1996年12月24日发现。此星以中国科学院院士、国际宇航科学院院士的名字而荣誉命名。杨嘉墀致力于中国发展人造卫星、自动化与控制技术领域，做过开创性的杰出贡献。”从此，杨嘉墀的名字即成为该天体的永久星名，永载史册，即使在千万年之后，这一星名仍将为世界各国所公认，（11637）杨嘉墀星命名具有国际性和永久性，是一项崇高的荣誉。同一时期命名的还有王淦昌、陈芳允、吴文俊、茅以升。如此以科学家的名字来命名小行星，这在我国尚不多见。此前，曾有杨振宁、李政道、钱学森、钱三强、赵九章、袁隆平等科学家获此荣誉。从近年来的物理观测和空间探测得知，许多小行星都含有宝贵的金属矿藏，是将来宇宙资源开发应用的理想对象。（11637）杨嘉墀星上究竟含有哪些矿藏，还有待将来进一步去探测研究。(11637)杨嘉墀星的发现和命名，对今后该天体的研究与应用起到了前驱与开拓的作用。人们期待的是，在未来的宇宙航行中，人们有可能登上太空中的杨嘉墀星去探测它的奥妙，使之造福于人类。(11637)杨嘉墀星将永远闪耀在宇宙星空之中。

2004年8月25日，杨嘉墀应邀出席邓小平同志铜像授赠中华世纪坛揭幕仪式，在会上，他做了题为《铭记小平同志的重托，为国家的发展献计献策》的发言。杨嘉墀表示:“在纪念小平同志百年诞辰之际，我有幸参加小平科技铜像授赠揭幕仪式，心情非常激动！邓小平同志是我国各族人民公认的享有崇高威望的卓越领导人，也是我们科技工作者的良师益友。他对科学技术的深刻认识和一贯重视，赢得了科技界的无限崇敬和普遍爱戴。”杨嘉墀指出:“20多年来，我国科技工作在邓小平同志科技思想的指导下，取得了举世瞩目的成就。但我们必须看到，在日新月异的科技领域，与世界科技强国相比，我们还有不小的差距。摆在我国科技工作者面前的任务是非常艰巨的。胡锦涛总书记在两院院士大会上强调，为了全面建设小康社会、不断开创有中国特色社会主义事业的新局面，我们必须坚定不移地实施科教兴国战略，大力推进科技进步和创新，进一步发挥科学技术对经济社会全面发展的关键性作用。我愿继续与科技界同仁一道，铭记小平同志的重托，发挥自己的余热，为国家的科学技术发展事业献计献策，并坚持不懈地努力，勇攀科学高峰。相信在不远的将来，我们的国家定会建设成为世界公认的科技强国。”

杨嘉墀院士，一个普通人很少见到的名家，却是“两弹一星”功勋奖章获得者；“863 计划”四位倡导者之一；促进北斗导航系统应用的牵头建议者。他几乎参与了每一次对国家安全、人民幸福具有巨大影响的重大科技成果的研究开发：如导弹、人造卫星、载人飞船、探月工程。几乎在航天事业发展的每一个关键时刻，他都会高瞻远瞩地及时提出重大建议……

2006 年 6 月 11 日 12 时 45 分，这位为祖国的科学事业奋斗了一生的杰出科学家溘然长逝。6 月 17 日上午，北京八宝山第一告别厅，杨嘉墀院士平时最喜爱的乐曲，雄壮的贝多芬第三交响乐《英雄》回旋往复，为这位英雄的科学家送行。鲜红的党旗覆盖在他身上，鲜花盛开在他的身旁。挽联上写着：德高望重功绩卓著，高瞻远瞩脚踏实地。党和国家领导人胡锦涛、温家宝、曾庆红、黄菊、吴官正、王乐泉、张立昌、贺国强、郭伯雄、曹刚川、路甬祥、韩启德、陈至立及老领导李鹏、朱镕基、刘华清、周光召、钱学森、宋健、朱光亚，以及中组部、总装备部、科技部、国防科工委、中国科学院、中国工程院、中国航天科技集团公司、中国航天科工集团公司、中国自动化学会等有关部门和单位，中国运载火箭技术研究院、中国空间技术研究院及所属单位，社会各界人士及杨嘉墀的生前友好、学生送了花圈，寄托对杨嘉墀院士的无限哀思与悼念。全国人大常委会副委员长、中国科学院院长路甬祥，原国务委员、全国政协副主席宋健，总装备部副政委李栋恒，科技部副部长马颂德，国防科工委秘书长黄强，中国科学院副院长李静海，中国航天科技集团公司副总经理吴卓，党组成员、纪检组长李金生，总经理助理张丽辉、李开民，中国航天科工集团公司总经理殷兴良，副总经理薛利、高红卫，以及林宗棠、聂力、任新民等航天老领导、老专家参加了告别仪式。正在基地工作的中国航天科技集团公司总经理张庆伟通过有关人员转达了他对杨嘉墀院士逝世的沉痛哀悼，并对他的家人表示亲切问候。杨嘉墀院士生病住院期间，国防科工委副主任孙来燕，中国航天科技集团公司总经理张庆伟、科技委主任王礼恒，中国航天科工集团公司科技委主任夏国洪等领导曾到医院看望。

他逝世后，讣文《杨嘉墀生平》中充分肯定了他的一生。他热爱祖国、热爱党、热爱社会主义、热爱航天事业，具有强烈的事业心和高度责任感。他治学严谨，精勤不倦，一丝不苟；他为人正派，严谨务实，平易近人，深受人们的尊敬和爱戴；他兢兢业业，鞠躬尽瘁，把毕生精力献给了祖国的航天事业，为我国空间事业的创立、发展和国防现代化建设作出了卓越贡献，为国际空间事业的进步作出了贡献。

回顾杨嘉墀不平凡的一生，无处不闪烁着对祖国和人民的无限热爱，对发展我国航天事业和高技术孜孜不倦的追求。他的一生是报效祖国的一生，是奋斗拼搏的一生，是严谨务实的一生，是淡泊名利的一生。他身上凝聚着一位中国知识分子的崇高品质，闪耀着一名优秀航天人的灿烂光辉！

杨嘉墀院士逝世后，各有关大学及生前好友，缅怀恩师，追忆往事，发来唁电，表示沉痛哀悼，现部分摘录如下：

中国科学技术大学信息科学技术学院陈国良院士回忆：杨嘉墀先生长期致力于我国自动化和航天技术的研究与发展以及教育事业。1958年在中国科学技术大学建校伊始，杨先生作为主要创始人之一，领导参与创建了中国科学技术大学自动化系，并担任教授、自动化元件专业主任、自动化系副主任。杨嘉墀先生亲自执教《自动检测》《原子能反应堆控制》等课程，并指导本科生论文，为我国“两弹一星”事业培养了大量自动化专业人才。杨先生为中国科学技术大学自动化系的学科建设、科学研究、教师培养以及学生培育作出了杰出的贡献。几十年来，杨先生一直关注中国科学技术大学和自动化系的发展，几代自动化系人都曾经受过杨先生的关怀与教诲，永远以杨先生为榜样，踏踏实实做好教学和科研工作，为祖国强盛、科技进步作出力所能及的贡献。

北京大学工学院黄琳教授表示：杨嘉墀先生是中国自动化事业公认的开拓者和领路人。他生前对北京大学的自动控制事业一直给予了很大的支持和帮助。他的逝世，是我国自动化事业的重大损失，也使我们失去了一位德高望重的老师。我和我在北京大学的同仁，作为晚辈，对杨先生的去世，深致哀悼。

北京理工大学唁电：杨嘉墀先生多次到我校参加科学技术活动，为我校自动控制专业的学科和科研发展作出了重要贡献，赢得了我校广大师生的尊敬和爱戴。

哈尔滨工业大学表示了深切的怀念：杨嘉墀院士的一生是对创新孜孜以求的一生，是新时期中国科技工作者群体中杰出的代表。他胸怀科技报国的雄才大略，忘我工作，无私奉献，倡导团队精神，培养和造就了一大批年轻的学术骨干。是中国知识分子的优良典范。逝者已矣，来者可追。对我们来说，最关键的是化悲痛为力量，继承杨嘉墀院士的遗志，学习杨嘉墀院士的精神，将中国的科技事业，尤其是自身创新事业推向前进，提高中国的国家实力和国际竞争力。杨嘉墀院士生前十分关心我校的建设与发展，为我校在建设世界一流高水平大学的进程中给予了极大的帮助。我们为失去这样一位好师长、好领导而感到震惊与悲痛。

为纪念杨嘉墀对自动化领域的贡献，继承和发扬他严谨治学、勇于创新和培养新秀的精神，促进中国自动化、航天控制技术事业的发展，推动科技创新和进步，发现和激励科技人才，中国自动化学会于 2007 年 2 月 11 日召开正、副理事长扩大会议，在戴汝为院士主持下，会议正式通过设立"杨嘉墀奖"的决议。设立杨嘉墀科学技术奖励基金，杨嘉墀在生前就有考虑，并自愿拿出他获得的奖金建立基金，拟奖励在自动化及相关领域创造出业绩的优秀人才。2007 年 8 月 25 日，在中国自动化学会召开的常务理事会上，又通过了中国自动化学会与中国宇航学会共同创办"杨嘉墀奖"的决议。在筹备"杨嘉墀奖"的工作过程中，得到中国航天科技集团公司、中国空间技术研究院、中国科学院自动化研究所、北京控制工程研究所等单位的大力支持。

2008 年 3 月 15 日，在"杨嘉墀基金"筹备会上，杨嘉墀夫人徐斐女士说："杨先生在 1995 年获中国科学院'陈嘉庚信息科学奖'奖金 20 万元时，就产生了把奖金捐给自动化学会、用于奖励有成就的青年人的愿望。当时年轻人出国的多，下海的多，杨先生为了使自动化学科后继有人，提出重点鼓励青年科学工作者；后来在杨先生获得‘何梁何利基金科学与技术进步奖’时，杨先生就有了设立基金的愿望。现在杨先生的愿望终于就要实现了，而且要比他生前的愿望高得多。”最后，徐斐女士对各单位为“杨嘉墀基金”的筹备和支持深表谢意！

2009 年 7 月 15 日，国家科学技术部正式批准同意中国自动化学会与中国宇航学会共同设立“杨嘉墀奖”奖项，并定名为“杨嘉墀科技奖”（国科奖社证字第 0200 号）。设立该奖项的宗旨是：对在自动化领域及宇航控制领域内，从事科学与方法、技术与系统、工程与应用的研究及实践做出成绩的科技人员，以及对学科发展、国民经济及国防建设具有推动作用的科技工作者给予奖励，以激励更多的广大科研工作者在科研道路上去拼搏、奋进与创新。

2010 年 6 月，在上海召开了“第一届杨嘉墀科技奖”颁奖大会。这是我国自动化及航天控制领域专家聚集的盛会，会上缅怀老一辈科学家的丰功伟绩，展望自动化及航天控制领域学科发展远景，让杨嘉墀科技奖和他的精神一同激励更多更广泛的科技工作者在科研道路上去拼搏、奋斗、创新，为我国自动化事业作出新的贡献。

志存高远，再铸辉煌。在宇宙空间，中国将建立起通信卫星、电视直播卫星、导航定位卫星、气象卫星、资源卫星、海洋卫星系列以及环境与灾害监测小卫星群系统。随着载人航天和月球探测技术的日趋成熟，经济力量更加雄厚，将会参与全球性的载人航天活动，为人类探索、开发月球和火星作出应有的贡献。

2013 年 5 月 4 日，“实现中国梦、青春勇担当”全国五四主题团日活动在中国空间技术研究院举行。中共中央总书记、国家主席、中央军委主席习近平与全国各界优秀青年代表一道参观空间技术成就并座谈。习近平由衷感慨中国航天“朝气蓬勃，后继有人”。习近平表示：“人的一生只有一次青春，现在，青春是用来奋斗的；将来，青春是用来回忆的。”他希望广大青年一定要坚定理想信念、练就过硬本领、勇于创新创造、矢志艰苦奋斗、锤炼高尚品格。习近平强调，要重视科技，要能干事，干成事。他表示，航天高科技是一个国家高科技的标志，也是国家经济、国防强大的标志。启发创新的制高点在科技，科技的发展要靠青年。中国航天取得了辉煌的成绩，发展前景广阔。现在社会上都在提“大师”，“两弹一星”功勋奖章获得者都是大师级的，“神舟”“嫦娥”“北斗”也都出自大师之手，相信“神舟”团队、“嫦娥”团队、“北斗”团队中也一定会涌现出更多的大师。

历史将永远牢记对中国航天事业作出伟大贡献的开拓者与组织者。“钱学森星”“赵九章星”“杨嘉墀星”“王大珩星”“陈芳允星”……永远闪耀在宇宙中，与天地同在，与日月共存！我们可以期待的是，在将来的宇宙航行中，人们有可能登上太空中的“杨嘉墀星”，去探索它的奥秘！

仰望星空，太空在召唤，“杨嘉墀星”永放光芒！承载着光荣与梦想的中国航天人，将殚精竭虑不负这个伟大的时代！

杨嘉墀自述

我这五十年——大力协同发展航天事业的体会
（2005年）

回顾历史是为不要忘记过去并展望未来。我作为一名参与者，对于当年参加“两弹一星”研制工作的科技人员和工人们自强自立、团结协作，为发展我国高科技事业而拼搏的精神，至今难以忘怀。回忆旧中国时代，我国人民外受帝国主义的侵略，内受封建官僚主义的压迫，即使有些开明的知识分子想为祖国发展科技，创办工业也是困难重重，英雄无用武之地，这是由当时社会制度决定的。50多年前新中国成立后，特别是改革开放20多年来，我国的科学技术事业有了很大的发展，在经济建设和国防建设中发挥了重大作用，这在旧中国是无法想象的。

我1956年回国时，遇上了我国实施“12年科学规划”的良好机会。我参与了四大紧急措施之一的组建中国科学院自动化研究所的筹备工作，为祖国自动化学科建设做了一些开创性工作。当1957年10月苏联第一颗人造地球卫星上天之后，1958年5月毛主席就发出了“我们也要搞人造卫星”的号召，我们在“自力更生为主、争取外援为辅”“要大力协同做好这件工作”等方针的指引下，开展了探空火箭、运载火箭的研制工作和人造卫星的预研工作。至1965年我国制定了《人造卫星发展规划》，开展人造卫星的研制条件基本成熟。即使在“文革”的干扰下，经中央统一领导，我国于1970年4月发射了第一颗人造地球卫星。1968年组建了中国空间技术研究院，经过30多年的努力，到现在已有

40多颗卫星发射上天，其中通信卫星和遥感卫星等取得了一定的经济效益和社会效益，为我国现代化建设作出了贡献。我有幸参与了这些工作，使我深刻地体会到现代高技术的发展都是依赖于多学科的综合，卫星的研制涉及的学科门类有力学、电子学、计算机、自动控制、光学仪器、通信、材料科学、真空技术、制造工艺等。航天工程又是现代典型的复杂大系统，其工程规模庞大，技术面宽，耗资巨大，必须由国家统一组织，利用系统工程方法，组织实施。我国能够在投入较少、基础较弱、科研力量不足的情况下，取得目前世界航天大国之一的地位，主要还是依靠全国人民的支持和中国共产党的领导以及精心组织。20世纪80年代中期，我受中国宇航学会委托，担任了5年的国际宇航联合会副主席职务，深深感受到我国航天技术在世界上占有一席之地的光荣。

21世纪将是人类开发太空的新时代，空间通信和导航的发展将使地球变得更小，空间遥感和环境监测将使人类更深入地了解地球，天文观测将进一步提供了解天体形成的过程，空间材料加工以及生物制品将提供更多地面不能生产的空间产品，月球和行星基地的建设将扩展人类的生存空间。随着我国综合国力的增强，根据“有所为、有所不为”的原则，我期望我国航天技术将不断占领科技高地，到21世纪中叶，能够与世界空间大国在航天科技领域并驾齐驱，为人类作出更大的贡献。

杨嘉墀大事年表

1919 年

9 月 9 日，出生于江苏省吴江县震泽镇。

1924 年　5 岁

秋，入震泽私立丝业第一初高等小学（现名震泽镇藕河街小学）读书。

1930 年　11 岁

秋，被保送到震属中学（现名震泽中学）读书。

1932 年　13 岁

秋，转入省立上海中学读书。

1937 年　18 岁

考入交通大学电机系学习。

1941 年　22 岁

夏，任西南联合大学电机系助教。

1942 年　23 岁

夏，调入昆明中央电工器材厂三厂工作，先后任工务员、助理工程师。

1945 年　26 岁

研制成功中国第一套单路载波电话样机。

1947 年　28 岁

年初，入美国哈佛大学文理学院工程科学与应用物理系攻读硕士研究生。

年底，获硕士学位。

1948 年　29 岁

在哈佛大学攻读博士学位。

1949 年　30 岁

4 月，以《傅里叶变换器及其应用》的论文通过答辩，被授予哲学博士学位。

进入波士顿一家光开关公司工作。

1950 年　31 岁

5 月，入宾夕法尼亚大学生物物理系工作，任副研究员。先后研制成功高速电子模拟机和自动快速记录吸收光谱议（后者被称为“杨氏仪器”）。

1954 年　35 岁

兼任纽约洛克菲勒医学研究所（现为洛克菲勒大学）高级工程师。

1956 年　37 岁

9 月，携全家返回祖国。

10 月，到中国科学院参与筹建自动化研究所。

1957 年　38 岁

年初，参加国务院科学规划委员会自动化专业小组，参与编制科学研究年度计划。

9 月，赴法国参与发起和筹建国际自动控制联合会。

12 月至次年 2 月，参加中国科学院和第一机械工业部共同组织的我国自动化情况调查团。

1958 年　39 岁

10 月，参加中国科学院高空大气物理代表团，赴苏联考察。

1959 年　40 岁

10 月，出席全国群英会。

1960 年　41 岁

6 月，出席在莫斯科召开的国际自动控制联合会第一届世界大会。

1961 年　42 岁

领导实施导弹热应力试验设备“151 工程”，至 1965 年 7 月完成加热、加载、测量系统研制任务。

1962 年　43 岁

任中国科学院自动化研究所副所长。

参与制定我国《科技发展十年规划》。

1963 年　44 岁

承担原子弹爆炸试验测试任务，领导开展了火球温度测量仪、冲击波压力测量仪、火球光电光谱仪、地震波振动测量仪的研制工作，于 1964 年 5 月通过验收，10 月应用于我国第一次核试验。

1964 年　45 岁

12 月，当选为第三届全国人民代表大会代表。

1965 年　46 岁

任卫星总体设计组副组长，参与我国第一颗人造卫星的总体方案论证。

1966 年　47 岁

组织和参与我国第一颗返回式卫星姿态控制系统的研制工作。

1968 年　49 岁

中国科学院自动化研究所划归国防科委中国空间技术研究院，杨嘉墀任研究员。

1969 年　50 岁

去北京假肢厂为烧伤女工王世芳研制假肢，利用大脑神经信号控制假肢活动。

恢复副所长职务。

1970 年　51 岁

领导对返回式卫星姿态控制系统初样产品进行大型模拟试验。

1973 年　54 岁

4 月，率中国科学技术代表团访问日本。

1975 年　56 岁

1 月，当选为第四届全国人民代表大会代表。

参加第二颗返回式卫星的总装和测试工作，赴渭南卫星测控中心监视卫星运行情况。

率团赴美国波士顿参加国际自动控制联合会第六届世界大会。

1976 年　57 岁

参加第三颗返回式卫星总装测试。

1978 年　59 岁

1 月，当选为第五届全国人民代表大会代表。

3 月，参加全国科学大会。

1979 年　60 岁

4 月，被任命为中国空间技术研究院副院长兼北京控制工程研究所所长。

12 月，加入中国共产党。

1980 年　61 岁

11 月，被任命为第七机械工业部总工程师。

11 月，当选中国科学院学部委员。

1981 年　62 岁

2 月，被任命为实践卫星系列总设计师。

1982 年　63 岁

被任命为航天工业部总工程师、科学技术委员会顾问。

1983年　64岁

6月，被任命为实践三号卫星总设计师。

担任国际宇航联合会副主席，后连任。

1984年　65岁

担任国际自动控制联合会空间控制专业委员会副主席。

6月，被任命为中国空间技术研究院计算机推广和应用工程总设计师。

获航天部“劳动模范”称号。

1985年　66岁

当选为国际宇航科学院院士。

获国家科技进步奖特等奖。

1986年　67岁

与王大珩、王淦昌、陈芳允联名提出《关于跟踪研究外国战略性高技术发展的建议》。在邓小平支持下，这个建议催生了《高技术研究发展计划纲要》，即“863计划”。

1987年　68岁

10月，赴英国参加国际宇航联合会第38届年会，会后，被邀请参加国际空间技术产业化研讨会。

1989年　70岁

当选为中国自动化学会理事长，后连任。

1990年　71岁

被中央国家机关党委授予“优秀党员”荣誉称号。

被航空航天部授予“优秀党员”荣誉称号。

1991年　72岁

6月，参加国防发展战略座谈会，做了《海湾战争对我国国防建设的启示》

的报告。

当选为中国科学技术协会全国委员会委员。

1993年 74岁

12月，参加日本宇宙科学研究所组织的国际评审委员会的工作。

1995年 76岁

被中国航天工业总公司任命为航天军转民科学技术委员会主任。

1996年 77岁

12月，出席“21世纪初我国航天高技术发展研讨会”，做了《月球探测和开发》专题报告。

1997年 78岁

4月，与王大珩共同主持“香山科学会议”第71届学术讨论会，会议主题为“面向21世纪的空间科学与探测技术”。

1998年 79岁

起草《关于加速发展我国航天事业的建议》。

1999年 80岁

获“何梁何利基金科学与技术进步奖”。

9月18日，获中共中央、国务院、中央军委授予的“两弹一星”功勋奖章。

2000年 81岁

获国际电气和电子工程师学会授予的“千年勋章”。

2002年 83岁

撰写论文《中国卫星控制系统的发展》，发表在《院士论技术科学》（2002年卷）

2003年 84岁

“杨嘉墀星”命名。

2004年　85岁

11月，参加中国宇航学会卫星应用工作委员会举办的“2004年中国北斗导航系统应用论坛”。

2005年　86岁

2月，与其他5位院士向温家宝总理呈送了《关于促进北斗导航系统应用的建议》。

2006年

6月11日12时45分，在北京医院逝世，享年87岁。

参考文献

[1]《当代中国的航天事业》编辑委员会. 当代中国的航天事业[M]. 北京：中国社会科学出版社，1986.

[2]《当代中国》丛书编辑部. 中国科学院[M]. 北京：当代中国出版社，1994.

[3]《当代中国》丛书编辑部. 当代中国的国防科技事业[M]. 北京：当代中国出版社，1992.

[4] 董光璧. 中国近现代科学技术史[M]. 湖南：湖南教育出版社，1997.

[5] 王大珩，潘厚任. 太空·地球·人类[M]. 广西：广西科学技术出版社，1993.

[6] 宋健. “两弹一星”元勋传[M]. 北京：清华大学出版社，2001.

[7] 杨照德，熊延岭. 钱学森中国星[M]. 上海：上海交通大学出版社，2012.

[8] 杨嘉墀. 杨嘉墀院士文集[M]. 北京：中国宇航出版社，2006.

后　记

中国航天事业50多年的成就举世瞩目。回顾中国空间技术的发展历程，深感我们的事业能有今天的成就，与一批富于创造的科学家、科技专家的辛勤工作是分不开的。他们是中国空间事业的开拓者，是中国卫星事业的带头人。

我们先后在中国科学院、中国空间技术研究院工作，多年来深受老一辈科学家的教诲。作为历史事件的参与者，往事历历在目，备感亲切。2000年年初，我们欣然接受了宋健主编《“两弹一星”元勋传》撰写杨嘉墀传记的任务。在写作过程中，曾得到杨嘉墀先生的大力支持，他向我们提供了宝贵的资料和照片。我们于2000年8月完成了6万字的第一稿，送请杨嘉墀先生审阅指正。随后将第一稿送交编委会，收入《“两弹一星”元勋传》一书。该书分上、下册，由清华大学出版社于2001年4月出版。

根据普及科学知识、弘扬科学精神的需要，钱伟长院士、朱光亚院士和杨家福院士主编“中国当代著名科学家丛书”，入选科学家每人单列一本。经主编组的推荐，应杨嘉墀先生的邀请，我们欣然同意编写《杨嘉墀》一书，完稿后，我们于2004年1月送请杨嘉墀先生审阅，获“稿件已阅，内容基本属实”的批示。该书约13万字于2005年5月由贵州人民出版社出版。

近几年，我们参与“钱学森与中国航天”课题组，对中国卫星发展史做了较深入的研究。翻开张劲夫、裴丽生、谷羽、钱学森、王大珩、杨嘉墀、钱骥、陈芳允、庄逢甘、宋健、孙家栋、王希季、屠善澄、闵桂荣、戚发轫、徐福祥等回忆中国卫星研制历程的资料，可以清晰地看到，中国空间技术研究院的创建、中国卫星事业发展规划的制定以及各种关键技术的储备，无一不凝聚着航天院士的智慧与心血。

按照《中国航天院士传记丛书》编委会的要求，我们首先继续研究杨嘉墀先生的生平事迹，挖掘他的科学思想，查阅有关史料，除了对《杨嘉墀》一书进行修订外，还补充了杨嘉墀参与星际航行卫星规划、卫星与卫星应用及高技术领域发展建议以及培养人才等方面的内容。我们在取材和叙述上，力求忠于事实，反映历史的本来面目，努力提供史料而让读者自己思考、判断。由于各种条件和我们的水平有限，更由于时间仓促，本书难免有不足之处，恳请专家、读者给予补充与指正。

本书在编写过程中，杨嘉墀先生之女杨西女士给予了我们充分的信任与帮助，提供了许多宝贵的资料与照片；屠善澄、叶培建、吴宏鑫、王南华、李铁寿、鲍百容、陈祖贵、刘济生、张学会、边东子等同志回忆了杨嘉墀先生的许多往事；中国空间技术研究院院长杨保华、书记李开民、副院长李明，院科技委侯深渊、卢春平、李民、王春香、张秋梅等同志给予了大力支持。在此一并向他们表示衷心的感谢！

杨照德　熊延岭

2013年11月于北京